UNIVERSITY OF NORTH CAROLINA
STUDIES IN THE ROMANCE LANGUAGES AND LITERATURES

Number 128

AN EDITION OF THE FIRST ITALIAN
TRANSLATION OF THE *CELESTINA*

AN EDITION OF THE FIRST ITALIAN TRANSLATION
OF THE
CELESTINA

BY
KATHLEEN V. KISH

CHAPEL HILL
THE UNIVERSITY OF NORTH CAROLINA PRESS

I.S.B.N. 978-0-8078-9128-5

DEPÓSITO LEGAL: V. 503 - 1973

ARTES GRÁFICAS SOLER, S. A. - JÁVEA, 28 - VALENCIA (8) - 1973

TABLE OF CONTENTS

	Page
PREFACE	9
INTRODUCTION	11
TRAGICOCOMEDIA DI CALISTO E MELIBEA	25
[E]Cco exequito donna	27
Ala illustrissima madonna	28
TRAGICOCOMEDIA de Calisto et Melibea nouamente agiontoui	31
Lo autore ad un suo amico	33
Lo auctore, scusandosi del error suo	35
Dice Eraclito	39
Sequita la Tragicocomedia	43
Argumento	45
ARGUMENTO DELLA PRIMA PARTE	47
ARGUMENTO DEL SECUNDO ACTO	77
ARGUMENTO DEL TERTIO ACTO	83
ARGUMENTO DEL QUARTO ACTO	91
ARGUMENTO DEL QUINTO ACTO	109
ARGUMENTO DEL SEXTO ACTO	114
ARGUMENTO DEL CAPITOLO SEPTIMO	128
ARGUMENTO DELA OCTAUA PARTE	144
ARGUMENTO DEL NONNO ACTO	153
ARGUMENTO DEL DECIMO ACTO	165
ARGUMENTO DEL UNDECIMO ACTO	175
ARGUMENTO DEL DUODECIMO ACTO	181
ARGUMENTO DEL TERTIODECIMO ACTO	199
ARGUMENTO DEL QUARTODECIMO ACTO	205
ARGUMENTO DEL DECIMO QUINTO ACTO	215
ARGUMENTO DEL DECIMO SEXTO ACTO	222
ARGUMENTO DEL DECIMO SEPTIMO ACTO	226

	Page
ARGUMENTO DEL DECIMO OCTAUO ACTO	233
ARGUMENTO DEL DECIMO NONO ACTO	238
ARGUMENTO DEL UIGESIMO ACTO	247
ARGUMENTO DEL UIGESIMO PRIMO ACTO	253
Impressum Rome	259
Poi che e seguito	260
APPENDIX	263
SELECTED BIBLIOGRAPHY	319

PREFACE

What is perhaps most significant about the *Celestina* is its durability, the fact that its intrinsic worth has only been magnified by exposure to time and space. Almost since its inception it began to be translated and exported to an appreciative public outside its country of origin, and its universal popularity continues still today.

One of the first manifestations of this popularity was the Italian translation by Alfonso Hordognez. It received numerous printings in the first half of the sixteenth century and was sometimes the basis for translations into other languages. Although it has not been republished since then, its significance for modern *Celestina* scholarship is great.

The main value of Hordognez' work lies in its relationship to its Spanish precedent. Despite the apparent loss of the precise text which served as Hordognez' model, it is possible to deem his translation "accurate." In addition, the oldest extant version of the translation (Rome, 1506) is one of the earliest (if not the earliest) of the existing texts of the *Tragicomedia*. These two factors — the antiquity of the translation and its degree of accuracy — are what have led Professor J. Homer Herriott to conclude that Hordognez' translation, alone among foreign language versions, should constitute one of the chief witnesses for the critical edition of the *Celestina*. Likewise, they are what persuaded me of the importance of preparing an edition of it.

The text of my edition is based on the Rome, 1506 version, with four others providing variants. The introduction deals with the nature of the translation, its editions and its author, and supplies a sample of the noteworthy differences between Hordognez' translation and the Spanish versions of the *Celestina* known to us. The appendix demonstrates the relationship of Hordognez' text to the *Comedia* and to the *Tragicomedia*, as well as to the 1527 French translation.

It is my hope that this new edition of Hordognez' translation will supply *Celestina* scholars with a useful research tool. I further hope that it will serve also those who share my interest in the attraction the *Celestina* holds for the non-Spanish public.

It is with pleasure that I acknowledge the assistance of those who have helped make this book a reality. I wish first to thank Professor Mack H. Singleton, who proposed the project to me and whose suggestions throughout its preparation have been invaluable. Next, I wish to register my appreciation to Professor Herriott and to the Hispanic Society of America for their generosity in supplying me with the necessary materials, and to the Research Council of the University of North Carolina at Greensboro for financial assistance. Finally, I wish to mention a number of *Celestina* enthusiasts whose advice and encouragement have been most heartening: to Professors Juan Bautista Avalle-Arce, Theodore S. Beardsley, Jr., Gerard J. Brault, Lloyd A. Kasten, Yakov Malkiel, Emma Scoles, and to the late Miss Clara Louisa Penney, I express my sincere gratitude.

GREENSBORO, NORTH CAROLINA

January, 1972

INTRODUCTION

Early in the sixteenth century the *Tragicomedia de Calisto y Melibea* was translated into Italian by the Spaniard Alfonso Hordognez. His was the first translation of the Spanish classic to appear in Europe, and its immediate popularity promoted the diffusion of the work throughout the continent. At times it even provided a basis for translation into other languages.[1] The full significance of the Italian translation derives, however, from other factors. Investigators of its relationship to the Spanish original have agreed that Hordognez' base text must have been a very early edition of the *Tragicomedia* which has since disappeared.[2] In addition, a recent study by F. J. Norton[3] attributes even more importance to the earliest extant Italian edition (Rome, 1506), calling it the "oldest surviving form" of the *Tragicomedia*. These two features of the translation (its antiquity and its early source), added to its overall accuracy, make it a fundamental tool of *Celestina* research.

---

[1] For a discussion of the relationship between the Italian translation and translations into German, French, and English, consult Emma Scoles, "Note sulla prima traduzione italiana della *Celestina*," *Studj Romanzi*, 33 (1961), 164-65, n. 16, and Gerard J. Brault, ed., *Celestine: A Critical Edition of the First French Translation (1527)* ... (Detroit: Wayne State Univ. Press, 1963), pp. 3-6; p. 240, n. 10; p. 241, n. 13; pp. 241-43, n. 14.

[2] See E. Krapf, ed., *La Celestina*, by Fernando de Rojas (Vigo: Librería de Eugenio Krapf, 1899-1900), II (1900), 387-88; J. Homer Herriot, *Towards a Critical Edition of the "Celestina"* (Madison: The Univ. of Wisconsin Press, 1964), pp. 11-13; Scoles, "Note...," pp. 215-17.

[3] *Printing in Spain 1501-1520 with a note on the early editions of the "Celestina"* (London: Cambridge University Press, 1966), p. 155. Norton's conclusion stems from the hypothesis (based on a scrutiny of printers' marks and techniques) that none of the six extant editions traditionally dated 1502 was actually printed before 1510.

Despite its popularity in the first half of the sixteenth century (at least thirteen editions), Hordognez' translation has remained relatively inaccessible because it has not been republished for more than four centuries.[4] It is not surprising, then, that until recently, scholarly attention has focused primarily on bibliographical matters (number of editions, their dates and places of publication). Scarce and confusing sources of information have given rise to conflicting conclusions among cataloguers and bibliographers, a situation which Miss Scoles attempts to correct in "La prima traduzione italiana della *Celestina:* Repertorio bibliografico."[5] Her findings indicate the definite existence of the following editions, of which copies survive today:

        Rome, Silber, 1506
        Milan, Castione, 1514
        Milan, Minuziano, 1515
        Venice, Pincius?, 1515 (April 12)
        Milan, Scinzenzeler, 1519
        Venice, Arrivabene, 1519
        Venice, de Gregorii, 1525
        Venice, Caron, 1525
        Venice?, Sessa, 1531
        Venice, Bindoni e Pasini, 1531
        Venice?, Sabio, 1535
        Venice?, Sabio, 1541
        Venice, Bendoni, 1543.

She lists six other editions which may have been printed, although none is still extant:

        Venice, 1505
        Venice, 1515 (November 10)
        Venice, Sabio, 1530
        Venice, 1536
        Venice, 1545
        Venice, Bindoni e Pasini, 1551.

---

[4] In a letter dated November 11, 1968, Miss Scoles informs me of her intention to publish a photostatic edition of Rome, 1506.
[5] *Studi di Letteratura Spagnola* (1964), pp. 209-30.

Finally she rejects the existence of two editions which have been listed in some catalogues:

> Venice, 1514
> Genoa, 1538.

Among all the editions listed above, three deserve special comment. The first is Venice, 1505, a ghost edition with a rather complex bibliographical history.[6] Scholars have disagreed on the possibility of its existence, but Menéndez Pelayo, Herriott and Miss Scoles are all inclined to reject it.[7] If they are correct, the Rome, 1506 printing (the base text for my edition) was the first edition of the Italian translation. In a class by itself, according to Brault (p. 242, n. 14), is Milan, 1515, because it seems to bear evidence of having made use not only of a previous Italian text, but also of "an edition of the Spanish other than that utilized by Ordóñez."

Little is known about the author of the Italian translation. Documentary information about him is to be found only in the translation itself, where he is called a "familiare de la sanctita di nostro signore Iulio Papa Secondo" (my edition, p. 31). Although there is no proof of this, Miss Scoles ("Note...," p. 167) believes that Hordognez may have arrived in Rome with Alexander VI and then remained there with his successor, despite the tendency at that time to purify the atmosphere of holdovers from the Borgia reign. For his part, D. W. McPheeters has attempted to identify the translator of the *Celestina* with one Alphonsus Ordognes, the professor of rhetoric at Valencia who succeeded Alonso de Proaza. McPheeters has found abundant circumstantial evidence to support his theory, and Miss Scoles believes that it is a plausible hypothesis.[8]

---

[6] Miss Scoles examines this history in "La prima...," pp. 210-13.

[7] M. Menéndez Pelayo, *Orígenes de la novela* (Santander: Consejo Superior de Investigaciones Científicas, 1943), III, 410; Herriott, p. 12; Scoles, "La prima...," p. 213.

[8] Miss Scoles examines the evidence in contemporary sources concerning the Ordognes of Valencia on pp. 169-75 of "Note...." See also D. W. McPheeters, *El humanista español Alonso de Proaza* (Valencia: Editorial Castalia, 1961), pp. 29-30.

Having been unable to uncover any information about Alfonso Hordognez outside of his translation, Miss Scoles examines internal evidence, particularly the original sonnet and dedication, [9] and concludes ("Note...," p. 188) that Hordognez was "una personalità permeata di cultura umanistica, desiderosa da una parte di avvicinarsi al mondo intelletuale italiano ma, d'altro canto, animata, nella sua opera di traduzione, dal proposito di aderire alle strutture dell'originale (del quale e dal quale accetta, senza riserve, ciò che la critica moderna ha tentato di invalidare: il fine moralistico e la molteplicità degli autori)."

The Rome, 1506 Italian translation opens with a title page, followed by the author's own sonnet and dedication. The text of the translation itself includes all the material contained in the various Spanish versions of the *Tragicomedia* (preliminary materials, including the prologue; twenty-one acts, including interpolations; nine final octaves), with one exception: the headings which introduce the preliminary stanzas and the final octaves are lacking.

Hordognez clearly states in the dedication his intention to remain as faithful as possible to his source, notwithstanding the many difficulties contained in the source itself, and despite his own admission of an imperfect knowledge of Italian. His command of Italian was adequate, however. Miss Scoles ("Note...," p. 184) speaks of his "discreta conoscenza lessicale della lingua italiana" and (in commenting on the syntactical structure of the translation) of "quella incapacità di costruire organicamente il periodo, che si osserva... solo sporadicamente." As for the accuracy of the translation, except for the introductory and concluding stanzas, Hordognez does in fact mirror his source remarkably closely. Without this extraordinary fidelity, the fact that the Rome, 1506 translation may be the oldest extant form of the *Tragicomedia* could be dismissed as a historical accident of little consequence. In addition, the fact that the source for the Italian translation must have been a very early *Tragicomedia* would be just a bibliographical curiosity. But granted the close resemblance between

---

[9] Hordognez translated the *Celestina* at the request of Gentile Feltria de Campo Fregoso, Federico di Montefeltro's illegitimate daughter — a lady who was apparently in contact with, in Miss Scoles' words ("Note...," p. 168, n. 3), "alcuni tra gli spiriti più vivi delle lettere italiane."

the Spanish and the Italian *Celestinas,* the full significance of the translation as a research tool becomes clear. Besides helping to establish "correct" readings of the lost princeps edition of the *Tragicomedia,* it can aid in clarifying the history of the transmission of the text from its earliest stage (the *Comedia*) through its full-blown development.

The closest affinities between the Italian translation and any extant Spanish text seem to be with the Valencia, 1514 version, which Krapf describes on the title page of his edition as a "reproducción de la Salamanca de 1500." It is not certain whether or not there was a Salamanca, 1500 *Celestina,* nor, if indeed there was, whether it was the lost princeps edition of the *Tragicomedia.* Nevertheless, Professor Herriott (p. 12) and Miss Scoles ("Note...," pp. 194-217) agree that both Valencia, 1514 and the Italian translation used as a basic source a text representing an early stage of the *Tragicomedia,* perhaps the lost princeps edition, and that this text has not survived. The fact that Valencia, 1514 and Rome, 1506 often reflect a version of the *Comedia* in opposition to all the early existing texts of the *Tragicomedia* supports this theory.

The results of my own collation of Rome, 1506 with the edition of the *Tragicomedia de Calixto y Melibea* by M. Criado de Val and G. D. Trotter (2nd ed. [Madrid: Consejo Superior de Investigaciones Científicas, 1965]) are recorded in an appendix to my edition. The basic purpose of the appendix is contrastive: to demonstrate when the affinity of the Italian translation is with the *Comedia* and when with the *Tragicomedia.* Because of the popular acceptance and easy accessibility of Julio Cejador's edition of *La Celestina* (3rd ed., Clásicos Castellanos 20, 23, 2 vols. [1943; rpt. Madrid: Espasa-Calpe, 1963]), I also record his reading for each of the several hundred variants on my list. I have not, however, attempted to collate the whole text of the translation with Criado's and Cejador's editions. I limit the indication of differences between these two versions of the *Tragicomedia* to those significant variants which occur within the passages I have chosen to contrast the Italian text with the *Comedia* and the *Tragicomedia.* I use the same principle in recording readings of the first French translation with an end to shedding further light on the relationship between it and the Italian and Spanish texts.[10] While my list of variants is by no means exhaustive, and while its value in establishing the source of both the Italian and French translations is limited by its very nature, I believe it constitutes additional support for the theory that the source for the Italian translation was indeed an early version of the *Tragicomedia*. The list may also serve as a point of departure for further investigation involving more editions of the *Tragicomedia*.

Despite the high degree of accuracy in the translation by Hordognez, there are some noteworthy departures from the Spanish text. These include omissions, additions, and changes in the text. While these modifications are useless for purposes of reconstructing the text of the original, they are often interesting from a purely literary standpoint. Of course, without access to Hordognez' source it is impossible to determine for certain whether any particular modification was invented by the translator or whether it represented a variant in his source. Nevertheless, a classification of the various types of changes with examples of each will provide the reader with an impression of the scope of Hordognez' originality and will demonstrate that, to a certain extent, the translation can be considered as an independent literary creation.

I. *Cases of apparent error* [11]

Two types of error occur with relative frequency. The first involves converting a negative expression into a positive one. I italicize the pertinent passages.

R56: Quella proportione, chio uedere non pote, *senza dubio* per la forma exteriore

---

[10] Brault (p. 4) states that the French translator utilized as a base text one of the Spanish editions, introducing from time to time a variant from the Italian translation. He does not attempt to pinpoint these sources, however, because "There is no modern edition of the Ordóñez translation and no edition of the Spanish original providing variants from all the early imprints" (p. 241, n. 14).

[11] Citations are from Criado de Val's edition (C) and from my edition of Rome, 1506 (R).

C34: Aquella proporcion que ver no puedo, *no sin duda*, por el bulto de fuera

R88: *Et* per questo guardo piu *conuenienti*
C76: Y assi miro mas *inconuenientes*

The second type of error consists of the substitution of a word which would accurately translate the Spanish word by another similar to it in sound or spelling.

R34: ancora che lopera *diserta* sia
C4: avnque obra *discreta*

R64: Larte de racconciare le uerginita perdute, alchune racconciaua con *lixiua*
C44: Esto de los virgos, vnos hazia de *bexiga*

R88: Et p*er* questo guardo piu conuenienti con mia poca *speranza*
C76: Y assi miro mas inconuenientes con mi poca *experiencia*

R91: potrebbe essere che accorgendose el *patre* de Melibea
C81: podria ser que si me sintiessen en estos passos de *parte* de Melibea

R173: Dunque ua, patrona mia *et* mia *regale* amica
C192: Pues ve, mi señora, mi *leal* amiga

II. *Omissions*

At times it seems that Hordognez edited his source, abbreviating some of the sections which contain lists of items. I italicize the omitted portions.

R63: belletti cocti, lustri *et* chiarimenti,
C42-43: afeyte cozido, *argentadas, bujelladas, cerillas, lanillas, vnturillas,* lustres, *lucentores;* clarimentes

R63-64: de coniglio, de garza, de daino, *de gatto saluatico et di tasso,* de riccio

C43: de conejo, *de vallena,* de garça *y de alcarauan;* y de gamo, y de gato montes, y de texon, *de harda,* de erizo

R64: torta rosa *et* fior saluatico, pizzo doro
C43: tortarosa y *gramonilla;* flor saluaje *y higueruela;* pico de oro

There is one mysterious omission: the much-discussed passage "ganada es Granada, el rey entra oy, el turco es vencido" (R84; C71) does not figure in the translation. In general, however, omissions are minor and insignificant.

III. *Additions*

Similarly, major additions to the text are nonexistent. There are only a few instances of additions which consist of more than supplying an extra word or phrase for emphasis or clarification. In one case the translator spells out the meaning of a Spanish expression which otherwise might have remained unclear to Italian readers.

R150-151: Tu uoi inferir che io son facto come el fameglio del scudier galliciano, che prima chel possa hauer un par de calze, sta un anno; *et* quando el patrone nele fa tagliare, uorrebbe che in un quarto dhora fusseno facte?

C160: ¿Quieres dezir que soy como el moço del escudero gallego?

One addition is used for comic effect.

R173: Cel(estina). Ameza nocte.
Meli(bea). A che hora e meza nocte?
Cel(estina). De ignorante domanda me fai petitione. Secondo regula dil nostro relogio, adodeci hore e mezza nocte.

C192: Cel. A las doze.

Others seem to inject local color.

R59: E lo ministro grasso de San Francescho.
C38: El ministro..., el gordo.

R89: Ando uia colei che aspectaua allo ministro de San Francesco?
C76: ¿Fuesse la moça que esperaua al ministro?

R189: alhoste dela Piazza de San Domenico
C215: al mesonero de la plaça

IV. *Changes to adapt the text for Italian consumption*

On numerous occasions the translator modifies the text either to make it more intelligible to his Italian readers or to add local flavor.

R121: un manto *et* una camorra de quel panno uenetiano
C121: vn manto y vna saya de aquel contray

R139: che mentre piu inimici sonno, piu guadagno ce
C145: que mientra mas moros, mas ganancia

R149: pan biancho, uinrazese, moscatello di taglia
C158: pan blanco, vino de Monuiedro

R161: Doue e la gallina padoana che non se troua?
C174: la gallina hauada no parece

R163: Corso dilota, razzese, Moscatel di Taglia, de Riuiera, de Giglio, San Seuerino, Greco de Somma, Maluasia de Candia
C177: de Monuiedro, de Luque, de Toro, de Madrigal, de Sant Martin

R189: frati de Sancta Maria Noua
C215: frayles de Guadalupe [12]

---

[12] C actually reads "Guardalupe."

R236: le celate milanese
C272: los capacetes de Calatayud

R236: le celate de monitione
C272: los caxquetes de Almazen

V. *Miscellaneous changes*

R33: fabricate nelle grande ferrarie de Uulcano
C3: fabricadas en las grandes herrerias de Milan

Miss Scoles ("Note . . .," pp. 209-10) speculates that this change may have been due to a virtuoso desire to demonstrate humanistic training, although it may have arisen from error, either in the source itself or in misinterpretation of the source. It is odd that the translator, who elsewhere takes pains to inject Italianate phrases into his work, should here decide to remove a reference in the Spanish text to an Italian city.

R62: O che comandator de boni arrosti era suo marito.
C41: ¡O que comedor de hueuos assados era su marido!

Joseph E. Gillet [13] believes that the source for the Italian must have read "encomendador" rather than "comedor" and attempts to explain the significance of the new phrase, "encomendador de hueuos asados," by referring to the popular belief that a deceived husband had the power of commending fried eggs to the supernatural so that they would not break. Gillet's idea is only corroborated completely, however, by the 1535 Italian edition, which amends "boni" to "obi." Possibly the source for the Italian translation read or was interpreted as reading "buenos" rather than "hueuos." [14]

---

[13] "Comedor de huevos (?)," *HR*, 24 (1956), 144-47.
[14] Comparing the French and English translations (Brault, p. 247, n. 25; *Celestina or the Tragicke-Comedy of Calisto and Melibea Englished From the Spanish of Fernando de Rojas by James Mabbe Anno 1631*, With an introduction by James Fitzmaurice-Kelly, The Tudor Translations VI [1894; rpt. New York: AMS Press, 1967], p. 39) with the Italian and the Spanish

INTRODUCTION 21

R89: E guarda non uersassi lacqua lampha che ogi me fu portata a confectionare.

C77: Mira no derrames el agua de mayo que me traxeron a confacionar.

Why the translator substituted the phrase "orange blossom water" for the term "May water," widely used to indicate an aphrodisiac, remains a mystery. It is curious to observe, however, that during May in present-day Córdoba girls still engage in manufacturing home-made "orange blossom water" to use as a perfume, referring to it as "agua de mayo." [15] It is easy to imagine the antiquity of this custom which might very well have been current in the translator's time. If Hordognez was in fact a native of Valencia (a region still famous for its oranges) it might be speculated that for him "May water" and "orange blossom water" were synonymous, and that, unaware of the attribution of aphrodisiac qualities to "May water," he chose to use what he considered a synonym, either out of esthetic considerations or because he thought "orange blossom water" would be more meaningful to his readers than "May water."

R156: imbratta suo uiso de fele *et* mele con uue abrusticate e fighi secchi

C168: enuiste su cara con hiel y miel, con vnas tostadas y higos passados

It is quite likely that the source of the Italian translation read "uuas," not "unas" and that "uvas" is, in fact, correct.[16] This reading is corroborated by both the first French translation and

---

original only complicates the matter. The first French translation omits the entire passage. Lavardin (author of the 1577 French translation), like Hordognez, has 'good' in place of 'eggs' but agrees with Mabbe and the anonymous author of the 1633 French translation in including a reference to 'comedor' but not to 'encomendador.'

[15] I am indebted to Professor Rafael Osuna, a native of Córdoba, for this information.

[16] See Mack H. Singleton, trans., *Celestina: A play in twenty-one acts attributed to Fernando de Rojas* (Madison: The Univ. of Wisconsin Press, 1968), p. 299.

by Mabbe's version, which have "passees" and "grapes," respectively.[17]

R178-79: come fanno li zingari quando ce guardano la uentura nele mano
C200: como fazen los de Egypto quando el sino nos catan en la mano

This substitution may represent a definition or clarification of the original Spanish for the benefit of Italian readers. While the French translator (Brault, p. 143) converts "those of Egypt" into "the Egyptians" ("les Egyptiens"), giving no additional information as to the significance of the phrase, Hordognez spells out its meaning by translating it as "the gypsies." It is of course possible that "those of Egypt" or "the Egyptians" would have been correctly interpreted by sixteenth-century French and Italian readers as "gypsies," but Hordognez' rendition is nonetheless useful to modern readers because it clarifies the Spanish phrase.

In Act XII the translator twice alters the dialogue. In the first case (R191; C216-17) Pleberio and Alisa call out in alarm to their daughter, and she fabricates a reason for the noise they have heard. Hordognez eliminates one of Pleberio's speeches and assigns to Alisa two others, causing Melibea to substitute "Madonna" for "Señor" twice in her replies. At the very end of the act (R198; C226) the translator gives Sempronio's final speech to Pármeno, and Pármeno's reply to Sempronio. Such drastic changes are unusual in Hordognez' translation. Any attempt to explain them would be purely speculative.[18]

The text which follows is an edition of the Rome (Silber) 1506 version of the Italian translation by Hordognez. I have maintained spelling and division or joining of words as in the original, but I chose to supply my own punctuation and capitalization rather

---

[17] Brault (p. 256, n. 123) discusses the meaning of "passees."
[18] Krapf (p. 441-42, n. 43) comments on the first change: "Este cambio de las personas en la traducción italiana tiene algo de una delicada percepción, y nos parece expresar mejor los sentimientos naturales de una madre que en el original hace un papel demasiado pasivo."

than presenting a purely paleographic text. I do not reproduce the tall "s" or rubrics. The Rome edition uses accents occasionally but indiscriminately; I omit all accents. My source does not distinguish meaningfully between the letters "u" and "v," preserving the latter only as a capital letter; I resolve this difficulty by using the letter "u" to the exclusion of "v" throughout the text.[19] Where the text uses an abbreviation to identify a speaker, I reproduce the abbreviation and enclose the remainder of the speaker's name in parentheses. The first speaker in each act is not usually identified; I print it in parentheses.

Variants of the Rome, 1506 text are supplied by the following editions: Milan, Castione, 1514 (M); Milan, Minuziano, 1515 (15); Venice, Arrivabene, 1519 (V); and Venice?, Sabio, 1535 (35).[20] Descriptions and information about these and other editions of the translation (including their present locations) can be found in Miss Clara Louisa Penney's *The Book Called Celestina* (New York: The Hispanic Society of America, 1954, pp. 88-91; 119-21) and in Miss Scoles' "La prima . . . ."

My purpose for including variants from four different texts is to aid in understanding the Rome, 1506 edition. Therefore the majority of variants consist of corrections of errors found in the earliest edition. I do not attempt to correct every error, however. When the 1506 text combines two or more words which should be separated, or conversely, when it divides a single word into two or more parts, I cite variants which correct the error only when it appears to me that the reader might experience difficulty in understanding. On the other hand, whenever a misspelled word is corrected by one or more of the later editions, I include the emendation. I do not, however, record variant spellings. Omissions

---

[19] My reason for effecting these changes in spelling and punctuation is to render the text more readable. Miss Scoles' photostatic edition of Rome, 1506 will allow readers to consult the original when special requirements make this necessary.

[20] My edition thus includes variants from each of the three groups into which Brault (pp. 242-43, n. 14) classifies the Italian translation. The copies I consulted are: Rome, 1506: British Museum, C.62.b.17; M: British Museum 11725.d.13; 15: Biblioteca Nacional, Madrid, R1473; 35: Hispanic Society PQ 6427 .I8 1535. I examined the Venice? (Sabio) 1541 copy in the Hispanic Society but did not draw upon it for variants because "the text is a reprinting of the Italian translation of 1535" (Penney, p. 91).

from or additions to the 1506 text are cited only when they appear to correct an error unless I consider them significant in their own right.

In conclusion it should be stressed that my intention is to present a readable edition of what is probably the first Italian translation of the *Celestina*, retaining its peculiarities and correcting its errors whenever possible. Although not a critical edition, sufficient information is included among the variants to provide a general picture of the textual development of the translation, the only early translation of the *Celestina* in Italian: a valuable tool in reconstructing the Spanish original, an aid in clarifying obscure passages in the Spanish, and an independent literary contribution.

TRAGICOCOMEDIA DI CALISTO E MELIBEA

NOVAMENTE TRADVCTA DE SPAGNOLO IN ITALIANO IDIOMA [1]

---

[1] On this page I reproduce exactly the spelling of each text, resolving abbreviations. The title pages of the other editions read as follows:

M: TRAGICOCOMEDIA di Calisto e Melibea de Lingua Hispana In Idioma Italico Traducta & Nouamente Reuista e Correcta e a piu lucida Venustate Reducta per Hieronymo Claricio Immolese.

15: TRAGICO Comedia di Calisto e Melibea de lingua Hispana In Idioma Italico Traducta da Alphonso Hordognez & Nouameute [sic] Reuista e correcta per Vincentio minutiano, con quanta magiore diligentia, se la metterai a parangone con laltre editione senza dubio el conoscerai.

V: Celestina. Tragicomedia de Calisto & Melibea nouamente tradocta de lingua castigliana in italiano idioma. Aggiontoui di nouo tutto quello che fin al giorno presente li manchaua. Da poi ogni altra impressione nouissimamente correcta, distincta ordenada, & in piu commoda forma reducta, adornada etiam d' molte bellisime figure, segondo el numero di soi acti, con le persone etiam a dicti acti conueniente, le qual cose nelle altre impressione non si troua. VETVLA CAVDA SCORPIONIS

35: CELESTINA. TRAGICOMEDIA DE CALISTO ET MELIBEA NVOVAMENTE TRADOTTA De lingua Castigliana in Italiano idioma. A giontoui di nuouo tutto quello che fin al giorno presente li mancaua. Dapoi ogni oltra impressione nouissimamente correcta, distinta, ordinata, et in piu commoda forma redotta, adornata lequal cose nelle altre impressione non si troua. VETVLA CAVDA SCORPIONIS

Ecco[1] exequito donna il tuo precepto,
Ecco il comico tuo, tuo seruitore,
Et in sua compagnia, il dio damore,
Gratia, belta, disio, speme, e suspecto.

Fede, perfidia, suon, canto, dilecto,
Suspir, uigilia, lacrime, dolore,
Caldo, freddo, pregion, forza, furore,
Iganni,[2] inuidia, beffe, arte, e dispecto.

Lenoni, sdegno, buona e mala sotte,[3]
Equel chalfin dilui sol si guadagna
Inimicitie, danno, infamia e morte,

Con altri effecti assai che non sparagna;
Ma se nel suo parlar ti parra forte,
Scusal, che nouamente uien di Spagna.[4]

---

[1] V,15,35: Ecco. Preceding these verses V has "Soneto dello interprete;" 35, "Sonetto dallo interprete."
[2] M,V,15,35: Inganni
[3] V,15,35: sorte
[4] In M this sonnet follows the prologue, in small print. In 15 it comes at the very end of the text, following the closing stanzas. In V and 35 it precedes the prologue.

Ala illustrissima madonna, madonna Gentile Feltria de Campo Fregoso, madonna sua obseruandissima.

Illustrissima madonna: Come io son certo che V.S. multissime uolte habia inteso che a ueruna persona fa ingiuria chi honestamente usa sua ragione, natural cosa e adunque de ciaschuno che nasce sua uita quantunque puo aiutare et conseruare, e quella difendere con ogni astutia et sollicitudine, guardandosi da li aduersi casi che in questa nostra humana uita con assai nostro danno uedemo ogni giorno succedere. E questo si concede tanto, che alchuna uolta e gia aduenuto che per guardala,[1] senza culpa alchuna, si son commessi assai homicidii; et concedendo cio le leggi (nele solicitudini dele quali e il ben uiuere de ogni mortale) quanto maggiormente senza offesa dalchuno a noi et a qualunque altro e honesto ala conseruatione nostra prendere quelli congrui remedii che noi possiano.[2] Et quanto sia la presente opera spechio et chiaro exempio e uirtuoso[3] doctrina a nostro ben uiuere, il nostro auctore per la presente opera[4] chiaramente cel dimostra, insegnandoci li aguati et inganni di coloro che poco amore ci portano, quali per ogni minimo loro utile non curano a chi di loro si fida, con assai loro biasmo losengheuolemente ingannare, come nel processo di questi amanti compare. Non per questo ali fraudulenti dala diuina prouidentia fu, e ne sara lor perdonato, mostrandoce apertamente quanta iustitia sua bonta comparte. E come fu in piacimento alo uniuersal Creatore, che li cieli desseno influentia nel mondo e tenesseno dominio sopra la humana natura,

---

[1] V,15: guardarla
[2] M,V,35: possiamo
[3] M,V,15,35: uirtuosa
[4] M,15: la presente opera > questa

donandoci diuerse inclinationi di peccare *et* uitiosamente uiuere, non per questo ne ha tolto il libero albitrio; [5] che se quello e ben gouernato, uiue*n*do uirtuosamente, se puo mitigare *et* uince*re*, se usar uolemo discretio*ne*.

Onde io mosso da tal consideratio*ne*, e uede*n*do la necessitate che tutti o la magior parte de questo presente tractato hauemo, quale ci mostra apertamente uia per la quale ci sapiamo guardare e difendere de liganni [6] e losenghe de mali e tristi huomini; *et* anchora V.S., qualo [7] mossa da uirtuoso desiderio — non per miei meriti, ma per sua uirtu — se degnata uolerme pregare douesse io tradure la *p*resente tragicocomedia intitulata di Calisto *et* Melibea de lingua castigliana in italiano idioma acio che V.S. insieme co*n* questa degna patria doue questa opera *non* e diuulgata se possa alegrare di ta*n*te e cosi degne sentent*i*e *et* auisi che sotto colore di piaceuoleze ui sonno.

Io, adunq*ue*, uede*n*do che legitima obligatio*ne* di ubidire suoi preghi mi constringe, quali a me sonno stati acceptabili com*m*a*n*da*menti*, e per satisfare in parte al desiderio che di seruir quella continouamente mi sprona, meritamente me hanno obligato a la executione di q*u*esta impresa, quantu*n*q*ue* sia tenuto manifestare ogni opera, uirtuosa. Magiormente, che p*er* il presente tractato, aquelli che lo legeranno, retene*n*do p*er* se le sentent*i*e [8] necessarie *et* le lasciuie lassando, grande utile ne uenga.

E como gia sia co*n*siderata mia insufficie*n*tia e le curiali e familiari occupationi, quali obstano ale aduersita dela nobile [9] fortuna, che non dan riposo a miei pensieri, che di questo trauaglio iustamente iscusar mipossa. Ma confidandomi nel superno Idio, donatore de tutti li beni, quale aiuta a li boni desiderii *et* suplisce ali diffecti di coloro che ben fa [10] disiano, e porta boni proposti spesse uolte nele me*n*te, *et* in V.S. quale p*er* sua uirtu comportara li errori cosi in stilo como in ordine, se per me fusseno posti inaduertentemente ne la presente traductione che uerame*n*te *non*

---

[5] M,V,15,35: arbitrio
[6] M,V: linga*n*ni; 15,35: linganni
[7] M,V,15,35: quale
[8] 35: scientie
[9] M,15: mobile
[10] M,15: far

nego, non ui se ne possa trouare, siando intrato in labirintho del quale mestesso a pena ne sotrare. Per la qual cosa, suplico humilmente V.S. uoglia acetarla como de seruitore affectionato. Che se falimenti alcuni ui sonno, certamente madonna, parte nea colpa la dicta lingua castiliana, quale in alchune partite, e impossibile posser ben tradure li uocaboli secondo la affectione e desiderio che ho de seruir V. Illustrissima S.

Non hauendo io riguardo ala rudita dela ordinatione e differentia di sententie, a fine che per uostra uirtu si communiche tra uostri parenti, amici e seruitori, a cio possano trarne il fructo che saper tiene, mouendo lor cori a exequire ogni opera uirtuosa, sprezando la iniquita de li uitii e la ferocita de li mostruosi acti, prendendo honoreuoli partiti a conseruatione di lòruite et honore. Et a cio che di questa tragico comedia lo primo auctore, ne altri con epso non possa essere rimproperato, se errori alcuni [11] li fusseno, come non dubito, V.S. uoglia farli coreggere et amendarli, attribuendo la culpa di quelli amio poco sapere et rudo [12] ingegno, et non al mancamento di mia uolunta desiderosa sempre di uostro seruitio. Et acio che li auctori per diffecto de miei falli [13] non siano biasmati, io solo uoglio portarne il carico come per me solo sia stata traduta al commando di V.S., alacui gratia humilmente mi ricommando. Vale.

---

[11] V,35: errori alcuni > fallimenti alcuno
[12] M,V,15,35: rude (35: -dd-)
[13] V,35: de miei falli > degli error miei

TRAGICOCOMEDIA de Calisto *et* Melibea

nouamente agiontoui quello che fin a qui manchaua nel processo de loro innamoramento, nel quale se conthiene ultra il suo gratioso *et* dolce stilo assai philosophiche sententie *et* ad uisi assai necessarii per gioueni, monstrando loro linganni che son renchiusi ne falsi seruitori errofiane. Per Alphonso Hordognez, familiare de la sanctita di nostro signore Iulio Papa Secondo, ad instantia de la illustrissima madonna Gentile Feltria de Campo Fregoso, madonna, sua obseruandissima, de lingua casteliana in italiana nouamente per lo sopra dicto traducta.

Lo autore ad un suo amico

Sogliano considerare coloro che absenti deloro terre setrouano, de che cosa quel luogo donde se parteno maggior inopia o manchamento patisca, acio che de lasimile possano seruire a li conterranei, de chi alcun tempo beneficio receuuto hanno. *Et* uedendo che legitima *et* degna obligatione ad inuestigar el simile mi compelle (per pagare inparte le multe gratie che de uostra mera [1] liberalita ho receuute) assai uolte retracto in mia camera, appoggiando la testa sopra la mia propria mano *et* gectando i mei sensi prouentori *et* mio giuditio a uolo, mi uenne a lamemoria non solamente la necessita che questa commune patria ha de la presente opera, per la multitudine de galanti *et* inamorati giouani che possede, ma anchora in particulare uostra medesma persona, cui giouentu de amore me representa hauer uisto [2] esser presa *et* da lui crudelmente ferita, per mancamento de arme defensiue per resistere ad sue fiamme, lequali trouai scripte in queste carthae, non gia fabricate nelle grande ferrarie de Uulcano, ma ne li chiari ingegni de huomini docti spagnoli formate. Et como io considerasse loro igegno, [3] loro sottile artificio, loro forte *et* chiaro metallo, loro uia *et* modo de lauoro, loro terso *et* elegante stilo (mai in nostra castigliana lingua uisto ne odito) io lo lesse tre *et* quattro uolte. *Et* tanto quanto piu lo leggeua, tanto piu necessita mi poneua di tornarlo a leggere, *et* ogni uolta piu mi piaceua, *et* in suo processo noue sententie sentiuo. Uidi non solamente esser dolce in sua principale istoria, o uogliam dir, fictione, tutta insieme, ma anchora

---

[1] 15: om. Krapf (II, 389, n. 1) notes that some editions of the *Tragicomedia* omit the adjective "libre" which is translated here as "mera."

[2] 35: uista

[3] M,V,15: ingegno; 35: ingegni

de alcune sue particularita, usciuano deletteuole fonti de philosophia, de assai gratiose piaceuoleze, ricordi *et* consigli contra lusinghieri e mali seruitori *et* false donne factochiare. Uidi che non hauea sugiello ne subscripta de lo auctore, lo quale, secundo dicono alcuni, fo Giouanni di Mena *et* secondo altri, Roderico Cotta. Ma qual si uoglia che fosse, fo degno de immortale memoria, per la subtile inuentione *et* gran copia de sententie che ui sonno inserte. Che sotto color di piaceuoleze era grandissimo philosopho. *Et* poi che ello, per timore de detractori *et* nocibili lingue (piu apparechiate ariprendere che a saper inuentare) uolse celare e coprire suo nome, no*n* me i*n* culpate se nel fine de sotto chio lo metto no*n* exprimo il mio. Magiormente che, essendo io iurista, a*n*cora che lop*er*a diserta sia, e aliena de mia faculta. *Et* chil sapesse direbbe che no*n* per recreatione del mio principale studio (del quale in uerita piu me glorifico) io el fecesse, anzzi extracto de le legge, in questo nuouo lauoro me intramectesse. Ma anchora che non affronteno, seria pur pagame*n*to del mio ardire. Simelmente pensarebbeno che non quindici giorni de uacatio*n*e, (mentri mei socii erano i*n* loro terre), ad fornirla me ritenesse (como e la uerita); ma anchora piu tempo *et* manco accepto. Per discolpa de lo quale tutto, non solo ad uoi, ma a quanti lo leggeranno, offerisco li presenti metri. *Et* per che cognosciate doue cominci*an*o mie mal composte ragioni, presi partito che tutto quello delo antiquo auctore fosse diuiso in uno acto o scena incluso, fine al secundo acto, doue dice: "Fratelli mei." Vale. [4]

---

[4] 35: om.

Lo auctore, scusandosi del error suo in questa opera che scripse, contra se medesimo argue e fa comparatione.

El silentio ripara e suol coprire
Lo difecto de le lingue e de lingegno;
Biasmo, anchor si suole attribuire,
A quel che uuol parlar senza ritegno.
Come formica quando ha troppo ardire,
Che lassa el nido suo che e terra o legno,
Iactandosi de le sue debile ale,
Le cui piume la fan tornar mortale.

E cercando godersi laria strana,
Rapina e facta dogni uccel uolante;
Fugir non deue la terrestre tana,
E tentar quel che troppo e discrepante.
Ragione e che la lingua mia uillana
Non dica, ma la mia piuma arrogante,
A la qual per hauer troppo creduto,
Ne laria alzammi, e a terra son caduto.

Douesi crese triumphar uolando,
O io scriuendo guadagnar honore,
Dirsi puo cadauamo [1] el mal cercando,
Epsa e morta, *et* io son senza fauore.
Riceuo scorni, obrobrii, incarco, e quando
Obstar desidro a qualche taxatore,
I porti a lhor sicuri tutti ueggio,
A drieto rimaner per lo mio peggio.

---

[1] V,15,35: candauamo (V: -n-)

Se ben ueder uolete oue chio arriuo,
Fede prestate a questo parlamento,
Oue se fusse alchun de lalma priuo,
Recuperar potralla in un momento.
Non pensi alchun esser tanto cattiuo
In amar che, credendo al documento,
Libero non ritorni piu che prima,
Anzi daltrui amor non fara stima.

Come linfermo che pilola amare
O laschifa, o non puo ben deglutire,
Mettela dentro a una uiuanda cara,
El gusto inganna e trouase guarire.
Decti lasciui mia penna declara
In questo modo, e fa gli homin gioire,
Attrahe gliorecchi de dogliosi amanti,
De scioglie quelli da li affanni e pianti.

Essendo auuolto in pensiero e in martoro,
Composi el fin di questopra sublime;
A ben che accostar uolsi el rame a loro,
Limar diamanti con mie debil lime.
Io prego quelli che discreti foro
Soportino el mio fallo, prose e rime,
Tenendo li grossieri [2] di non sparlare,
O uero linuidiosi a non latrare.

Essendo in Salamanca, la presente
Materia fornita ho per doi rispecti:
El primo, che e composta da prudente,
Laltro, per far schiuare altrui difecti.
Io ueggio la piu parte de la gente
Bersi el uenen de gli amorosi effecti,
E quel che fa tra noi maggiori errori
A fidarsi in rufiane e seruitori.

---

[2] M,V,15,35: grossier

E sio prendessi in cio troppo licentia,
Lopera el fa, che e molto alta e gentile.
Uedo che porta piu duna sententia
Intextura dexempli e dolce stile.
Foderata di gratia e intelligentia,
Uelata dun uelame assai sottile,
Non e cosa piu utile e piu degna,
Attento che a schifare e lacci insegna.

Troppo sarebbe longo a racontare
Ogni laude che merita questa opra,
Nel greco nel latin porria bastare
Exprimer quanto un uelo qui ricuopra.
Lauditori potranno adunque stare
Attenti insin che tanto ben si scopra,
Poi lauctor ringratiar di sua fatica,
Uedendo i documenti che gli explica.

Exemplo pigli qui lo innamorato,
Benedicendo lalto Creatore;
Laudi quel chel principio a lopra ha dato;
A quel che la fini, rendasi honore.
Da poi chun spechio tal nhan dimostrato,
Ensegnato a schiuar il dol damore;
Molto util cosa fia prestarui fede,
Oue el uitio damor tutto si uede.

Notate uoi, amanti giouenetti,
Tenete questo a gliocchi per un spechio,
A cio che amando siate men decepti.
Legetela piu uolte e date orechio,
Buona cosa ui fia questi precepti.
A te, giouene, dico, *et* a te, uechio,
Notate i decti de lauctor prudente,
Oue damare insegna cautamente. [8]

---

[8] The acrostic reads: "EL BACCILER FERNANDO DE ROIAS FORNI LA COMEDIA DE CALISTO E MELIBEA E LUI FU NATO NELA PUEBLA DE MONTALBANO."

Dice Eraclito che tutte le cose in questo mondo son create a modo de lite o bataglia doue dice, "Omnia secundum litem fiunt." Sententia digna de immortale memoria, al ueder mio. Et como senza dubio sia certissima, se po dire de [1] molto gonfia et piena uoglia scoppiare, gettando dase si cresciuti rami et foglie, che de la minor cima se porria cauar assai fructo tra persone discrete. Ma come il mio poco sapere non baste per piu che per rodere sue secche scorze, de li dicti de coloro, li quali, per clarificare loro ingegni meritoron essere approbati, de quel poco che io de elli porro comprendere, satisfaro al preposito de questo breue prologo.

Trouai questa sententia corroborata per quello laureato poeta Francesco Petrarca, qual dice, "Sine lite atque offensione nil genuit natura parens." "Senza lite et offensione nissuna cosa genero la natura, matre dogni cosa." Ancora dice piu auanti, "Sic est enim et sic propemodum uniuersa testantur: rapido stelle obuiant firmamento; contraria inuicem elementa confligunt; terre tremunt; maria fluctuant; aer quatitur; crepant flamme; bellum immortale uenti gerunt; tempora temporibus concertant; secum singula, nobiscum omnia." Che uol dir cosi: "In uerita cosi e; tutte le cose de questo danno testimonio. Le stelle se scontrano nel subito firmamento del cielo. Li aduersi elementi luno contra laltro rompeno et combatteno. Le terre tremano, li mari rompeno loro onde luna con laltra, laere se scote, sonano le fiamme, li uenti portano tra loro perpetua guerra, li tempi contempi litigano, et contendeno con loro [2] ogni cosa, et tutto con noi."

Noi uedemo che la estate semo affannati con superchio caldo, et lo inuerno con freddo et asprezza. In modo che questo ne pare reuolutione temporale, questo e quello con che noi ci sosteneno, [3]

---

[1] 15: che
[2] 15: se stesso
[3] V,15,35: sostenemo

questo e quello con che noi ci creamo *et* mantenemo *et* uiuemo, *et* se piu del costumato se comincia ad insuperbire, non e altro che guerra. *Et* quanto se debbia temere, se manifesta per li gran terremoti *et* ruine, per li naufragii *et* incendii, cosi celesti como terreni, per la forza deli aqueducti, per quel brauamento de troni, per quello impeto timoroso de fulguri, tempesta *et* lampi, per quelli cursi *et* recursi delenuuole, de quali aperti mouimenti, per sapere la secreta causa da che procedano, non e minor la dissensione de philosophi nelle scole, che dele onde in mare.

Et anchora tra li animali nissun genere manca de guerra: pesci, fiere, uolatilie, serpenti — dele quali tutte una specie laltra persequita: lo leone — il lupo; lo lupo — la capra; lo cane — lo[4] lepore. *Et* se non paresse conseglio deretro al fuoco, io portaria piu al fine questo conto. Lo elephante, animale si potente *et* forte, se spauenta *et* fugge de la uista duno imbrattuzzo sorice — *et* solo a sentirlo mentuare trema. Tra li serpenti, el basilisco lo creo la natura si uenenoso *et* conquistator de tutte le altre che solo col fischio le adombra — *et* con soa uenuta le sparge *et* mette in fuga, *et* con soa uista le occide. La uipera, reptile o serpente uenenosa, al tempo del coito, lo maschio mette la testa nela bocca de la femina *et* lei, per la grande dolcezza, lostrenge tanto che loccide; *et* in quel modo resta grauida, *et* lo primo figliolo rompe li fianchi dela matre, per lo qual loco escono tutti li altri, *et* ella resta morta. Esso fa questo quasi come uendicatore de la paterna morte. Qual po essere maggior lite? Qual po esser maggior conquista ne guerra che hauere generato in corpo chi diuore linteriora sue?

Duncha non mancho dissensioni naturali credemo che siano nelli pesci. Per che e cosa certa chel mar gode de tante forme de pesci *et* piu che non fa laere *et* la terra de uolatilie e animali. Aristothele *et* Plinio contano miraculi de un pesce qual e chiamato echineis, quanto sia apta sua proprieta per diuersi modi de battaglie. Specialmente a[5] una, che se se appressa a una naue, la rethiene che non se puo mouere — anchora che uada forte per lacque. Dela qual cosa Lucano fa mentione, dicendo: "Non puppim retinens,

---

[4] 15: la
[5] V,35: na

curo[6] tendente rudentes, in mediis echeneis aquis." "Non li manca lo pesce dicto echeneis, che rithiene le naue, quando el uento stende le soe corde in mezzo el mare." O naturale lite, digna de admiratione, che possa piu un piccolo pesce che non fa ungran nauilio con tutta la forza deli uenti in mare!

Anchorase uolemo far discurso tra li uccelli e loro minime nimesta, beni confirmaremo che tutte le cose son create a modo de lite. Como sia che la maggior parte uiuono de rapina, como sonno falconi, aquile, sparuieri. *Et* li dissutili nibii insultano nele case nostre li domestici polli *et* sotto le ale de loro matre li uengano a prendere. *Et* anchora de uno uccello chiamato roccho, nelo indico mare de Oriente, se dice sia de in estimabile grandezza *et* che col suo becco porta fino ale nuuole non solamente un homo o dieci, ma anchora un nauilio carco de tutte sue sarcie *et* gente. *Et* como li miseri nauiganti stano cosi suspensi ne laere, col menar de suo uolo cascano *et* receuono crudel morte.

Doncha che diremo de li homini, ali quali tutto lo sopradicto e subiecto? Chi spianera lor guerre, loro nimista, loro inuidie, loro sceseragine,[7] loro scontenteza[8] *et* mouimenti — quello mutar de fogge, quello buttare e renouare de edificii *et* altri ssai[9] *et* diuersi effecti *et* uarieta che de questa debile nostra uita ne peruene?

Et poi che la e antiqua querela *et* usitata per longhi tempi, non mi uoglio marauigliare se questa presente opera e suta[10] strumento de lite o contentione ad soi lectori per metterli in differentie, dando ciaschuno sententia sopra essa ad sapore de loro uolunta. Alchuni diceuano che la era prolixa; alchuni — breue; altri — gratiosa *et* piaceuole; multi — obscura; de sorte che uolendola tagliare a misura de tante *et* si differenti conditioni a solo Dio appartiene. Maggiormente che lei con tutte le altre cose che al mondo sonno, uanno sotto labandiera de questa notabile sententia, "Che anchora la medesima uita de gli homini, sebben ponemo mente, da la prima eta fin che gli canuti in bianchisceno, e battaglia." Gli mammoli con gli giochi, gli garzoni con le lettere, gli giouani con gli dilecti, gli uechi con mille spechie de infirmita combatteno; *et*

---

[6] 15: Euro; V,35: Curuo
[7] M,V,15,35: sceleragine
[8] 15: scontenteze
[9] M,V,15,35: assai
[10] V,35: e suta > sia

queste carte con tutte le eta. La prima le cassa *et* rompe, la seconda non le sa bene intendere, la terza, che e la alegra *et* uirile giouentu, e discordante. Alchuni li rodeno lossa, dicendo che nón ha uirtu, *et* che e tutta la historia insieme, non acomodandose ne le particularita sue, facendo lo conto a limprescia senza pensar piu auante. Molti uan cappando le piaceuolezze *et* prouerbii communi — laudando quelli con tutta loro attentione — lassando leggermente passare quello che fa piu al caso *et* utilita loro. Ma a quelli per li quali uero piacere e tutta, cacceranno lo subiecto de la historia per contarla. *Et* reterranno la summa per loro utile, ridendo dele cose piaceuoli, *et* le sentetie *et* dicti de philosophi seruaranno in lor memoria, per transporli in luochi conuenienti a loro acti *et* prepositi. In modo che quando diece persone se conueniranno in sieme per udire questa comedia, ne li quali sia questa differentia de conditioni, como suole interuenire, chi negara che tra loro non sia differentie in cosa che de tanti modi se intende? Che anchora limpressori hanno dato loro ponture, ponendo rubriche *et* argumenti summarii al principio de ciascheduno acto, narrando in breue quello che dentro si contiene — cosa bene excusata secundo li antiqui scriptori usorno. *Et* molti hanno litigato sopra suo nome, dicendo che non se doueua chiamare comedia, poi che finiua intristeza, ma che se chiamasse tragedia. Lo primo auctore li uolse dare denominatione delprincipio, che fo piacere, *et* chiamolla comedia. Io, uedendo queste discordie tra questi extremi, parti per mezo la questione *et* chiamaila tragicocomedia.

In modo che uedendo queste dissentioni *et* discordantie *et* uarii iudicii, guardai a qual banda la maggior parte se accostaua, *et* trouai che uoleano se slongasse nel processo del dilecto de questi amanti, sopra la qual cosa fui assai importunato. In modo che prese partito, anchora che contra mia uolunta; fosse mettere la secunda uolta mia penna in cosi strano lauoro e cosi alieno da mia faculta, robbando alchuni tempi al mio principal studio, con altre hore destinate a recreatione, conciosia che non debbiano mancare noni [11] detractori alla noua addictione.

---

[11] M,V,15,35: noui

Sequita la Tragicocomedia de Calista[1] et Melibea, composta in reprensione delli pazi innamorati, quali, uinti in loro dissordinato appetito, a loro innamorate chiamano *et* dicono essere lor Dio. Facta simelmente in aduiso delli inganni delle ruffiane *et* mali *et* lusenghieri seruitori.

---

[1] M,V,15,35: Calisto

Argumento

Calisto, il quale fu di nobile natione, de chiaro ingegno, de gentile dispositione, dotato de molte gratie, fu preso delo amore de Melibea, donna giouene, molto generosa, de alto et serenissimo sangue, sublimata in prospero stato, una sola herede a suo patre Pleberio, et da sua matre Alisa molto amata. Per sollicitu[1] del punto Calisto, uinto el casto proposito di lei, intrauenendoci Celestina, mala et astuta donna, con dui seruitori del uinto Calisto, ingannati et per questa facti dis leali, presa loro fidelta con amor de cupidita et dilecto, uennero liamanti insieme con li ministri in amaro et doloroso fine. Per principio dela quale dispose la aduersa fortuna luogo oportuno doue a la presentia de Calisto se represento la desiata Melibea.

---

[1] V: sollicitudine; 35: solicitudine

ARGUMENTODELLA PRIMA PARTE DE LA TRAGICOCOMEDIA

Intrando Calisto inuno horto de drieto un suo falcone, trouo li Melibea, de cui amor preso, li comincio a parlare. Et da lei rigorosamente fu expulso, ello torno ad sua casa molto turbato. Parlo con un suo seruitore chiamato Sempronio, el quale, da po molti ragionamenti, lo induxe ad una uechia chiamata Celestina, in cui casa lo dicto Sempronio haueu una inamorata chiamata Elitia. La quale, como uide uenire Sempronio a casa de Celestina con la imbasciata del suo patrone, tenea unaltro huomo in casa chiamato Crito, el quale Elicia ascose tra quel mezzo che Sempronio parlo con Celestina. Calisto in quel mezzo stassi ragionando con unaltro suo seruo chiamato Parmeno. Lo qual ragionamento duro per fin che arriuaro Sempronio et Celestina a casa del sopradicto Calisto. Parmeno fo cognosciuto da Celestina, la quale li ricordo el cognoscimento che hebbe con sua matre, inducendolo alo amor et concordia de Sempronio.

Calisto, Melibea, Sempronio, Celestina, Elicia, Crito, Parmeno

CALISTO. In questo uedo, Melibea, la grandezza de Dio.

ME(LIBEA). In che cosa, Calisto?

CAL(ISTO). Per hauer data potentia ala natura che de cosi pecta [1] bellezza te dotasse et fare a me indegno de tanta gratia che uedere te potesse et in cosi conueniente luogo, chel mio secreto dolore te potessi manifestare. Senza dubio incomparabile e maggior tal gratia, chel seruitio, sacrificio, deuotioni et opere pie, che

---

[1] 15: perfecta; V: facta; 35: fatta

per arriuare a questo luogo ho a Dio offerto. Chi uidi mai in questa uita corpo glorificato si como e adesso il mio? Per certo gli gloriosi sancti, che se dilectano nella diuision [2] diuina, non godeno piu che fo io adesso nel tuo conspecto. Ma, o misero me, che solo in questo semo differenti: che loro puramente se glorificano senza timore di perdere quella et io misto [3] me ralegro con timore del futuro tormento, che tua absentia me deue causare.

ME(LIBEA). Per cosi gran gratia hai tu questa, Calisto?

CAL(ISTO). Io lo per tanto in uerita che, se Dio me desse la sedia sopra tutti li soi sancti, non lharei a maggior fecilita. [4]

ME(LIBEA). Anchora piu equale merito te daro se perseueri.

CAL(ISTO). O benauenturate orecchie mie, che indignamente si gran parola hauete odita!

ME(LIBEA). Anzi suenturate da che mabbiano finito de odire. Per che lo pagamento sara secondo merita tua paza presumptione et lo intento de tue parole e suto. Che de homo de tale ingegno como tu douesseno uscire, accio se douessen perdere nella uirtu de tal donna como io. Ua uia, ignorante, che mia patientia non po suffrire che sia salito in cor humano che meco in illicito amore douesse communicare suo dilecto.

CAL(ISTO). Andaro como colui contra ilquale solamente laduersa fortuna pone ogni suo studio con odio crudele.

Sempronio, Sempronio, Sempronio! Doue po essere questo poltrone?

SEM(PRONIO). Eccome qui, signore, che gouerno questi caualli.

CAL(ISTO). Como esci dela sala?

SEM(PRONIO). E se abbatuto lo girifalco et son uenuto a metterlo sopra lastanga.

CAL(ISTO). Cosi li diauoli te guadagneno! O perpetuo et intolerabile tormento conseguii, el quale ingrado in comparabile a la dolorosa et trista morte qual io specto te faccia perire. Ua uia, ua uia, maluaggio. Apri la camera et racconcia lo lecto.

SEM(PRONIO). Subito serra facto.

CAL(ISTO). Serra le finestre et lassa le tenebre acompagnare lo misero sfortunato. Che mei tristi pensieri non son digni de luce.

---

[2] M,V,15,35: uision
[3] 15: misero
[4] M,V,15,35: felicita

O ben auenturata morte quella che, desiata, a li aflicti uiene! O, se ueneste adesso Creato [5] *et* Galieno, sentireste mio male. O pieta celestiale, spira nel pleberico core a cio che, senza speranza de salute, non uada lo perduto spirito con quello deli sfortunati Pyramo e Tisbe.

SEM(PRONIO). Che cosa e?

CAL(ISTO). Ua uia! Non mi parlare; se non, forse prima che fial [6] tempo de mia rabiosa morte, mie mani causaranno tuo ultimo fine.

SEM(PRONIO). Andaro, poi che solo uoi patir il tuo male.

CAL(ISTO). Ua col gra*n* diauolo.

SEM(PRONIO). No*n* credo, se io ben penso, che meco uenga colui che teco resta. O disauentura! O subito male! E quale po essere stato si contrario caso che cosi presto ha robbato ogni alegrezza di questhomo, e quello che peggio e, gliha tolto in sieme con essa el ceruello? Debbolo io lassar solo, o intraro dentro? Se io lo lasso, se uccidera; se io entro, me amazzara. Restise; non mi curo. Che meglio e che mora colui a cui e in odio la uita — che io, che me p*re*ndo piacer con essa. Anchora che io, per altro non desiderasse uiuere, saluo che per godere la mia Elicia, me douerei guardar de pericoli. Ma se in questo mezzo se amazza senza altro testimonio, io resto [7] obligato a dar conto de sua uita. Uoglio in trare. Ma posto caso chio entri, non uole co*n*solatione ne consiglio. Assai e segno mortale a non uoler guarire. Con tutto, uoglio lasciarlo um poco, sbraue, maturi; che sempre ho inteso dire che e pericolo aprire o stringere le posteme mal mature, p*er* che piu sin durano. Stiase umpo co. Lassiamo piangere a chi a dolore. Per che le lachrime *et* li sospiri molto sfoca*n*o el dolorito core. E ancora, se dena*n*zi a se me uede, piu meco since*n*dera. Che lo sole piu arde doue piu po reuerberare. La uista, a la quale obiecto no*n* santipone, se stracca. E quando apresso a quella e, sassottiglia. *Per* questo me uoglio un po soffrire. *Et* se pure in questo mezzo se amazza — che mora. Forse che qualche cosa mi restara caltri non si pensa, con chi io porro mutare el pelo cattiuo. Anchora che sia pazzia aspectar salute in morte daltrui. *Et* forse che lo diauolo

---

[5] V,35: Hipocrate
[6] 35: si al
[7] V,35: restaro

minganna. Che se esso more, io poi sero morto, che la iustitia, la fune, et lo boia faran loro officio. Dalaltra banda, dicono li sauii che e grande refrigerio a li aflicti quando hanno con chi possano piangere loro angustie, et che la piaga interiore e piu [8] nociua. Se questo e uero, per qual cagione sto io prolixo inquesti extremi? Meglio et piu sano se ra che io entri e [9] soffrirlo e consolarlo. Per che, se possibile e che ello possa guarire senza arte ne medicina, piu presto porra sanare per arte et cura.

Cal(isto). Sempro? [10]
Sem(pronio). Signore?
Cal(isto). Da me qua lo [11] leuto.
Sem(pronio). Eccol qui.
Cal(isto).

> Qual dolor po esser tale
> Che se aguaglie col mio male?

Sem(pronio). Scordato me par che stia questo leuto.
Cal(isto). Come accordara lo scordato? Como sentira larmonia colui qual seco e cosi discorde? Colui al quale la uolunta a la ragione non obedisce? Che a dentro al pecto coltelli, pace, guerra, tregua, amore, nemista, ingiurie, peccati, suspecti, et tutto ad una causa? Pero ti prego, Sempronio, che prendi questo leuto et sona et canta la piu pietosa canzona che tu sappi.
Sem(pronio).

> Guardaua [12] Neron da Tarpea
> A Roma como se ardea;
> Piangeano piccoli et grandi.
> Et lui de niente se dolea.

Cal(isto). Maggior fuogo e lo mio et minor la pieta de colei de cui adesso dico.

Sem(pronio). Io ho pur detto el uero et non minganno, chequesthom a perso el ceruello.

---

[8] M,15: men
[9] V,35: a
[10] M,15,35: Sempronio (M: -n-)
[11] V,35: qua lo > quello
[12] M: Guarda

CAL(ISTO). Che cosa mormori, Sem? [13]
SEM(PRONIO). Non dico altro.
CAL(ISTO). Di cio chai dicto; non temere.
SEM(PRONIO). Dissi, como po essere maggiore lo fuogo cha [14] tormenta un uiuo, che quello che bruso tal cita et tanta multitu [15] di gente?
CAL(ISTO). Como? Io tel diro. Maggior e la fiamma che dura octanta anni che quella che nun giorno passa, et maggior quella che amazza unaia [16] che quella che cento milia corpi abruscia. Come dela apparentia a la existentia, come del uiuo alo depinto, come de lombra a la propria cosa, tanta differentia e del fuogo che adesso hai dicto a quello che al presente me abbruggia. Per certo che se quello delo purgatorio e tale, piu persto [17] uorria chel mio spirito fosse con quelli deli bruti animali, che permezamita [18] di quello andar a la gloria de li sancti.
SEM(PRONIO). Io sto pur in ceruello; ben so cio chio mi dico. A peggio habbiamo auenire de questo facto. Non basta che sia pazzo, che ancora sia heretico.
CAL(ISTO). Non tho io dicto che tu parli alto quando parli? Che cosa hai dicto?
SEM(PRONIO). Dico che Dio non consenta tal cosa, per che cio che adesso hai dicto e specie de heresia.
CAL(ISTO). Per che?
SEM(PRONIO). Per che quel che tu dicesti lo contradice la christiana religione.
CAL(ISTO). Che mi fa questo ame?
SEM(PRONIO). Et tu non sei christiano?
CAL(ISTO). Io Melibeo sono, et Melibea adoro, a Melibea credo, e Melibea amo.
SEM(PRONIO). Tul dirai pure. Como Melibea e grande, non cape nel core del mio patrone, che per la bocca gliesce borbottando. Non bisogna piu. Ben so da qual pie zoppichi. Io te sanaro.
CAL(ISTO). Incredibile cosa prometti.

---

[13] 15,35: Sempronio
[14] M,15: che
[15] M,V,15,35: multitudine
[16] M,V: unanima; 15: unanima; 35: un anima
[17] M,V,15,35: presto
[18] V,15,35: per mezanita (35: -zz-)

SEM(PRONIO). Anzze facile. Per chel principio de la salute e cognoscere lhomo la malatia delo ifermo. [19]

CAL(ISTO). Qual consiglio po gouernare quello che in se non ha ne ordine ne conseglio?

SEM(PRONIO). Ha, ha, ha! Questo e lo fuogo de Calisto? Queste son sue fiamme et angustie? Come se solamente amor contra lui hauesse assestati soi strali. O altissimo Idio, como son grandi tuoi misterii, che ponesti tanta forza ne lo amore che e necessaria turbatione ne li amanti. Loro limite ponesti per excellentia. Sempre pare a li amanti che adrieto rimangano et che ognihomo passe loro auante. Tutti rompeno, ponti como legieri tori. Senza freno saltano per le sbarre. Commandasti a lhuomo che per la donna lassasse lo patre et la madre; adesso non solamente quello, ma te et tua legge abandonano, como al presente fa Calisto. Del quale non me merauiglio, poi che li sauii, li sancti, et gli propheti per lui de te se scordono. [20]

CAL(ISTO). Sem. [21]

SEM(PRONIO). Signore.

CAL(ISTO). Non mi lassare.

SEM(PRONIO). Dunaltro thuono [22] sta questa cythara.

CAL(ISTO). Che ti pare del mio male?

SEM(PRONIO). Che tu ami Melibea.

CAL(ISTO). Non amo altra cosa?

SEM(PRONIO). Assai male e tener sua uolunta i [23] un solo luogo subiecta.

CAL(ISTO). Poco sai de firmezza.

SEM(PRONIO). La perseueranza nel male non e constantia; ma durezza o pertinancia la chiamano in mia terra. Noi [24] altri li philosophi de Cupido chiamatela como ui piace.

CAL(ISTO). Brutta cosa e mentire colui che insegna altrui, poi che tu te prendi piacere de lo dare la tua Elicia.

SEM(PRONIO). Fa tu cio che io ben dico et non quello chio mal fo.

---

[19] M,V,15,35: infermo (M: -n-)
[20] V: scordorno
[21] 15,35: Sempronio (15: -m-; -n-)
[22] V: huomo; 35: modo
[23] M,V,15,35: in (M: -n-)
[24] M,V,15,35: Uoi

Cal(isto). Dunqua che me reprobi?

Sem(pronio). Che tu sottometti la dignita del huomo alla imperfectione de la fragile donna.

Cal(isto). Donna? O grossieri! Dio, Dio!

Sem(pronio). E cosi credi? O brusi? [25]

Cal(isto). Che bruso? [26] Per Dio la credo, per Dio la confesso, per Dio ladoro. Ne credo che altro dio sia in cielo, anchora che habite tra noi.

Sem(pronio). Ha, ha, ha! Hauete odita blasphemia?

Cal(isto). De che cosa ride?

Sem(pronio). Io me rido che non credea che fusse peggior inuentione de peccato che in Sodoma.

Cal(isto). Per che?

Sem(pronio). Per che quelli procurono abominabile uso con li angeli non cognosciuti *et* tu *con* Melibea che confessi essere Dio.

Cal(isto). Maledecto sia questo matto, che facto mha ridere, quel chio non pensaua [27] questanno.

Sem(pronio). Como? Tutta tua uita doueui pia*n*gere?

Cal(isto). Si.

Sem(pronio). Per che?

Cal(isto). Per che amo colei dela qual si indegno me trouo che mai credo hauerla.

Sem(pronio). O pusillanimo! O figlio delatrista! E che Nembrotto, e che magno Alexandro, li quali no*n* solamente del dominio del mondo, ma del cielo si iudicorno essere degni!

Cal(isto). No*n* ho be*n* i*n*teso cio che ai decto. Tornalo adire. E no*n* p*r*ocedere.

Sem(pronio). Disse che tu, che hai maggior cor che Nembrotto ne Alexandro, te desperi de hauer una do*n*na, multe de le quali, ingrandi stati co*n*stitute, se sottomissero a li pecti *et* fiati de uili mulactieri, e altre a uili animali. No*n* hai tu lecto d*e* Pasiphae col toro *et* de Minerua col cane?

Cal(isto). No*n* lo credo, che tutte son fabule.

Sem(pronio). Se puello [28] *de* tua auola col baboino fo fabula, testimonio me sia lo coltello de tuo a uolo che lo occise.

---

[25] V,15,35: burli
[26] V,15,35: burlo
[27] V,35: sapeua
[28] M,V,15,35: quello (M,V,35: -*ue*-)

CAL(ISTO). Maledecto sia questo matto! E che bastonate sorde da!

SEM(PRONIO). O, ti tocco douete duole? Legge lhistorie, studia li philisophi, guarda li poeti. Pieni sonno li libri de loro uili et mali exempi e dele ruine chebero quelli che in qual che cosa, como tu, le reputorno. Odi Salamone doue dice che le donne et lo uino fanno lhomo renegare. Consegliate con Seneca et uederai che stima ne fa. Scolta Aristothele, guarda Bernardo. Gentili, iudei, christiani et mori, tutti in questa concordia stanno. Ma cio che de esse ho dicto et quello che de loro diro, non prendessi errore pigliarlo [29] in commune. Che molte ne forno et sonno sancte et uirtuose, cui resplendenti coron e leuano el generale uituperio. Ma de questaltre, chi te porria loro trafichi contare, loro cambii, loro leggerezze, loro lachrime ficte, loro alterationi? Che tutto quello che pensano mettono ad effecto senzza altra deliberatione. Loro dissimulationi et maluaggia lingua, loro inganni et disamore, loro ingratitudine et in constantia, loro falso testimoniare et negare, loro presuntione et uana gloria, lor pazzia e sdegno, lor superbia et suspitione, loro luxuria et bruttezza, lorfactocchiarie, rofianie et poca uergogna? Considera che ceruelluzzo sta sotto quelli grandi et sottili ueli. Pensa che pensieri son [30] quelle gorgiere, sotto quel gran fausto. Che imperfectione sta sotto quelle superbe et alterizzante ueste. Che tutte pareno figure de templi depinti. Per loro e dicto: "Arma del diaualo, capo de peccato et destrutione del paradiso." Non hai tu lecto nella festiuita de san Giouanni, doue dice: "Questa e la donna, antiqua malatia che Adamo gitto de li dilecti del paradiso; questa spregio Elia propheta," et cerera? [31]

CAL(ISTO). Dimme, questo Adam, questo Salamon, questo Dauid, questo Aristothele, questo Uergilio, questi che tu di — come se sottomisero adesse? Son io piu sufficiente di loro?

SEM(PRONIO). A coloro che le uinsoro uorrei che te assimigliassi, e non a quelli che daloro foron uinti. Fuggi loro inganni. Cose fanno che son difficili ad intenderle. Non hanno modo ne ragione.

---

[29] M,V,15,35: piglialo
[30] 15: son sotto
[31] M,V,15,35: cetera

Senzza uergogna dicono uillania per le strade. In uitano *et* danno licentia, chiamano, negano, fanno segno de amore, e subito se scorrucciano, presto se appacificano. Uogliano chesubito *senza* dilatione se indouine loro uolunta. O che piaga! O che noia! O che fastidio e conferir con loro, saluo in quel breue tempo che sonno apparecchiate ha dilecto.

Cal(isto). Uedi? Quanto piu me dirai e piu inconuenienti me poni, piu lamo. Io *non* so gia da che se proceda.

Sem(pronio). Non e questo consiglio da giouani, como io uedo, che non se sanno a ragione sottomettere, non se sanno gouernare. Miserabile cosa e pensar essere maestro colui che mai fu discipulo.

Cal(isto). E tu che sai? Chi ta mostrato questo?

Sem(pronio). Chi? Loro. Che da poi che si discoprono, cosi perdono la uergogna, che tutto questo *et* piu a li homini manifestano. Ponite, adunqua, nela misura de honore *et* pensa essere piu degno che *non* te reputi. Che senza alcun dubio, *et*[32] peggior extremo lassarse lhomo cadere de suo grado, che metterse in piu alto luogo che non deue.

Cal(isto). Ma, che homo[33] io per questo?

Sem(pronio). Chi?[34] La principal cosa sei homo de chiaro ingenio. *Et* piu, a chi la natura doto de gli megliori beni che habbia, conuiene sapere: belleza, gratia, grandezza de membri, forza, dextrezza. *Et* ultra questo, fortuna mediocramente ha partito teco il suo in tal quantita, che li beni che hai dentro, con gli exteriori resplendono. Per che senza gli beni temporali, de li quali fortuna e patrona, a niuno interuene in questa uita esser ben a uenturato. E piu, a constellatione da tutti sei amato.

Cal(isto). Si, ma *non* da Melibea. *Et* in tutto quello che tu mai glorificato, Sempronio, senza proportione ne comparatione, ella ne porta lo uantagio. Riguardo la nobilita e lantiquita de sua natione, el grandissimo patrimonio, suo excellentissimo ingegno, sue resplendenti uirtu, lalteza *et in* extimabile gratia, la superna sua bellezza, de la qual ti prego che me lassi um poco parlare, acio che io prendi alchuni[35] refrigerio. E quel chio te diro sera

---

[32] 15: e
[33] V: homosero; 35: huomo sero
[34] V,15,35: Che
[35] 15: alcuno; V: alchun; 35: alcun

de lo scoperto; che, se io delo occulto ti sapessi parlare, non seria necessario contendere in questi miserabili ragionamenti.

SEM(PRONIO). O che busie e che pazzie dira adesso questo cattiuo de mio patrone!

CAL(ISTO). Che cosa hai detta?

SEM(PRONIO). Disse che tu dichi, che gran piacere hauero de udirte. Tanto te aiute Dio, quanto me sera grato tuo sermone.

CAL(ISTO). Che?

SEM(PRONIO). Che cosi maiuti Dio, como me sera grato de udirte!

CAL(ISTO). Acio che tu prendi piacere, io tel uoglio figurare per parti assai per extenso.

SEM(PRONIO). Guai hauemo! Questo e apunto quello che io andaua cercando. Diauolo che passe mai piu questa importunita.

CAL(ISTO). Comincio per li capelli. Hai tu uisto le matasse de oro sottile che se fila in Arabia? Piu gentili sono e non resplendono manco. Loro longhezza fine a lultimo extremo de suo piedi; da poi crinati *et* ligati *con* lasottile benda, come ella se li aconcia, non bisogna piu per far *con*uertire gli homini in pietre.

SEM(PRONIO). Ma in asini piu *p*resto!

CAL(ISTO). Che hai dicto? Dillo forte, chio tintenda.

SEM(PRONIO). Disse che questi tali non serriano capilli dasino.

CAL(ISTO). Guarda, ignorante, e che matta *com*paratione.

SEM(PRONIO). E tu sauio? Tanto te aiuti Dio quantio lo credo.

CAL(ISTO). Gliocchi negri *et* stesi; le palpebre longhe; le ciglia sottile *et* in archate; el naso mediocre; la bocca piccolina; li denti minuti *et* bianchi; le labre grossette *et* rosse; la philosomia del uiso poco piu lo*n*ga che ritonda; el pecto alto; la rotundita *et* forma de le piccole zinne, chi te la porria contare? La pelle liscia, lustra e biancha, che scuriscie la neue; lo color contem*p*erato, qual el la se seppe prendere *p*er se.

SEM(PRONIO). In sue tredici sta questo matto.

CAL(ISTO). Le mano piccole inmezzano modo, de dulce carne accompagnate; le deta longe; le onghie anellate *et* rosse, che pareno rubini tra perle. Quella proportione, chio uedere no*n* pote, senza dubio per la forma exteriore, iudico *in com*parabilme*n*te esser meglio che quella che Paris iudico tra le tredee.

SEM(PRONIO). Hai tu anchora decto?

CAL(ISTO). Piu breuemente che ho possuto.

SEM(PRONIO). Posto caso che tutto questo sia uerita, per essere tu homo, sei piu degno.

CAL(ISTO). Per che?

SEM(PRONIO). Per che ella e imperfecta, per lo qual defecto apetisce te et ognialtro minore di te. Non hai tu lecto doue dice lo philosopho: "Cosi come la materia apetisce la forma, cosi fa la donna lhuomo?"

CAL(ISTO). O suenturato, e quando uedro io questo tra me et Melibea?

SEM(PRONIO). Possibile sera. Et ancora porria essere che te uenisse in fastidio, tanto quanto adesso lami, hauendola et uedendola con altri occhi, liberi dinganno in che adesso stai.

CAL(ISTO). Con che occohi? [86]

SEM(PRONIO). Con occhi chiari.

CAL(ISTO). Et adesso, con che occhi la uedo?

SEM(PRONIO). Con occhi di spechio di fuogo, con el quale lo poco par molto et lo mezzano grande. Et per che non habbi cagione adisperarte, io uoglio prender questa impresa et finire tuo desio.

CAL(ISTO). Dio te dia cio che desideri! Che glorioso me e udirte, ancora chio creda che mai lo potrai fare!

SEM(PRONIO). Anze lo faro certo.

CAL(ISTO). Dio te dia consolatione. Lo giupone demborcato [87] che hieri me uesti, [88] prendi lo per te, che io tel dono.

SEM(PRONIO). Dio te prosperi per questo e per molti piu che me darai. Dela burla io me ne porto il meglio. Ma se di queste simile botte me da, spesso io ne [89] lamenaro fino al lecto. Ben ua el facto mio. Quello che ma datto elpadrone ne e causa. Per che impossibile e che se possa operare ben niuna cosa senzza remuneratione.

CAL(ISTO). Far per amor mio, Sempronio, che tu non sii negligente.

---

[86] V,15,35: occhi
[87] V,35: de brocato
[88] V,35: uedesti
[89] V,15,35: me

SEM(PRONIO). Non esser tu, che impossibile e chel patron pigro possa far seruo diligente.

CAL(ISTO). Come hai tu pensato a far questa pieta?

SEM(PRONIO). Tel diro. Molti di sonno chio cognosco al fin di questa contrada una uecchia barbuta che se chiama Celestina, facto chiara, astuta, sagace in quante tristitie son al mondo. E credo che passano de cinque milia uirginita quele che seson facte et disfacte per lauctorita sua in questa terra. Costei li duri scogli promouerebbe aluxuria se uolesse.

CAL(ISTO). Potrebegli io parlare?

SEM(PRONIO). Io te la menaro fin qui. Per tanto, apparechiate e fa che gli sii liberale, fa che li sii gratioso. Fa che in quel mezzo chio uo per lei che tu studii adirli tua pena si ben come lei te sapra dare il remedio.

CAL(ISTO). E tardi? Per che non uai?

SEM(PRONIO). Gia uo. Dio reste teco.

CAL(ISTO). Et esso taccompagni. O uero et omnipotente Idio! Tu, che guidi gli perduti e li re orientali per la stella precedente in Bethelem guidasti et in loro patria gli reducesti, humilmente te prego che tu guidi mio Sempronio, in modo che conuerta mia pena e tristezza in gaudio e io indegno merite uenire al desiato fine.

CEL(ESTINA). Bone noue! Bone noue, Elicia! Sempronio, Sempronio!

ELI(CIA). Fitto, fitto! Parla piano.

CEL(ESTINA). Per che?

ELI(CIA). Per che sta qui Crito.

CEL(ESTINA). Mettilo nela cameretta dele scope presto. E dille che uiene tuo cusino e mio familiare.

ELI(CIA). Crito, nascondite qua dentro, che mio cusino uiene. Morta son se te uede.

CRI(TO). Piaceme, madonna. Non prendere affanno, che a tutto sera remedio.

SEM(PRONIO). O matre mia benedecta! Rengratiato sia Dio che me ta lassato uedere!

CEL(ESTINA). Figliolo mio, re mio, turbata me hai. De alegrezza non ti posso parlare. Torna et abrazzame unaltra uolta. Como tre giorni potesti stare senza uenire ad uedere Elicia? Elicia! Eccol qui.

Eli(cia). Chi, mia madre?

Cel(estina). Sempronio.

Eli(cia). Oime trista, che salti me da el core! Doue sta?

Cel(estina). Eccol qui, che io melo abraccio, baso e godo, che non tu.

Eli(cia). Maledecto sii tu, traditore. Postema *et* angio te occida *et* amano de tuo nimici possi morire *et* in crimine de crudel morte in poter de iustitia te uedi. A questo modo, maluasio?

Sem(pronio). Hi, hi, hi! Che hai, Elicia mia? De che cosa prendi malinconia?

Eli(cia). Tre di fa che non mhai uista. Dio non te ueda, ne uisite, ne dia consolatione. Guai de la trista che inte ha posta tutta sua speranzza e fin de tutto suo bene.

Sem(pronio). Taci, anima mia! Pensi tu che la distantia delluogo possa mai distorre lo cordiale amore *et* fuoco che sta nel mio core? Douio uo, meco uieni e meco stai. Non te affatigare ne me dar piu tormento di quello che io per te ho patito. Ma dimme, che passi son quelli che io sento disopra?

El(icia). Chi? Un mio innamorato.

Sem(pronio). Credolo.

Eli(cia). Tul po ben credere. Sali di sopra e uedrailo.

Sem(pronio). Son contento. Spectame, che adesso uo.

Cel(estina). Uien qua, figliol mio. Lassa questa pazza, chel la e leggiera e, turbata de tua absentia, cauila adesso de senno. Dirra mille pazzie. Torna qua, parliamo *et* non lassiamo passare el tempo in darno.

Sem(pronio). Dimme lo uero, matre. Chi e colui che sta disopra?

Cel(estina). Uolo pur sapere?

Sem(pronio). Uorria.

Cel(estina). Una giouane che mha ricommendata un frate.

Sem(pronio). Per amor mio, madre, dimme che frate.

Cel(estina). Non te curare de sapere piu auanti.

Sem(pronio). Se tu me ami, madre, dimme, chi e?

Cel(estina). Tu moriresti se non lo sapessi. E lo ministro grasso de San Francescho.

Sem(pronio). O suenturata lei e che soma aspecta!

CEL(ESTINA). Tutte queste e de maggiori ne porthiamo. Pochi guidareschi hai tu uisti sopra le pance dele donne.

SEM(PRONIO). Guidareschi non, ma calli si.

CEL(ESTINA). Uauia, che sei un burlatore!

SEM(PRONIO). Lassa si son un burlatore, e mostramela.

ELI(CIA). A maluasio! Che ueder la uorresti? Locchi te crepeno, che a te non basta ne una ne quatro. Ua, uedi lei, e poi lassa me per sempre.

SEM(PRONIO). Tace, Dio mio! E di questo prendi fastidio? Che non uoglio uedere lei ne donna nata. Amia madre uoglio parlar. Resta con Dio.

ELI(CIA). Ua uia, ingrato! E sta tre altranni che non me uenghi a uedere.

SEM(PRONIO). Bene hauerai fede in me, madre mia, e crederai chio non te burlo. Prendi tuo manto et caminando per la strada saperai de me quello che se qui me tardasse adirlo, daria impedimento a lutile tuo e mio.

CEL(ESTINA). Andiamo. Elicia, resta con Dio e serra ben la porta fin chio torni.

ELI(CIA). Ma senza ritorno.

SEM(PRONIO). Madre mia dolze, lassata ogni altra cosa da parte, solamente sta attenta e pensa ben a quel chio te diro et non gittar tuoi pensieri in molte parte. Per che chi in diuersi luoghi si pone, in nessuno gli thiene, saluo per caso in breue de termina la certezza. Uoglio che sappi da me quello che anchora non hai sapputo, et e che giamhai non [40] possuto desiare bene, da poi che mia fede con teco ho posto, del quale non te facesse parte.

CEL(ESTINA). Parta Dio del suo, figliol mio, con teco, che non lo fara senzza causa, se per altro nol fesse saluo per che hai pieta di questa pouera uecchia saui a. Con ragione, per cio, di quanto uorrai. Che lamista che tra te e me safferma, non ha bisogno preambuli ne modi per guadagnar uolunta. Abbreuia et uiene al facto, che uanamente se dice per multe parole quello che per poche se po intendere.

SEM(PRONIO). Coi [41] e. Sappi che Calisto arde delo amor de Melibea. Di te e di me ha gran bisogno. Poi che de noi insieme

---

[40] V,35: non ho
[41] M,15: Cosi; V,35: Cogli

ha necessita, insieme pigliamo lutile. Chel cognoscere lo tempo *et* usar la opportunita fa esser gli homini prosperi.

Cel(estina). Ben hai dicto; io son alfin de tue parole. Basta per me solamente mouere locchio. Dico che mi ralegro con queste noue, come fanno gli cyrurgici con quelli che hanno rotta la testa. *Et* come quelli corrompeno nel principio le piage *et* mancano la promessa de la salute, cosi faro io con Calisto. Io gli allongaro la certezza del remedio, per che, como dicono, la speranzza longa affligel core e, quanto piu la perdera, tanto nilla promette. Ben me intendi!

Sem(pronio). Tace, che la [42] porta siamo, e, come dicono, le mura hanno orecchie.

Cel(estina). Picca tu aluscio, Sempronio.

Sem(pronio). Ta, ta, ta.

Cal(isto). Parmeno!

Par(meno). Signore?

Cal(isto). Non odi, maledecto sordo?

Par(meno). Che cosa e?

Cal(isto). La porta e piccata; corri.

Par(meno). Chi e la?

Sem(pronio). Aprice a me *et* a questa reuerenda madonna.

Par(meno). Signore, una puttana uecchia strisciata e Sempronio dauano quelle gran botte.

Cal(isto). Tace, imbriaco, chella e mia zia. Corri presto, ua loro aprire. Sempre lho udito dire, che per fuggir lhomo dun pericolo, cade in unaltro maggiore. Per uolere io cuprire questo facto a Parmeno, a cui amore, fidelta o timore hanno posto freno, son cadduto in indignatione di costei, che non ha mancho potentia in mia uita che Dio.

Par(meno). Per che tamazzi, signor mio? Per qual cagione te afliggi? E pensi tu che sia uituperio nele orecchie de costei el nome per il quale lho chiamata? Nol credere; che cosi se glorifica essa quando lode come tu quando e dicto: "Dextro caualieri e Calisto!" E piu, per questo e nominata e per tal titulo cognosciuta. Se ua tra cento donne et alchuno dica "putana uecchia," senza nessun impaccio uolta subito la testa e risponde con alegro uiso. Ne li

---

[42] V,15,35: a la

conuiti e feste, ne le noze *et* compagnie, in tutti luoghi doue gente se raduna, con essa passano el tempo. Se passa doue sonno cani, quello sona loro abaiare; se sta apresso a li uccelli, altra cosa non cantano; se appresso le pecore, belando lo bandiscano; se ua appresso agliasini, ragiando dicano "putana uecchia." Le rane deli pantani altra cosa non cantano. Se ua tra gli ferrari, quello dicano loro martegli. Mastri de legname *et* armaroli e tutte arti destrumento forman nel aere suo nome. Tutte le cose che suono fanno, in qual se uoglia luogo che ella sta, tal nome se representa. Li falciatori meditori ne li caldi campi con essa passano laffanno cotidiano. O che comandator de boni [43] arrosti era suo marito. Che [44] uoi saper piu, che se una pietra con laltra sintoppa, subito sona "putana uecchia?"

Cal(isto). Como la cognosci e lo sai?

Par(meno). Io tel diro. Assai giorni son passati de [45] mia madre, donna pouera, habitaua nel suo uicinato, la qual, a prieghi di questa Celestina, megli dette per seruente, per benche ella non mi cognosca, per lo poco tempo chio la serui *et* ancora per la mutatione che in me ha facto la ecta.

Cal(isto). In che cosa la seruiui?

Par(meno). Andaua ala piazza e portauagli da mangiare; accompagnauala e suppliua in quelli mistieri che mie tenere forze bastauano. Ma di quel poco tempo chio la serui, ricolsi a la noua memòria quelo che la uecchiezza non ha possuto euitare. Ha questa bona dona al fin de questa cita, in su la riua del fiume, una casa seperata [46] da laltre, mezzo caduta, poco composta e manco fornita. Ella ha sei arti, che ti conuien saperlo: ricamatrice, prefumatrice, maestra de fa [47] belletti e raconciar le uirginita perdute, tabacchina, *et* un poco factocchiara. Era larte prima coperta de tutte laltre, sotto specie dela quale multe giouanne seruente intrauano in sua casa a lauorarse *et* allauorar camise, gorgiere, scuffie *et* altre cose assai. Nissuna ueniua senza prouisione, como e presutto, grano, farina, boccali de uino *et* alte [48] cose che aloro

---

[43] 35: obi
[44] M,V,35: E
[45] 15: che
[46] M,V,15,35: separata
[47] V,15,35: far
[48] V,15,35: altre

patrone poteuano robare — ancora altri furti de maggior qualita. Et li se recopriua ogni cosa. Era assai amica de studianti, de despensieri, canouari et famigli de preti. A questi tali uedeua [49] ella lo sangue dele pouere mischinelle, le quale legiermente lo auenturauano con la speranza che aloro dela noua restitutione promettea. Ando questo facto tanto auanti che per mezzo di quelle communicaua con le piu renchiuse, finche portaua ad exeeutione [50] il suo proposito. Et a queste in che tempo tepensi, in tempo honesto, como sono stationi, deuotioni, misse delanocte de natale et altre secrete deuotioni. Multe uidio intrare in sua casa strauetiste. [51] Et apresso loro, homini scalzi, contriti et destringati che intrauano li a piangere loro peccati. Che trafichi, te pensi, menaua costei! Faceuase fisica de mammoli; pigliaua lino in un loco et daualo afilare in unaltro per hauer scusa dintrare per tutte le case. Alchune la chiamauano, "Madre qua!"; altre, "Madre la! Ecco la uecchia! Uiene patrona!" — de tutte molto cognosciuta. Con tutti questi affanni, mai lassauane misse ne uespero, ne lassaua conuenti de frati ne de monache. E questo per che li faceua ella sue alleluie et soi accordi. Costei facea profumi in sua casa, falsificaua storace, bengioi, ambra, zibetto, mosco, poluere de cipri et altri profumi assai. Tenea una camera piena de lambicchi, dampolluzze et barattoli de creta, di rame, di uetro, di stagno, facti de mille factioni. Faceua certe aqque in corporate con sulimato. Faceua belletti cocti, lustri et chiarimenti et mille altre brutte unture. Faceua aqque assai per lo uiso de rasure de lupini, de scorzze de spanta lupo, de taragunzia, de felle de mille animali, da gresta et mosto, stillati et zuccharate. A sottigliaua le pelle con succo de limoni et conturuino et medolla di garza et altre confactioni assai. Cacciaua aqque odorifere de rose et fiori de melangoli, de gismini et matre siluia, de garofoni in corporate con mosco et zibetto et poluerizate con uino. Faceua lixiua per far biondi i capelli, de uite, de ruuera, de marrubbio, de paglia, de spelta, con salnitro, alume et milifolia et altre cose assai mescolate. Li unti et buturi che hauea, e un fastidio adirlo: de uacca, de camello, de orso, de cauallo, de serpe, de coniglio, de garza,

---

[49] M,V,15,35: uendeua (M,15: -n-)
[50] M,V,15: execution (15: -n-); 35: essecutione
[51] V,15,35: strauestite

de daino, de gatto saluatico *et* di tasso, de riccio *et* di nottola. Li apparecchi che ella hauea per bagni, questo e un miraculo, de lherbe *et* radici che tenea apiccate ala soffitta del tetto de sua casa: de camomilla, de rosmarino, de maluauisco *et* fiore de pintartima, fiore de sambuco *et* di senapro, spico *et* lauro bianco, torta rosa *et* fior saluatico, pizzo doro *et* foglia tinta. Li olei che cacciaua per lo uiso e una cosa in credibile: de storace, de gessimini, de limoni, de seme de meloni, de uiole, de bengioi, de fior de melangoli *et* pignioli, de lupini *et* zenzole. [52] *Et* un poco de balsamo teneua in una ampolluzza, chella guardaua per quel fregio che gliatrauersa el naso. Larte de racconciare le uerginita perdute, alchune racconciaua con lixiua; alchune curaua con punti. Teneua in una sua casetta depinta certe aguccie sottile da pillicciari *et* fili de setta sottili incerati. Anchora tenea sopra una tauoletta molte radice appropriate a questo de foglia plasma, de fusto sanguigno, de cipolla squilla *et* zeppa cauallo. Faceua miracoli con q*ue*sto: tal che, qua*n*do passo p*er* qui lo ambasciator fra*n*cese tre uolte uendette p*er* uergine una sua creata che teneua.

Cal(isto). Cosi narebbe possuto uender cento!

Par(meno). Si, Dio! *Et* remediaua per carita a molte orfane erra*n*te che si recoma*n*dauano a lei. *Et* in unaltro luogo hauea soi aparecehi [53] per dar remedio al amore *et* p*er* farse be*n* uole*re*. Hauea ossi de cor de ceruo, lingue de uipere, teste de quaglie, ceruello dasino, quella tela che portano li mammoli quando nascano *et* de q*ue*lla deli cauali, faua moresca, giara marina, fune dimpicato, fior dellera, ochio de lupo, spina de riccio, pie de tasso, la pietra del nido delaquila *et* altre cose assai. Ueniuano a lei molti homini *et* donne. Ad alchuni domandaua el pan doue mordeuano; ad altri, de sue ueste; ad alcu*ni*, de soi capelli. A multi, pingea littere con zaffarano nele palme dele mani; ad alcuni daua certi cori de cera, pieni de agucie rotte; a- parte, daua certe cose facte in creta [54] *et in* piombo, molto spauentose a uederle. Pingeua figure, diceua parole interra. Chi te porria co*n*tare quello che q*ue*sta uecchia faceua? E tutte erano ciancie e bugie.

---

[52] 35: renzoli
[53] V,15,35: apparecchi
[54] 35: cera

Cal(isto). Basta per adesso, Parmeno. E lassa queste cose per tempo piu oportuno. Assai da te sono informato, dela qual cosa te ringratio assai. Non perdiamo piu tempo qui, per che la necessita scaccia la tardanza. Guarda: che quella uien pregata, e specta piu che non deue. Andiamo acio chella non se indingne. Io temo e lo timore reduce la memoria e a la prouidentia sueglia. Su! Andiamo et prouediamo. Pero ti prego, Parmeno, che la inuidia che tu hai con Sempronio, che in questo me serue et conpiace, non ponga impedimento nel remedio de mia uita. Che se per lui ce fu giuppone, per te non mancara saio. Ne pensare che me sia manco caro il tuo consiglio et auiso che sua fatica et opera. Come sia certo che lo spirituale precede alo temporale, e, posto caso che le bestie faticano corporalmente piu che li huomini, per questo son gouernate e procurate — ma non amiche loro; et in tal differentia starai meco a rispecto di Sempronio. E sotto secreto sigello, posposto el dominio, per tale amico a te mi conceddo.

Par(meno). Io mi ramaricho, signore, del dubbio che tu hai dela mia fidelta e seruitio per le promesse a monitioni tue. Dimme, quando me uedesti tu inuidiare o per alchuno mio interesse lutile tuo storcere?

Cal(isto). Non te scandalizzare, che senza alchun dubbio toi costumi e gentil creanza negli occhi mei e dauante tutti i mei seruitori me stanno. Ma si come in cosi arduo caso, tuctol mio ben e uita pende, e necessario prouedere, pero prouedo a tutto quello che po interuenire. Con cio sia cosa et io certo sia che tuoi costumi sopra bon natural fioriscano, cosi comel bon naturale sia principio dellartificio. E non te dico piu saluo che andiamo a uedere el principio dela salute mia.

Cel(estina). Passi odo. Qua descende Calisto. Fa sembiante, Sempronio, che non li senti. Ascolta e lassa a me parlare quel che a te et a me conuiene.

Sem(pronio). Di cio che te piace.

Cel(estina). No me dar fatiga ne me in portunar, che a uoler dar sopra soma ali pensieri e far caminare imprescia lo animale angustioso, qual andara piu adagio et manco securo. Cosi senti la pena de tuo patron Calisto che par che tu sia esso e esso tu, e che li tormenti siano in un medesmo subiecto. Sappi chio non son uenuta qui per lassar questa lite indecisa: o che gliottera lintento o uero io moriro in questa impresa.

CAL(ISTO). Parmeno, fermate. Zitto! Ascolta cio che costor parlano. Uediamo come ua el facto nostro. O notabile donna! O beni mundani, indigni dessere posseduti da si alto core! O fidele e uero Sempronio! Hai tu uisto, Parmeno? Hai tu ben inteso? Ho io ragione? Che me dirrai, chiaue de mio secreto, consiglio *et* anima mia?

PAR(MENO). Protestando mia innocentia nela prima suspitione e uolendo satisfare con la fidelta, per che tu mhai concesso, parlaro. Odime e fa che lo effecto non tinscorde ne la speranza del dilecto ti robbe el uedere. Fa che te tempri e non hauer tanta prescia: che molti con uolunta de dar nel stecco, falliscono el bianco. Ancora che io sia giouene, ho uiste cose assai. La memoria e uista de multe cose monstranola experientia. Per che costoro te hanno sentito e uisto uenir giu per la scala, hanno dicto quello che confinto modo hanno parlato, in cui false parole metti el fine de tutto tuo desio.

SEM(PRONIO). Tristamente sonano le parole che Parmeno a dicte.

CEL(ESTINA). Tace, che per la mia intemerata, doue e uenuto lasino, uerra el basto. Lassa la fatiga a me de Parmeno, che io tel farro esser de nostri, e de quello che guadagniaremo, donamogli parte, per che li beni che non sono communicati non son beni. Guadagniamo tutti e parthiamo tutti e prendiamoce tutti piacere. Io tel faro uenire manzzo e benignio [55] commun sparuieri a beccare la carne al pugno, e seremo uno aduno e dui ad dui, e, come diceno, ali tre contenti.

CAL(ISTO). Sempronio.

SEM(PRONIO). Signore.

CAL(ISTO). Che fai, chiaue de mia uita? Apri. O Parmeno! Gia la uedo! Gia son guarito! Gia son uiuo! Guarda che reuerenda persona e conspecto uenerabile. Per la maggior parte a la philosomia e cognosciuta la uirtu interiore. O uecchiezza uirtuosa! O uirtu inuicta! O gloriosa speranza de mio desyato fine! O salute de mie passioni! O fin de mia delectosa speranza, riparo de mie [56] tormenti, resurrectione de mia morte! Desydero arriuare a te e basare quelle mani piene di remedio. La indignita demia persona

---

[55] 35: manzzo e benignio > dolce benigno
[56] 35: mei

nol consente. Da hora inanzi adoro la terra che tui piedi toccano et in reuerentia tua [57] baso.

CEL(ESTINA). Questo e a punto quello chio andaua cercando! Le ossa che io ho rosicato, se pensa questo ignorante de tuo patrone darmele a mangiare. Dilli che serre la bocca et apra la borsa, che dele opere dubito, quanto piu dele parole. Arri inanzi chi ti frego, asina coppa. Piu a bona hora te douiui leuare questa matina.

PAR(MENO). Guai de orechie che tale parole odono! Perduto e chi apresso a lo perduto ua. O Calisto suenturato, abattuto e ceco! In terra sta adorando alla piu antiqua puttana uecchia chabia frecate sue spalle per tutti li bordelli del mondo! Desfacto e, uinto e, caduto e. Non e piu capace de alcuna redentione, sforzo ne consiglio.

CAL(ISTO). Che cosa a dicto la madre? Credo che se pensa che io li offerisca parole in scambio de remuneratione.

SEM(PRONIO). Cosi o inteso.

CAL(ISTO). Dunque uien meco e porta le chiaue, chio chiariro suo dubbio.

SEM(PRONIO). Hor farai, et andamo subito. Che non se deue lassar crescere la trista herba frali grani ne manco la suspitione ne li cori deli amici, ma nectarla subito con la scopetta dele bone opere.

CAL(ISTO). Astutamente hai parlato. Uiene e non tardiamo.

CEL(ESTINA). Piaceme, Parmeno, che hauemo hauuta oportunita a cio che cognoschi lamor che ti porto e la parte che meco immerito hai. Dico immerito per quello che tho odito dire, dela qual cosa non fo caso. Per che uirtu e [58] mostra [59] suffrir le tentationi e non dar male per male, specialmente quando semo tentati per giouani e non bene instructi nele cose mundane, quali con ignorante lealta perdono se e loro patroni, come tu fai adesso de Calisto. Io te ho bene inteso, e non pensar che lodire coglialtri exteriori sensi habia mia uechieza per duti. Che non solamente quello chio uedo, odo e cognosco, ma ancora lo intrinseco co li intellectuali occhi penetro. Tu dei sapere, Parmeno, che Calisto

---

[57] 35: tua la
[58] M,15: om.
[59] 35: mostrar

arde de lo amor de Melibea. E per questo nol iudicare per huomo insano, per che lo imperuio amore tutte le cose uince. E uo che tu sappi, senol sai, che due conclusioni sonno uere. La prima, che e sforzato lhomo amar la donna e la donna lhomo. La secunda, che colui che ueramente ama, e necessario che se turbe con la dolceza del summo dilecto, che per lo factor de tutte [60] cose fu posto, acio che la nation humana perpetuasse, senza el quale perirebbe. E non solo ne la humana specie, ma ne li pesci, nele bestie, ne li uccelli, ne le reptilie — et ancora ne lo uegetatiuo alchune piante hanno questo rispecto, se senza interpositione de qualunque altra cosa in poca distantia di terra stanno poste: doue sonno determinationi dherborarii et agriculatori, essere maschi e femine. Che dirrai tu a questo, Parmeno? Fraschetta, pazzarello, angeluzzo, perluza dela uecchia Celestina, simpliciotto! Lupo e che mostachiuzzo? Uien qua da me, bardassola, che non sai cosa de questo mondo ne de soi dilecti. Ma mala rabbia me occida che sio meti apresso, ancora che sia uecchia! Per che hai la uoce arrocata e la barba te apunta. Credo che dei hauere mal riposata la ponta del bellico.

Par(meno). Come coda de scorpione.

Cel(estina). Et ancora peggio, che quella morde senza gonfiare; e la tua gonfia per noue mesi.

Par(meno). Hi, hi, hi!

Cel(estina). Angio, figliol mio, e como ride!

Par(meno). Tace, madre mia. Non me culpare ne me tenere per ignorante anchora che sia giouene. Amo Calisto per che li deuo fidelta, per creanza, per beneficii da lui receuuti, per che son da lui honorato e ben tractato, che e la maggior cathena che lo amor del seruitore a lo seruitio del signor prende. Quando lo contrario e, da parte. Io lo uedo perduto, e non ce al mondo peggior cosa che andare apresso al desyderio senza speranza de bon fine; specialmente pensando dar remedio al facto suo si arduo e difficile con uani consigli de quel bruto Sempronio, che e tanto come cauar pedicelli con pala e zappone. Non lo posso soffrire. Dicolo e piango.

Cel(estina). Non uedi tu, Parmeno, chele ignorantia e simplicita piangere quello lo qual per piangere non si po remediar?

---

[60] 35: tutte le

Par(meno). Per questo piango. Che, se col pianger fusse possibile dare remedio amio patrone, si grande seria la legrezza de tale speranza, che de piacer non porria piangere. Ma per che uedo perduta la speranza, perdo lalegrezza e piango.

Cel(estina). Piangerai senza utile per quello che piangendo euitare non porrai ne presumere sanarlo. Non e interuenuto questo ad altri, Parmeno?

Par(meno). Si, ma io non uorria infermo mio patrone.

Cel(estina). Non e infermo, ma ancora che fusse, porria guarire.

Par(meno). Io non curo de cio che tu hai dicto, per che ne li beni meglio e lacto che la potentia; e nelli mali meglio e la potentia che lacto. De modo che meglio e esser sano che poterlo essere; e meglio e poter essere a malato che essere infermo per acto. E, per tanto, e meglio tener la potentia nel male che lacto.

Cel(estina). O maluagio! Che tu nol intendi. Tu non senti sua infirmita. Che hai tu dicto fino adesso? De che cosa te lamenti? Ma burla o dillo falso per uerita, et credo [61] cio che uorrai; che lui e infirmo per acto, e poter guarire sta nele mani de questa fiacca uecchia.

Par(meno). Ma, de questa fiacca puttana uecchia.

Cel(estina). Domine fal tristo, fraschetta, como li basta lanimo?

Par(meno). Per che te cognosco.

Cel(estina). Chi sei tu?

Par(meno). Chi? Parmeno, figliolo dAlberto tuo compare, che stette con teco un po di tempo, che mia madre me te de quando habitaui nela contrada de le tenerie sulla riua del fiume.

Cel(estina). Iesu, Iesu! Tu si Parmeno, figliolo dela Clandina?

Par(meno). Alla fe, io son desso.

Cel(estina). Fuogo mal te abbrusgie, che cosi gran puttana uecchia era tua madre como io. Per che me persequiti, Parmenuzo fraschetta? Esso e, esso e, per li sancti de Dio. Accostate ame, uien qua, che mille staffilate e pugna tho dato in questo mondo et altre tanti basi. Dime, pazarello, non te ricordi quando dormiui a miei piedi?

---

[61] 35: crede

Par(meno). Sin uerita che me ricordo. Et alcune uolte, ancora che io era piccolo, me faceui uenire a capo del lecto e me restringeui teco; et io, per che odoraui de uecchia, me fuggiua da te.

Cel(estina). Peste male te occida! E como lo dice senza uergogna la frasca! Ma lassate [62] burle e passa tempi, odi adesso, figliol mio, et ascolta: che ancora sia ad un fine chiamata, ad unaltro son qui. Et ancor che ho facta uista non cognoscerte, tu sei la causa de mia uenuta. Ben te dei ricordare como la bona memoria de tua madre me te dono in uita de tuo padre. El quale, como da me te fuggisti, con altra ansieta non mori saluo che con la in certeza de tua uita e persona; per la quale absentia alchuni anni de sua uecchieza sufferse angustiosa e pensosa uita. Et al puncto extremo de sua morte, ei mando per me et me te racomando in suo secreto, e disseme, senza altro testimonio saluo quello che e testimonio de tutte le bone opere, el quale pose fra lui e me, pregandome chio te cercasse e gouernasse, e quando de compita eta fussi, tale che da te medesmo te sapessi gouernare, te descoprisse doue esso a lassato riserrata tal copia doro e dargento che basta piu che la intrata de tuo patrone Calisto. E per che io nel promisse, con mia promessa mori contento. La fede se deue guardare piu ali morti che ali uiui, per che non hanno chi procuri per loro. In farte cercare ho speso assai tempo finadesso, che e piacciuto acului, [63] el quale tutti li cori degliomini sa e remedia le iuste petitioni e le pietose opere radirizza, chio te trouasse qui, doue solo tre giorni fa che io so che habiti. Senza dubbio alcuno a patito gran dolor mio core per che sei andato uagabundo per tante bande, che tu hai perduto el tempo e non hai guadagnata ne roba ne amista. E come se dice, li pelegrini hanno molti allogiamenti e pochi amici, che in breue tempo con nisuno se po confirmare amicitia. E colui che sta in multi luoghi non e in alcuno. Ne po far utile ali corpi el cibo che subito channo magnato lo rebuttano, ne ce cosa che piu impedisca la sanita che la diuersita, mutanza e uariatione de euiuande. [64] Et mai la piaga uiene a bon porto ne la quale multe medicine se prouano. Ne mai se conua-

---

[62] M: lassate e; 15: lassate le; 35: lassa le
[63] M,V,15,35: a colui
[64] V,15,35: uiuande

lesce [65] la pianta che multe [66] uolte e transposta. Per tanto, figliol mio, lassa lo impeto dela giouentu e tornate cola doctrina de toi maggiori ala ragione. Reposate in alchuna parte. Et doue meglio che in mia uolunta, animo, e consiglio, a chi tuo patre e matre te ricomandorno? Et io, cosi como tua uera matre, te dico, sotto la maledictione che loro te lasorno se tu me fusse disobediente, che per lo presente tu serui e sofferi questo tuo patrone qual te hai procurato, finche dime harai nouo consiglio. Ma non gia con matta lealta, proponendo fermezza sopre le cose mobile, como sonno li signori di questo tempo. E fin che poi guadagna amici, che e cosa durabile. Habbi con loro constantia. Non uiuer sempre su li fiori. Lassa le uane promesse deli patroni, quali scacciano la substantia deli seruitori con uane promesse. Como fa la sanguisuga, iniuriano, scordanse li seruitii, negano la remuneratione. Guai de colui che in corte in uecchia, per che in paglia more. Como sescriue de la probatica piscina, che de cento che intrauano, sanaua uno. Li signori de questo tempo piu amano se che li soi, et non errano. Che equalmente li soi douerian fare lo simile. Pedute [67] sonno le liberalita, [68] le magnificentie et acti nobili. Ognuno di costoro procura cactiuamente suo interesse cogli soi. Dunque quelli non doueriano far manco, come siano in faculta minori, saluo uiuere aloro legge. Io dico questo, figliol mio Parmeno, per che questo tuo patrone me pare un rompe macti: dognhomo se uos [69] seruire senza remuneratione ueruna. Guarda ben e credime. E fa che in casa sua guadagni amici, che e lomagior pregio mundano. Che con lui non pensar hauer amista, como per la differentia degli stati e conditioni poche uolte interuenga. Caso se offerto, come tu sai, doue tutti porremo guadaniare, e tu per lo presente te possi remediare. Che quello che tuo patre te lasso, al suo tempo non te po mancare. Grande utile hauerai se tu sei amico de Sempronio.

PAR(MENO). Celestina, solo odendote tremo. Io non so che mi fare; sto ingran pensieri. Per una parte te o per madre, per laltra o Calisto per signore. Ricchezza desydero; ma chi bruttamente

---

[65] 35: fortifica
[66] 15: mille
[67] M,15,35: Perdute; V: Perduto
[68] M: liberalitati; 15,35: liberalitate
[69] M,V,15,35: uol

sale in alto, piu tosto cade che non salle. Io non uorrei beni mal guadagniati.

Cel(estina). *Et* io si. A torto *et* aderitto, nostra casa fino al tecto.

Par(meno). *Et* io con essi non uiueria contento: ho per honesta cosa la pouerta alegra. E piu te dico, che non queli che poco hanno son poueri, ma quelli che molto desyano. Per questo, ancora che piu medichi, in questa parte non te uoglio credere. Uorrei passar la uita senza inuidia, li boschi *et* aspre selue senza timore, lo sonno senza pensieri, le ingiurie con risposta e le forze con resistentia.

Cel(estina). Figliol mio, ben dicono che la prudentia non po essere saluo ne li uecchi, e tu sei molto giouene.

Par(meno). Molto e secura la manssa pouerta.

Cel(estina). Ma di, come maggiore, che ali audaci aiuta la fortuna. *Et* ultra questo, chi e, che habbia beni in la republica, che uoglia uiuere senza amici? Lodato sia Dio, che beni hai. E non sai tu che bisognia hauere amici per conseruarli? *Et* non pensare che lo fauore che tu hai con questo tuo patrone te faccia securo; che quanto e maggior la fortuna, tanto e manco se cura. Per tanto, ne li infortunii el remedio e ne li amici. E doue poi meglio hauer questo che doue li tre modi de amista concurrono, conuien sapere: per bene, per utile e per dilecto. Per bene, guarda la uolunta de Sempronio conforme a la tua, la grande similitudine che tu e esso ne le uirtu tenete. Per utile, in mano lhauete, se site concordi. Per dilecto, simile, como siate in ecta disposti per tutto genere de piacere, nel quale piu li giouani che li uecchi saccompagnano: como e per giocare, per uestire, per burlare, per magnare e beuere, per tractare le cose de amore insieme di compagnia. O Parmeno, e che uita godiriamo, se tu uolessi! Sem [70] ama Elicia, cusina de Areuesa. [71]

Par(meno). De Areusa?

Cel(estina). De Areusa.

Par(meno). De Areusa, figliola de Eliso?

Cel(estina). De Areusa, figliola de Eliso.

Par(meno). Certo?

---

[70] 15: Sempronio
[71] M,V,15,35: Areusa

CEL(ESTINA). Certissimo.

PAR(MENO). Singular cosa mi pare.

CEL(ESTINA). Piacete?

PAR(MENO). Io non so cosa che meglio mi paia.

CEL(ESTINA). Poi che tua bona fortuna uole, qui sta Celestia [72] che tela fara hauere.

PAR(MENO). Per mia fe, madre, chio non credo alcuno.

CEL(ESTINA). Extremo e credere a tutti, et errore e non credere aqualchuno.

PAR(MENO). Dico che ti credo, ma lassame stare, che non me basta lanimo.

CEL(ESTINA). O misero! De infermo core e colui che non sa partire el bene. Da Dio faue a chi non a denti. O homo simplice! Ben dice il uero lo prouerbio, che doue maggior scientia e, li e minor la fortuna; dque e manco, li e maggior. Tutte son uenture.

PAR(MENO). O Celestina! Sempre ho udito dire a mei maggiori che uno exempio de luxuria o auaritia fa gran male; e che con quelli deue lhomo [73] conuersare con li quali se possa imparare alcuna uirtu, e glialtri lassarli. Sempronio nelo exempio suo non mi fara essere meglio che io me sia, ne io alui sanaro suo uitio. E posto caso che a quello che tu hai dicto me incline, io solo uorria saperlo; che al manco per lo exempio sia occulto lo peccato. E se lhomo uinto dal dilecto ua contra la uirtu, non habbia ardire de maculare lhonesta.

CEL(ESTINA). Senza prudentia parli, che de niuna cosa e allegra la possessione senza compagnia. Non prendere affanno, figliol mio, ne malinconia, per che la natura fuge la tristezza e li piace le cose deleteuole. El dilecto e cogli amici ne le cose sensuale, specialmente in racontare cose de amore e communirarle [74] con loro. Questo o facto, questo me disse, in questa forma la prese, cosi la basai, cosi la bracciai, cosi me morsico. O che parlar e gratia! Andian la, tornian qua, faccianli una matinata. Scriuamoli un sonetto, trouamo alchuna galate [75] inuentione. Uolemo giostrare. Che diuisa faremo? Una littera me ha mandata. Andiamo la questa

---

[72] M,V,15,35: Celestina (15: -n-)
[73] 35: lhuomo de
[74] M,V,35: communicarle (M: -n-); 15: comunicarle
[75] M,V,15,35: galante (M,15: -n-)

notte. Domane uscira fora. Tieme forte questa scala, famme la guardia ala porta, passiamo per sua strada. Eccolo cornuto de suo marito, che sola la lassata. Tornamo unaltra uolta. E per questo credi, Parmeno, che possa essere dilecto senza compagnia? Ala fe, ala fe, che colei chele sa le sona. In questo si prende el dilecto, che lo resto, meglio lo fanno li asini nel prato.

Par(meno). Madre, io non uorrei che tu me inuitassi a consiglio con amonition de dilecto, como fecero queli che mancorno de conueneuole fundamento, quali credendo, fecero secte in uolte in dolce ueneno, per gustare e prendete [76] le uolunta deglihomini debili, e con poluere de dolce effecto cecorno gliocchi della ragione.

Cel(estina). Che cosa e ragione, asino? Che cosa e effecto, matto? La discretione, che non hai, lo determina; e dela discretione maggior e la prudentia; e la prudentia non po essere senza la experientia; e la experientia non po esser maggior che ne gli uecchi; e li uecchi per questo sono chiamati patri; e li bon patri bon conseglio danno alor figlioli, specialmente como io ate, cui uita et honore piu che la mia propria desydero. Dimme, Parmeno, quando me pagarai tu questo? Non mai, dunque ali patri et ali maestri [77] se po far seruitio equalmente.

Par(meno). Gran paura ho, madre, de receuebre [78] dubioso consiglio.

Cel(estina). Tu non uoi? Ma io te diro quello che dice el sauio: alhuomo che con dura ceruice a colui chel castiga spregia, subito male hauera e mai sanita alchuna porra conseguire. E cosi, Parmeno, me expedisco di te e di questa materia.

Par(meno). Scorrocciata sta mia madre. Io dubito forte del suo consiglio et errore e a non uolerli credere. Ma humano e confidarse, maggiormente in costei che doue e interesse promette utile et amore. Sempre o inteso dire che deue lhomo credere a soi maggiori. Costei, che me consiglia? Pace con Sempronio. La pace non se deue recusare, per che ben auenturati sonno li pacifici, per che figlioli di Dio son chiamati. Amore e charita a li fratelli non se

---

[76] 15,35: prendere
[77] V,35: maestri non
[78] M: receuuere; V,15,35: receuere

deue denegare. Utile pochi lo refutano. Dunque uoglio compiacerla *et* ascoltarla.

Madre, no*n* se deue scorrucciare lo maestro dela ignorantia del discipulo; saluo rare uolte per la scientia, che *de* suo naturale e co*m*municabile, che in pochi lochi se porrebbe infundere. Per *tanto*, perdoname, parlame, che non solamente uoglio udirte e crederte, ma in singular gratia receuero tuo consiglio. *Et* non me rengratiare per questo, poi che le laude et gratie dela actione piu aldante che al recipiente sedeuend dare. Per cio co*m*mandami, che a tuoi co*m*mandi mio consentimento se humilia.

CEL(ESTINA). De li homini e errare, e bestial cosa e la perseuerantia. Gran piacere ho, Parmeno, che habbi nettate le turbide tele de tuoi occhi e resposto a la recognoscentia, discretione *et* ingegnio suttile de tuo patre; cui *per*sona adesso representata in mia memoria, intenerisce li occhi piatosi, *per* li quali si habundante copia de lachrime uedi uersare. Esso alcune uolte duri propositi come tu defendeua, ma subito se reduceua ala uerita. Io te giuro *per* questanima peccatrice, che hauedere adesso quello che tu hai co*n*trastato, e come subito sei ala uerita reducto, me par che uiuo lhabbia dauanti. O che *per*sona e conspecto uenerabile! Ma stiamo ficti e no*n* parlamo, che Calisto uiene insieme col tuo nouo amico Sempronio, col quale tua co*n*formita p*er* piu oportunita lasso. Che uiuendo dui in un subiecto son piu potenti de far *et* intendere.

CAL(ISTO). Gran dubio ho hauuto, madre, secundo li mei infortunii, de trouarte uiua. Ma maggior merauiglia e, secundo el desio che porto, che io arriue uiuo. Receue el pouer dono de colui che con esso la uita te offerisce.

CEL(ESTINA). Como loro molto fino lauorato *per* la [79] man del sottile artefice, lopera auanza lamateria, cosi auanza tuo magnifico dono la gratia e forma de tua dolce liberalita. *Et* senza dubbio alcuno, el *p*resto dare ha radoppiato lo effecto suo, p*er* che colui che tarda, cio che promette mostra negare e pentirse del don promesso.

PAR(MENO). Chee [80] cosa gli ha data, Sempronio?

SEM(PRONIO). Cento monete doro.

PAR(MENO). Hi, hi, hi!

---

[79] M,V,15,35: le
[80] 15: Che; V,35: Che e, e che

SEM(PRONIO). Ate parlato la uecchia?

PAR(MENO). Tace, che si ha.

SEM(PRONIO). Dunqua, como stiamo?

PAR(MENO). Como tu uorrai, ancora che sto spauentato de le cose chio ho uisto e uedo.

SEM(PRONIO). Or tace, che io te faro spauentare dui uolte tanto.

PAR(MENO). O uero Idio! Non ce al mondo piu efficace peste che lo nimico de casa per nocere.

CAL(ISTO). Ua hora, madre mia; da consolatione ad tua casa, e poi torna e consola lamia, e presto.

CEL(ESTINA). Dio reste con teco.

CAL(ISTO). Esso mete guarde e sia tua guida.

ARGUMENTO DEL SECUNDO ACTO

Partendoli[1] Celestina da Calisto per andarsene ad casa sua, Calisto resto parlando con Sempronio, seruo; el qual, como colui che in qual che speranza e posto, ogni prescia li par tardanza. Comanda aldicto Sempronio che andasse ad sollicitar Celestina sopra la concepta materia. Restorno in quel mezzo Calisto e Parmeno insieme rogionando.[2]

Calisto, Sempronio, Parmeno

(CALISTO). Fratelli mei, cento monete donai a la madre. O facto bene?

SEM(PRONIO). E quanto che hai facto bene! Ultra che hai dato remedio a tua uita, hai guadagnato grandissimo honore. E per che cosa e la fortuna fauoreuole e prospera in questo mondo saluo per satisfare alhonore, che e lo maggior deli mundani beni? Che questo e salario e guidardon dela uirtu; e per tanto la donamo aDio, per che non hauemo maggior cosa che darli. La maggiore parte dela quale consiste ne la liberalita e franchezza. A questa li duri thesori in communicabili[3] la obscuriscono e perdono, e la magnificentia e liberalita la guadagniano e sublimano. Che uale tener quello che possendendo lo non fa utile? Senza un solo dubbio te dico che e meglio luso dele ricchezze che la possession desse. O che gloriosa cosa e il donare, e come e miserabile lo receuere! Quanto e meglio lacto che la possessione, tanto e piu nobile el dante che lo recipiente. Lo fuogo, tragli elementi, per essere piu actiuo e piu

---

[1] 15: Partendose; V,35: Partendosi (35: -n-)
[2] M,V,15,35: ragionando (15,35: -ando)
[3] 15: in communicabili > comunicabili

nobile et [4] posto in piu degno luogo fra le spere. E dicono alchuni che la nobilita e una laude che peruiene da li meriti et antiquita deli patri, et io te dico che laltrui luce mai te fara chiaro sela propria non hai. E per tanto, non te stimare ne la clarita de tuo patre, che cosi magnifico fu, ma ne la propria tua. E cosi se guadagna honore, quale [5] lo maggior bene de quelli che son da piu che huomo. De lo quale, non li cactiui, ma li boni, como tu, son degni dhauere perfecta uirtu. E piu te dico che la perfecta uirtu non pone che sia facto con digno honore. Per tanto, godi che sei stato si liberale e magnifico. E, de mio consiglio, tornate a tua camera e riposate, poi che tuo negocio e in tal mani depositato che ti prometto, poi chel principio e stato buono, lo fine sera molto migliore. Et andiamo subito, che sopra questa materia uoglio parlar teco piu adagio.

CAL(ISTO). Non me par bon conseglio, Sempronio, che io resti accompagnato, e che uada sola colei che cercail remedio de mio male. Meglio sera che tu uadi con essa e la solliciti, poi che tu sai che di sua diligentia pende mia salute, e di sua tardanza mia pena, e de suo scordo mia desperatione. Sauio sei. Fa in modo che uedendote lei, giudiche la pena che me resta e fuogo che me tormenta. Cui ardore me causo non poterli monstrare laterzza parte de mia infirmita, de tal sorte tene mia lingua e senssi occupati e consunti. E tu, como homo libero de tal passione, parlarai con essa a briglia sciolta.

SEM(PRONIO). Signore, uoria andare per ubedirte, uorrei restare per allegerire tuoi pensieri. Tuo timore me da prescia, tua solitudine me ritene. Ma uoglio prender consiglio con la obedientia, che e andare e sollicitare la uecchia. Ma como andaro? Che como te uedi solo, stai dicendo mille paci e [6] como homo senza ceruello, suspirando, mal componendo, prendendote piacere colla obscurita, desyderando solitudine. Doue, se tu perseueri, de morto o pazzo non porrai scampare, se sempre non hai chi te accompagni e dia piacere: dicendo motti, sonando cantioni, recitando historie, fingendo nouelle, giocando a scacchi; finalmente, che sappia trouare ogni modo de dolce passa tempo, acio che non lassino transcorrere

---

[4] 15,35: e
[5] V,35: quale e
[6] paci e > V,35: pacie; 15: pazie

tuoi pensiéri in quel crudo errore che receuesti de quella madonna nel principio de tuo amore.

Cal(isto). Come, simplice? Non sai tu che se allegerisce la pena piangendo la causa? E como e dolce cosa a li afflicti lamentar lor passioni? E quanto riposo portano con seco li derrotti sospiri? E quanto releuano e diminuiscono li lachrimosi gemiti il dolore? Quanti scripseno de consolatione non dicono altra cosa.

Sem(pronio). Leggi piu auanti, e uolta el foglio. Trouerai che dicono che fidarse nelle cose temporali e cercar materia de tristezza, che e equale specie de paczia. Quel Mazias, idolo de lo oblio, per che se scordauano, si lamentaua. Nel contemplare sta la pena damore; nelo scordarse, la quiete. Fuggi de tirare calci al muro; finge alegrezza e porra essere. Che molte uolte la opinione mena le cose doue uuole, non per che habbia a mutare la uerita, ma per moderar nostro senso e gouernare nostro iuditio.

Cal(isto). Sempronio amico, poi che tanto te incresce che stia solo, chiama Parmeno che restara meco. E de hora innanci fa che tu sii leale como suoli, che nel seruitio del seruitore sta la remuneratione del signore.

Par(meno). Eccome qui, signore.

Cal(isto). Et io non, poi che non te uedea. Non te partire da lei, Sempronio, ne te scordarssi di me, e ua con Dio.

E tu, Parmeno, che te par di quello che hoggi habbian facto? Mia pena e grande, Melibea e alta, Celestina e sauia e bona maestra de queste cose. Tu me lhai approbata con tutta tua nimista. Et io lo credo, che tanta e la forza della uerita che le lengue de li inimici mena a suo comando. De sorte che se lei e tale, piu presto uoglio hauer dato a questa cento monete, che ad unaltra cinque.

Par(meno). Gia le piangi? Guai hauemo! In casa se digiuneranno queste francheze.

Cal(isto). Io domando tua opinione, fa che tu me sia piaceuole, e non abassar latesta a la risposta. Ma come la inuidia e trista e la tristezza e senza lengua, po piu con teco sua uolunta chel mio timore. Che cosa e quella che tu hai adesso resposto con ira?

Par(meno). Dico, signore, che serriano meglio spese tue liberalita e francheze inpresenti e seruitii a Melibea che hauer dati danari acolei che io ben cognosco e, quel che peggio e, te fai suo schiauo.

Cal(isto). Como suo schiauo, pazzo imbriaco?

Par(meno). Suo schiauo, per che a chi tu di tuo secreto, dai tua liberta.

Cal(isto). Qual che cosa ha dicto el macto! Ma uoglio che sappi che quando ce molta distantia de colui che prega a cholui che e pregato, o per grauita de obedientia o per dominio de stato o schifeza de genero, come e tra questa mia madonna e mi, e necessario intercessore o mezano che porti mia ambassata de mano in mano fin che ariue aleorecchie di quella a chi parlar la secunda uolta ho per impossibile. Dunqua se cosi e, dimme se quello chio ho facto reprobi.

Par(meno). Reprouilo il gran diauolo.

Cal(isto). Che hai dicto?

Par(meno). Dico, signore, che mai uno errore uiene scompagnato, e che uno inconueniente e causa e porta de mille.

Cal(isto). Cio che hai dicto approuo, mail proposito non intendo.

Par(meno). Signore, per che laltro giorno perdesti lo falcone fu causa che tu intrassi nelhorto de Melibea a cercarlo; tua intrata fo causa de uederla e parlarli; tuo parlare causo amore; e lo amore ha parturita tua pena; la pena sera causa che tu perderai el corpo, lanima e la robba. E quel che piu me duole e che tu sei uenuto a le mani de quella trottaconuenti,[7] da poi che e stata tre uolte scopata.

Cal(isto). Or cosi me fa, Parmeno, di pur di questo, che me farai piacere. Sappi che quanto peggio me dirai, piu me piace. Attendame cio che ma promesso et manchari[8] la scopeno la quarta uolta. Huomo sei de ceruello, e parli senza passione. Nonte duole doue ame, Parmeno.

Par(meno). Signore, piu presto uoglio che adirato me reprendi per che te ho dato fastidio, che se, pentuto, me condami che non te ho dadato[9] conseglio; poi che tu hai perso el nome de liberta quando impresonasti tua uolunta.

---

[7] M,15: trotta conuenti, mi pur dire
[8] 35: Dio uoglia
[9] M,V,15,35: dato

CAL(ISTO). Bastonate uorra questo imbriaco! Dimme, mal creato, per che di tu male de quello che io adoro? Che sai tu de honore? Dimme, che cosa e amore? In che consistono bon constumi, che me te uoi uendere per sauio? Non sai tu chel primo grado de pazzia e crederse essere sciente? Se tu sentissi mio dolore, con altra aqqua bagnareresti [10] quella ardente piaga, che la crudel sagitta de Cupido me ha causata. Quanto remedio porta Sempronio con soi piedi, tanto fai tu fuggir con tua rea lingua e uane parole. Fingendote fidele, sei la propria lusengha, pieno de malitie; sei il proprio albergo de la inuidia. Che per disfamar la uecchia atorto o adritto, poni sconfidanzza nelo amor mio, sapendo che questa mia pena e fluctuoso dolore non se gouerna per ragione, non uol auisi, mancali conseglio. E se alchun se gli dara, sia tale che senza le interiore non se possa spiccar dal core. Sempronio hebbe paura de sua andata e del tuo restar qui. Io uolse ogni cosa, e cusi me patisco la fatiga de sua absentia e tua presentia. De sorte che meglio seria stato solo che male acompagnato.

PAR(MENO). Signore, debile e la fidelta che timor de pena la conuerte in losengha, maggiormente con signore al quale dolore et afflictione priuano e tengono alieno de suo natural iuditio. Leuaratesi el uelo dela cecita; passaranote questi momentanei fuoghi; cognoscerai che mei agre parole son meglio per stutare tue fiamme chelle morbide e ficte de Sempronio, che continuo le aticiano et ad giongono legna che sempre le facciano abbrugiare fin che te porra nela sepultura.

CAL(ISTO). Tace, tace, huomo perduto! Sto io penando e tu philosophando. Non te a specto piu qui. Fame trare un cauallo, e fa che sia bene necto, falli strenger la cengia, per che uoglio passar per la strada de mia madonna e mio Dio.

PAR(MENO). Ola! Sosia! Serui! [11] Non credo che alcuno sia in casa. Ame mel conuien fare, che apeggio habiamo auenire di questo facto che esser famiglio di stalla. Patientia in malhora! Mal me uole e peggio uorra, per che io li dico lauerita. Anitrisci, cauallo? Non basta un geloso in casa, oforsi senti Melibea?

---

[10] V,15,35: bagnaresti
[11] 35: Serui! Doue seti?

CAL(ISTO). Uien questo caullo?[12] Che fai, Parmeno?

PAR(MENO). Signore, eccol qui, che Solia[13] non era in casa.

CAL(ISTO). Thien questa stassa et apri piu questa porta. E se uene Sempronio con la uecchia, diloro che aspecteno, che subito tornaro.[14]

PAR(MENO). Anzi mai possi tornare! La andrai con gran diauolo che fiacar te possi el collo! A questi pazzi ditegli el uero! Non ui porran uedere. Io giuro aDio che se adesso gli desseno una lanciata nel calcagno, luscisseno piu ceruella che della testa. Ua pur uia a tua posta, inpacito, che a carico mio Celestina e Sempronio te cauaranno le penne maestre. O suenturato me! Che per uoler esser leale, patisco male. Altri se guadagnano per tristi, *et* io me perdo per buono. El mondo etale. Uoglio andar al filo dela gente, poi che li traditori son chiamati discreti, e li fideli matti. Se io hauesse creduto a Celestina con sue sei dozene danni adosso, non me heueria[15] mal tractato Calisto como ha. Ma de hora innanzi, questo me sara exemplo con lui. Che se dira: "Magiamo,"[16] *et* io anchora; se uorra rouinare la casa, *et* io aprobaro che sia ben facto; se uorra abrugiare sua robba, *et* io currero per fuogo. Guaste, rompa, done a ruffiane, che mia parte me hauero. Poi dicono: A fiume turbido, guadagnio de pescatori. Mai[17] piu cane almolino![18]

---

[12] M,V,15,35: cauallo
[13] V,15,35: Sosia
[14] Starting with Parmeno's next speech, text is M. My copy of R lacks one folio.
[15] V,15,35: haueria
[16] 15: Mangiamo; V,35: Magnamo
[17] V,35: Ma
[18] V,35: a molino

ARGUMENTO DEL TERTIO ACTO

Sempronio ando per trouar Celestina, la quale reprende per sua tardanza. Disputa*n*o insieme che modo debbono tenere sopra lo amore de Calisto con Melibea. Al fine Celestina ando a casa de Pleberio. Semprouio [1] resto in casa con Elitia.

Sempronio, Celestina, Elitia

(Sempronio). Guarda como ua adagio la barbuta. Manco riposo portauano suoi piedi alla uenuta. A denari pagati, bracci speczati. Ola, madonna Celestina, poco hai ca*m*inato!

Cel(estina). Che sei uenuto affar, figliol mio?

Sem(pronio). Questo nostro infermo no*n* sa che si domandare. De su eproprie mani non se fida. Non se li po cuocere el pane. Teme tua negligentia, et maledice sua auaritia per che ta dati si pochi danari.

Cel(estina). Non e piu propria cosa de colui che ama che la impatientia. Tutta tardanza e alloro passione; nisuna dilatione gli piace. In un momento uorrebbono mettere ad effecto loro cogitationi. Piu presto le uorriano ueder concluse che principate. Maggiormente questi nouelli amanti, che contra qual se uoglia segnuzzo uolano senza alchuna deliberatione, o senza pensare el da*n*no, chel cibo de loro desyderio porta meschiato in loro exercitio e negatione,[2] per loro persone e seruitori.

Sem(pronio). Che cosa di tu di seruitori? Pare per tue ragioni che ne possa uenire anoi altri da*n*no de questa cosa, e abrusarse

---

[1] V,15,35: Sempronio (V: -*n*-)
[2] 15: negotiatione; V,35: negociatione

colle fauille che resultano del fuoco de Calisto. Primo daro io al
diauolo suo amore! Al primo [3] sconcio che io uedo in questa materia, non mangio piu suo pane. Meglio sera perdere lo seruito che
la uita per recuperarlo. Lo tempo me dira como debbia gouernar-
me; che prima che in tutto casche dara segno di se, como casa
che uol rouinare. Se te pare, madre mia, guardamo nostre persone
da pericolo. Facciase tutto quello che se po. Se la porra hauere,
questo anno; se non, laltro anno; e se mai non la porra hauere, suo
sera il danno. Che non ce cosa si difficile a soffrire in suo principio
che col tempo non se maturi e faccia comportabile. E nisuna piaga
tanto senti [4] dolerse che col tempo non lentasse suo tormento,
e nisun piacer fu si grande che per spatio di tempo non mancasse.
El male, el bene, la prosperita, laduersita, la gloria e pena, tutto
perde col tempo la forza de suo scelerato principio. Dunque le
cose de a miratione e uenute con gran desiderio, cosi presto como
son passate, sonno scordate. Ogni giorno uedemo *et* udimo cose
noue, e le passamo e lassamo indrieto. El tempo le deminuisce e
fa incontingibili. Che tanto te farresti meraueglia se te dicesseno:
la terra ha tremolato, o unaltra simile cosa, che subito non te scor-
dassi? O alchuno te dicesse: agghiacciato e lo fiume, o un cieco
uede, o tuo patre e morto, o un trono e caduto dalcielo, o doman
sera eclipse, o lo tale e facto uescouo, o Agnese se appiccata. Che
me dirai, saluo che de li a tre giorni, o a la secunda uista, non ce
piu persona che ne prenda admiratione? Ogni cosa se smentica e
remane in drieto. Dunque cosi sera lo amore de mio patrone: che
quanto piu andara caminando, tanto piu andara diminuendo. Per
che lo longo costume amazza li dolori, e allenta e disfa idilecti, e
fa manchare le cose de admiratione. Procuramo nostro utile mentre pende la lite; e se a piede a sciutto lo porremo remediare, del
meglio meglio sera; e se non, a poco apoco lidiremo lo prouerbio
in dispregio de Melibea contra lui. E se questo non gioua si,
meglio e che pene lo patrone che se pericolasse il seruitore.

Cel(estina). Singurlarmente hai parlato. Io te ho ben com-
preso. Assai me son piacciute tue parole. Non potemo errare.
Ma tutta uia, figliol mio, e necessario chel bon procuratore metta
alcuna fatiga de sua casa, alcun finto ragionamento, alcuni sophi-

---

[3] R resumes with the syllable "-mo" of "primo."

[4] 35: tanto senti > e che tanto si senti lo impiagato

stichi acti, ire euenire a giudicio, ancora che riceua [5] cactiue parole dal iudice. Per rispecto de li presenti chel uedeno; che non dicano che senza fatiga se guadagno il salario. E a questo modo ognohomo uerra alui con sua lite e a Celestina con loro amore.

Sem(pronio). Fa pur quel che ti pare e piace, che non sera questa la prima materia che tu hai presa a tuo carrigo.

Cel(estina). La prima, figliol mio? Poche uergene hai tu uiste in questa cita che habiano aperta botega auendere, dele quale io non habia guadagnata la prima sensalia. Como nasce la mammola, subito la fo scriuere nel mio registro, e questo fo per sapere quante me scappano de le recte. Che credi tu, Sempronio? Debbiome mantenere del uento? O io eredi tanta [6] altra roba de mio patre? Ho io altra casa o uignia saluo questarte dela quale io magno e beuo, dela qual uesto e calzo? In questa cita nata e creata, maotenendo [7] honore como tutto el mondo sa, e forsi che io non son cognosciuta? Chi non sa mio nome e mia casa, thien per certo che sia forestieri.

Sem(pronio). Dimme, madre, che festi con mio compagnio Parmeno quando Calisto et io andammo suso per li denari?

Cel(estina). Io li disse elsogno e la interpretatione, e como guadagnaria piu con nostra compagnia che con le lusenghe che dice a suo patrone; e como sempre seria pouero e mendico se non mutaua altro conseglio; e che non se fesse sancto a tal cagna uecchia como io; prima li ricordai chi era sua madre per che non depregiasse ne me ne mia arte; che uolendo dir mal dime, scappucciasse prima in lei.

Sem(pronio). Dimme, madre, tanti giorno sono che lo cognosci?

Cel(estina). Ecco qui Celestina chel uide nascere, et un tempo se alleuo in mia casa. Sua madre et io erauamo ogna e carne. Da lei imparai tuctol miglioramento de larte mia. Insieme magnauamo e beueuamo, tutte due dormiamo in un lecto, insieme prendeuamo nostri piaceri et acconci. Erauamo in casa e for de casa come due sorelle. Como guadagniaua un quatrino, subito lo partiua con lei. Ma io non uiueua ingannata se mia fortuna

---

[5] 35: che riceua > che lui receua torbide e
[6] eredi tanta > V,35: credi tanta; M: ereditata; 15: hereditata
[7] M.V,15,35: mantenendo

hauesse noluto [8] che lei me fosse durata. O morte, morte! A quanti priui de dolce compagnia! Quanti fai desconsolati con tua trista uisitatione! *Per* uno che magni maturo, tagli milli in agresta. Che se lei fosse uiua, non serrian adesso scompagnati i miei passi. Dio li dia riposo a lanima, la doue sta, che leale amica e bona compagna me fu. Che mai niuna cosa me lasso far sola, stando ella presente. Se io portaua el pane, e ella la carne. Se io metteua la tauola, e ella la touaglia. Non era pazza ne fantastica ne presentuosa,[9] come quelle *de* adesso. Io te giuro per questanima peccatrice, che senzza manto o pannicello andaua per tutta laterra con un boccale in mano, che mai trouaua persona che li dicesse mancho de "Madonna Clandina." *Et* baldamente, che altri cognosceua mancho el bon uino *et* qual si uoglia mercanzia che ella. E quando pensaui che non era gionta, gia era tornata. Doue ella arriuaua, oghnomo [10] lainuitaua, per lo grande amor che li portauano. E giamai tornaua a casa senza hauer assagiato sei o octo maniere de uino, una mesura portaua nel boccale e laltra incorpo. Cosi li harebbono fidati dui o tre barili de uino sopra sua fede como se hauesse lasasto una tazza de argento. Sua parola era pegno doro per tutte le tauerne de questa cita. Se noi caminauamo per le strade, in qual se uoglia luogo che ce prendesse la sete, intrauamo ne la prima tauerna, e subito feua trar un boccale de uino per bagnarse la bocca. Ma baldamente che mai gli fu leuato lo uelo de testa per questo, saluo quanto lo signauano in sua taglia. Uolesse Dio che tal fosse adesso suo figlio Parmeno qual era ella.[11] Baldamente che tuo patrone resterebbe senza piuma e noi altri con essa. Ma se non prendo errore, io tel faro esser de nostri e lo scriuero nel numero deli miei.

SEM(PRONIO). Questo sera impossibile farlo per che le un traditore.

CEL(ESTINA). A questo tale, io si [12] faro hauere Areusa, e sera *de* nostra *com*pagnia. Darace luogo atendere nostre rete senza impaccio alchuno per quelli duca ti *de* Calisto.

---

[8] M,V,15: uolsuto; 35: uoluto
[9] V,35: presumptuosa
[10] V,15: ognhomo; 35: ognhuomo
[11] 35: ella prudente
[12] M,V,15,35: li

Sem(pronio). Dimme, credi hauer honore del facto de Melibea? Hai tu qualche bon ramo doue te possi ataccare?

Cel(estina). No*n*ce alcu*n* cyrusgico che ala prima cura iudiche la ferita. Quello che al presente cognosco te diro. Melibea e bella, Calisto ricco, pazzo e liberale; ne esso se curera de spendere ne io de ire e uenire. Corra moneta e dure la lite qua*n*to uoglia! Ogni cosa po el denaro: rompe li scogli, passa li fiumi in secco. Non ce si alto luogo che un somaro carico doro non salga di sopra. E questo e quello che io cognosco in questa materia. Questo e quello che si bisogna tacere. Questo comprendo in nostro utile de lui e di lei. Questo e quello che ce porra giouare. Io uo a casa de Pleberio. Restati con Dio. Che ancora che stia braua Melibea, non e questa la prima, se aDio e placiuto, a chi ho facto perdere el cicalare. Tutte temeno el soletico; ma poi che una uolta consenteno la scella a riuerso dela schina, mai piu se possono straccare. Per loro resta uinto el campo: restano morte, ma stracche no. Se de nocte caminano, mai uorriano che se fesse giorno: maledicono li galli p*er* che annunciano el di, *et* ancora el relogio p*er* che cosi appressa ca*m*mina.[18] Guardano ale stelle, facendose astrologhe. Quando uedeno uscire la stella diana, pare che li uoglia uscire lanima: sua chiarezza li obscurisce el core. Camino e, figliol mio, che mai me uidi satia de andare, ne mai me uidi stracca. *Et* anchora, cosi uecchia como sono, Dio sa mia bona uolunta. Quanto piu costo che bulleno senza fuogo! Subito se fanno schiaue del primo abracciamento, pregaro[14] chi loro prego, penano per chi per loro peno, fannose serue de chi erano madonne, lassano dicoma*n*dare e son coma*n*date, rompeno mura, apreno finestre, fingo[15] essere inferme, fanno ali cancani dellusci con olio usare loro arte senza rumore. Non te saperei dire quanta opera fa in loro quella dolcezza che li resta delli primi basi de loro amanti. Sonno nemiche del mezzo; continuo stanno poste neli extremi.

Sem(pronio). Io non te inte*n*do, madre, cio che se uoglia dire questi extremi.

Cel(estina). Dico che la donna o ama molto colui da chi e rechiesta e[16] li porta grande odio. De sorte che, se una uolta dan

---

[18] 35: appressa ca*m*mina > se appressa *et* camina al sonar delle hore
[14] V,15,35: pregano
[15] V: fingon; 15,35: fingono
[16] 15,35: o

licentia, non possono tenere le redine al disamore. E con questa certezza che ho, uo piu consolata a casa de Melibea che se io lhauesse nel pugno; per che io so che, ancora de [17] al presente la preghi, al sin [18] ella me ha da pregare. Qui porto un poco de filato in questa mia tasca, con altri apparecchi che sempre porto meco, per hauer scusa de intrare la prima uolta doue non son cognosciuta. Como sonno ueli, gorgieri, scuffie, frange, bindelle, belletto, sollimato, aguchie, spilletti; che tale e che tal uole. Per che se a caso in luogo alcuno me trouasse che stia aparecchiata per dargli esca et richiederle ala prima uolta.

SEM(PRONIO). Madre, guarda ben cio che fai. Per che quando al principio se erra, mai se po sequire bon fine. Pensa in suo padre, che e nobile et huomo sforzato; sua madre, gelosa e braua; tu sei la propria suspitione. Melibea e unica loro: manchandogli ella, gli mancha ogni bene. Solamente a pensarlo tremo. [19] Guarda che non uadi per lana e uenghi tosa o che te interuenga como alzago de Pier ben uenuto.

CEL(ESTINA). Como alzago o tosa, figliol mio?

SEM(PRONIO). Como alzago o tosa o scopata, che e peggio.

CEL(ESTINA). Alla fe! In malhora tu sei proprio el bisogno mio! Con male andarebbe ogni cosa se tu uolessi imparare a Celestina larte sua! Quando tu nascesti, gia io mangiaua pane conla scorza. Proprio per guida serresti buono, carico de [20] augurii et paura.

SEM(PRONIO). Non te marauegliare del mio timore, poi che comun conditione humana e che quello che molto se desydera mai non se pensa ueder concluso. Magiormente che in questo caso temo tua pena e mia. Desydere [21] utile, uorrei che questa materia hauesse bon fine; non gia per che Calisto uscisse di pena, ma per che noi altri uscissemo de pouerta. Et per questo guardo piu conuenienti [22] con mia poca speranza che non fai tu come maestra uecchia.

---

[17] V,35: che
[18] M,V,15,35: fin
[19] 35: tremo di paura
[20] 35: de mal
[21] 15: Desydero; V,35: Desidero e
[22] V: in conuenienti; 35: inconuenienti

Eli(cia). Far me uoglio el segno dela croce, Sempronio! Uoglio fare una riga ne lacqua! Che nouita e stata questa, che hoggi si uenuto qua doi uolte?

Cel(estina). Tace, matta, lassalo stare; che altri pensieri portamo con che piu utile ne ua. Ma dimme, e desoccupata lacasa? Ando uia colei che aspectaua allo ministro de San Francesco?

Eli(cia). Madonna, si. E da poi e uenuta unaltra e sene ando.

Cel(estina). Si, ma non indarno?

Eli(cia). Per mia fe, no, ne Dio el consenta. Che ancora che uenne tardo, meglio e tardo che mai.

Cel(estina). Dunque ua de sopra ne la sofficta del tecto. Trouerai el baractolo delolio serpentino che sta appiccato de quel pezzo de fune, che leuai allimpiccato laltra sera, quando piouea e facea si gran tempesta. E apri la cassa deli lisci e ala mano dextra trouarai una carta scripta con sangue de nottola, e porta un poco di quella ala di drago che heri cacciamo le ogne. E guarda non uersassi lacqua lampha che ogi me fu portata a confectionare.

Eli(cia). Madre, non sta doue tu hai dicto. Mai te ricordi de niuna cosa che serui. [23]

Cel(estina). Non me reprendere in mia uecchiezza, ne me tractar di questa sorte, ne prender superbia per che Sempronio stia qui, che piu presto uorra me per consegliera che te per amica, quantumque tu lami molto. Ma intra nela camera deli unguenti, e nela pelle del gatto negro, doue te fece metter locchi de la lupa, lo trouerai. E porta el sangue del becco e un poco delle barbe che li tagliasti.

Eli(cia). Piglia, matre, eccol qui. Resta tu, che Sempronio *et* io uolemo andare in camera.

Cel(estina). Io te sconiuro, tristo Plutone, signore della profundita infernal, imperatore dela corte damnata, capitano superbo deli condamnati angeli, signore deli sulphurei fuochi che libullenti e iniqui monti gittano, gouernatore e ueditore deli tormenti e tormentatori [24] delle peccatrice anime; ministro de le tre furie infernali, Tesiphone, Megera et Alecto, aministrator de tutte le cose negre del regno de Styge e Dite, con tutti soi lachi *et* ombre infernali *et* litigioso chaos; mantenitore dele uolante arpie, con

---

[23] 35: tu reponi
[24] 35: tormentatore

tutte laltre compagnie dele paurose e spauenteuole hydre. Io, Celestina, tua piu cognosciuta clientula, te scongiuro per la uirtu e forza de queste uermiglie littere; e per lo sangue de questa nocturna aue con che sono scripte; *et* per la grauita de questi nomi e segni che in questa carta se contengano; e per laspero ueneno delle uipere con che questo olio e facto, col qual ungo questo philato: che uengi al presente senza niuna tardanza a obedire mio comando, e in epso te reuolgi, e con esso sta senza un momento partirte, fintanto che Melibea con apparecchiata oportunita che io habbia el compre; e con esso in tal modo reste presa che, quanto piu spesso el guarde, tanto piu suo core se humilie a concedere mia petitione, e gelapri e ferischi del crudo amore de Calisto, e sia de sorte che, lassata tutta honesta, se discopra a me e me remunere mia fatiga *et* imbasciata. E se tu farrai questo, domanda poi di me a tua uou nta. [25] E se nol farai con presto motiuo me hauerai per capitale inimica; feriro con luce tue triste e oscure carceri; accusero crudelmente tue continue busie; constringero con mie aspere parole tuo horribile nome. Una e unaltra uolta te sconiuro. E confidandome nel mio molto sapere, me parto col mio filato, doue credo portarte in uolto.

---

[25] M,V,15,35: uou nta > uolunta

ARGUMENTO DEL QUARTO ACTO

Caminando Celestina per la strada, ua parlando fra se medesma, finche arriuo a casa de Pleberio. Trouo sulla porta Lucretia, serua de Melibea. Mettese a ragionare con lei. Sentute da Elisa, madre de Melibea, *et* saputo che era Celestina, la fece intrare in casa. Elisa fo chiamata per parte de sua sorella. Celestina resto insiem e con Melibea e diceli la causa de sua uenuta.

Celestina, Lucretia, Elisa, Melibea

(CELESTINA). Adesso che io uo sola, uoglio pensar in quello che Sempronio hebbe paura di questo mio uiaggio. Per che le cose che non son ben examinate, ancora che alchune uolte habbiano bon fine, communamente creano uarii effecti. De modo che la molta speculatione mai non manca di bon fructo. Che anchora che io habbia dissimulato con lui, potrebbe essere che accorgendose el patre de Melibea, che io fusse pagata con pena che non fusse manco che la uita, o molto suergongnata restasse, quando occidere non mi uolesseno, facendome sbalzare o frustare o mettere in berlina doue che fusse battuta assai uergognosamente conleoua che auanzano alle biocche. Dunque amare cento monete seriano queste! O trista me suenturata, e in che strano laberinto me son messa! Che per mostrarme sollicita e diligente metto mia uita a periculo. Che faro, trista, meschina, chel tornarse indrieto non e utile nella perseueranza manca de periculo? Chefaro? Andaro o debbio tornarme? O dubbiosa e dura prolixita! Io non so qual mi prenda per piu sano. Nellandare e manifesto pericolo; nela pusillanimita saro suergognata. In che luogo andara elbo che non a re? Ogni camino scopre sue danneuole e profunde ripe. Secolfurto son trouata, ua ripara tu la furia in quela fiata. E sio non uo, che dira Sempronio? Che tutte queste erano mie forze e animosita, mio sapere et ardire, mia promessa, astutia e sollicitudine. E suo patrone Calisto, che dira? Che fara? Che pensara saluo che sia in me nouo inganno e che io ho discoperta questa trama a Pleberio per hauer piu`utile da lui, come sufistica preuaricatrice? E se pure non hauesse pensieri si odiosi, cridara como un pazzo; dirame in mio uiso uillanie rabiose. Proporra mille in conuenienti, che mia presta deliberatione li misse, dicendome: "Tu, puttana uecchia, per che hai cresciuta mia passione con tue promesse? Roffiana falsa che tu sei, che per tuttel mondo hai piedi, e per me hai lingua; per tutti hai opera, e per me parole; per tutti remedio, e per me pena; per ognihomo hai forza, e per me te manchata; per tutti hai luce, et per me hai tenebre. Dunque, uecchia falsa, factochiara, per che me te sei offerta? Chel tuo offerire me dete speranza; la speranza dilato mia morte, sostene mia uita, misseme titulo de huomo alegro. Ma poi che tua promessa non ha hauuto effecto, ne tu mancarai de pena, ne io de trista desperatione." Si che male in qua, peggio in la; passione e a tutte due le parte! Quando ali extremi manca el mezo, appoggiarse lhomo a lo piu securo me par discretione. Piu tosto uoglio offendere Pleberio che far danno a Calisto. Uoglio andare, che maggior e la uergogna di restar per paura, che la pena, supplendo como animosa quello che io promise. Che mai ali audaci fu contraria la fortuna. Gia uedo la casa de Melibea. In maggior pericoli de questi me son uista. Sforza, sforza, Celestina, non hauer paura. Che mai manchano pregatori per mitigar le pene. Tutti li augurii se son mostrati in mio fauore, o io non so niente de questarte. Quattrhomini o trouati per la uia, li tre se chiamano Ianni e li dui son cornuti. La prima parola che o udita per la uia estata de amore. Mai ho scappucciato como o facto altre uolte; pare che le pietrese scansano e me diano luogo che io passi. Ne me danno impaccio le falde come soleno e mancho mi sento stracca nel caminare. Ogni huomo me saluta. Ne mai cane me ha abaito [1] ne uccello negro ho uisto, ne storno, ne coruo, ne cornacchia, ne merlo, ne altra natura de uccelli negri. E lo meglio de tutto e che io uedo Lucretia,

---

[1] V,15: abaiato; 35: abbaiato

cusina de Elicia, in sula porta de Melibea. Io son certa che nome sera contraria.

Lu(cretia). Chi diauolo e questa uecchia che cosi uien strascinando la coda?

Cel(estina). La pace de Dio sia in questa casa.

Lu(cretia). Madre Celestina, tu si la ben uenut.[2] E qual dio te ha menata per queste contrade non costumate?

Cel(estina). Figlia *et* amor mio, el desyderio de uederui tutti. E te porto recomendationi de tua cusina Elicia, e anchora per uisitare tue patrone, uecchia e giouene. Che da poi che andai ad habitare nel laltra contrada no*n* son state da me uisitate.

Lu(cretia). A questo solo sei uscita de tua casa? Gran maraueglia me fo de facti tuoi, per che non e questo tuo costume, che non e tua usanza dar passo senza utile.

Cel(estina). Maggior utile uoi, matta, che mettere ad executione suo desio? *Et* anchora come[3] noi altre uecchie mai no*n* ce manchano necessita, maggiorme*n*te achi gouerna figliole daltri, son uenuta a ue*n*dere un poco de filato.

Lu(cretia). In mio ceruello sto, che mai no*n* dai passo se prima no*n* sei certa del guadagno. Niente dime*n*o, mia patrona la uecchia ha ordita una tela: ha necessita de haue rlo, e tu de uenderlo. Intra e aspectame qui, che no*n* sarete in discordia.

Ali(sa). Con chi parli, Lucretia?

Lu(cretia). Co*n* quella uecchia che hai[4] la cortellata per lo naso che soleua habitare in questa contrada appresso el fiume.

Ali(sa). Hora la cognosco meno. Se tu me uoi dar ad intender lo incognito per lo non cognosciuto, e come portar aqua in un cesto.

Lu(cretia). Iesu, madonna! Piu cognosciuta e questa uecchia che la ruta. Io non so come non te recordi di lei che fo messa in berlina per factocchiara, e che uendeua le giouene ali preti e che guastaua mille matrimonii.

Ali(sa). Che arte e la sua? Forsi per questa uia la cognoscero.

Lu(cretia). E perfumatrice, fa belletti, sollimato e phisica de mammoli; ha trentaltre arte. Cognosce molto in herbe, *et* alcune la chiamano la uecchia lapidaria.

---

[2] M,V,15,35: uenuta
[3] V,35: come a
[4] che hai > V: che ha; 35: ch'a

ALI(SA). Tutto cio che me hai dicto no me la fa cognoscere. Dimme suo nome sel sai.

LU(CRETIA). Se io lo so, madonna? Non ce mammolo ne uecchio in questa terra che nol sappia. E debbio io ignorarlo?

ALI(SA). Duncha, per che nol di?

LU(CRETIA). Per che ho uergogna.

ALI(SA). Ua uia, matta, dillo. Non me indigniar con tua tardanza.

LU(CRETIA). Celestina e suo nome, saluando lhonor della Si [5] signoria uostra.

ALI(SA). Hi, hi, hi! Mala peste me occida se de riso posso stare, consyderando lo disamore che tu dei tenere a questa uecchia, chel suo nome hai uergogna menzonare! Gia me ricordo di lei. Te so dire che ella e una buona creatura qual Dio la possa adiutare! Nomme dir piu, che qualche cosa me uorra domandare. Dilli che uengha suso.

LU(CRETIA). Uien qua su sotia. [6]

CEL(ESTINA). Madonna mia buona, la gratia de Dio stia tecco e con la nobile figliola. Mie passioni e infirmita me hanno impedita a uisitare tua casa como era honesto; ma Dio cognosce la purita del mio core e mio uero amore; che la distantia dele habitationi non tolle lo amore deli animi. De modo che, quelo che molto o disyato necessita me lha facto mettere ad effecto. Con tutte laltre mie fatiche aduerse me son uenuti mancho li danari; non ho saputo prender meglior remedio che uendere un poco de filato che per far certi ueli hauea seruato. Seppi da tua serua che haueui bisogno de esso. E anchora che sia pouera, ma non gia dela gratia de Dio, eccolo qui a tuo commando, se de lui e de mi te uorrai seruire.

ALI(SA). Uicina mia cara, tue parole e cortesia me fan commouere a compassione, e di tal sorte, che piu presto harei uolsuto trouarme in tempo per posser remediare tua pouerta che manchare tua tela. De tua offerta te rengratio assai, e se lo filo e tal che sia il mio bisogno, te sara ben pagato.

---

[5] M,V,15,35: om.

[6] su sotia > 15: suso, zia; 35: su, cea

QUARTO ACTO

Cel(estina). Tale, madonna? Tale sia sia[7] mia uita e mia uecchiezza, e de chi parte uorra de mio iuramento. Sottille como pel de testa, equale, forte como corde deleuto, bianco como un fiocco di neue, filato per queste deta, naspato et acconcio. Eccotel qui, in matasse. Cosi possio godere de questanima peccatrice, como tre monete me dauano hieri per loncia.

Ali(sa). Figlia Melibea, restesi questa donna da ben teco, che gia me par che sia hora de andare auisitare mia sorella, la moglie di Cremes, che da hieri non lho uista. E suo fameglio uiene a chiamarme, che da un hora in qua lihe rinforzato el male.

Cel(estina). De qui ua adesso el diauolo apparecchiando oportunita al facto mio, re inforzando el male a quellaltra. Su, su, bon amico, tien forte! Che adesso e mio tempo. Ola a chi dico io, fa che mhabbii intesa!

Ali(sa). Che hai tu dicto, amica?

Cel(estina). Dico, madonna, che maledecto sia el diauolo e mia fortuna, per che in simil tempo e rinsforzato lo male a tua sorella, che non ce sara tempo per expedire il facto mio. Ma che mal po essere il suo?

Ali(sa). Mal di ponta, e tale che, secondo che io seppe dal famiglio che lei restaua, temo che sia mortale. Prega tu, uicina mia, per sua salute a Dio in toe orationi.

Cel(estina). Io timprometo che, come de qui esco, de andare per li monasterii, doue io ho frati assai deuoti, e daro loro la medesima commissione che mhai data. E ultra questo, prima che io mangi, scorrero quattro uolte miei pater nostri.

Ali(sa). Melibea, contenta la uicina in tutto quello che ragion sara pagarli per lo filato. E tu, madre, perdoname, che unaltro giorno uerra nel quale piu adagio ce porremo uisitare.

Cel(estina). Madonna, lo perdono auanzarebbe doue lo errore manchasse. Da Dio possi essere perdonata, che bona compagnia mi resta. Dio la lasse goder sua nobile giouentu, che e tempo con che piu piacere e maggior dilecto si prende. Che per mia fe, la uecchieza non e altro che hostaria de infirmita, allogiamento de pensieri, amica de questioni, affanno continuo, piaga incurabile, dolor dele cose passate, pena dele cose presenti, pensieri tristi dele

---

[7] V,15,35: om.

cose future, uicina de la morte, uinchiastro de uinchio che con poca soma se piega.

MEL(IBEA). Madre, per che di tu tanto mal di quelo che tuttol mondo con tanta efficacia gode e ueder desya?

CEL(ESTINA). Desiano assai mal per loro, desyano assai fatiga, desiano arriuar la per che arriuando uiuono, e lo uiuere e dolce e uiuendo deuentano uecchi. De sorte chel mammolo desya esser giouene, e lo giouene uecchio, et lo uecchio molto piu, ancora che sia con fatiga. Ogni cosa se patisse per uiuere. Chi te porria contar, madonna, li inconuenienti e danni dela uecchiezza: loro fatiche, loro infirmita, loro pensieri, loro fredo et caldo, loro scontentezza, loro graueza; quello arriuare de uiso, quella mutatione de capelli e de loro primo e fresco colore, loro poco udire e debilitato uedere, quello rintrare delli occhi intesta, quella profundita della bocca, quel cascar de denti, quel mancamento de forza, el fiacco caminare, quel stentato mangiare? Oime, oime, madonua [8] mia! Che se quello che ho dicto uiene accompagnato de pouerta, orli uederai tacere tutte laltre fatiche, quando auanza la uoglia e manca la prouisione. Che mai ho sentito peggior habito che de fame!

MEL(IBEA). Ben cognosco che parli dela fiera sccundo [9] te ua inessa. Tu uoi inferire che unaltra cantione cantarano li poueri.

CEL(ESTINA). Madonna e figlia, inogni luogo son tre miglia de trista uia. Ali ricchi fugge la gloria e quiete, e sempre uiuono in suspecto. Colui e riccho che sta ben co la gratia de Dio. Piu securta e esser spregiato che temuto. Piu reposato dorme el pouero che non fa colui che guarda con sollicitudine quello che con fatica guadagno e con dolor de lassare. Lo amico del pouero non sera dissimulato, e quello de lo riccho si. Io pouera, sonno amata per mia persona, e lo riccho per sua roba. Mai non odeno uerita, ogni homo parla loro con lusenghe, ogni homo ua col loro a bene placito, ognihomo li porta inuidia. Per miraculo trouarai un riccho che non confesse che seria meglio essere in mediocre stato o uero impouerta honesta. Per che le ricchezze non fanno lhomo riccho, ma occupato; non fan signore, ma maestro di casa. Piu sonno li posseduti dale ricchezze che quelli che le possedeno. La ricchezza a

---

[8] M,V,15,35: madonna (M,15: -n-)
[9] M,V,15,35: secundo (V: -n-)

molti fu causa dela morte, a tutti robba el piacere *et* bon costumi; nisuna cosa e piu contraria. Non ha tu odito dire che dormendo gli huomini se sognorno le ricchezze e nisuna cosa se trouorno in mano? Ogni riccho ha una dozzena de figli *et* nepoti che non fanno altra oratione o petitione a Dio saluo che se mora. Non uedeno lhora dhauerlo sottoterra [10] per hauer la robba in mano, *et* darli con poca spesa sempiterna habitatione.

Mel(ibea). Madre, gran penna hauerai per la eta che hai perduta. Uorresti tornare ala prima?

Cel(estina). Gran pazzia seria, figlia, al caminante che, affannato della fatiga del giorno, uolesse tornare dal principio la giornata per douer uenire unaltra uolta in quel medesmo luogo. Per che tutte quelle cose cui possessione non e grata, meglio e possederle che aspectarle. *Per* che piu apresso e loro fine qua*n*to piu auante se trouano dal principio. No*n* e cosa piu dolze e piu gratiosa a colui che se troua stracco per longo camino che lhostaria. De sorte che, anchora che la giouentu sia cosa molto alegra, colui che e uero uecchio non la desidera. Per che quello a chi mancha lo ceruello e la ragione, quasi altra cosa non ama saluo cio che ha perduto.

Mel(ibea). Se per altro non fusse saluo per uiuere, e meglio desiare cio che io dico.

Cel(estina). Cosi presto more lo agnello como lo castrato. Nisuno e si uecchio che non possa uiuere unanno, ne cosi giouene che hogi non possa morire. De modo che in questo poco auantaggio ne tenete.

Mel(ibea). Spauentata me hai con tue uere ragioni. Inditio me danno tue parole che thabbia uista altre uolte. Dimme, madre, sei tu Celestina, quella che solea habitare in questa contrada appresso il fiume?

Cel(estina). Io son dessa fin che Dio uorra.

Mel(ibea). In uecchiata sei. Ben dicono che li giorni non caminano indarno. Cosi Dio maiuti, chio non te recognoscea, saluo per questo segnuzo che tu hai nel uiso. Allhora eri bella. Unaltra me [11] me hasomigli adesso; molto te sei mutata.

---

[10] M: sottoterrato; V,15: sotterra; 35: soterra
[11] M,15: om.; V,35: tu

Lu(cretia). Hi, hi, hi! Mutata sei l diauolo con quel suo Dio ui salue che li trauersa el naso.

Mel(ibea). Che parli, pazza? Che cosa e quella che hai dicta? De che ridi?

Lu(cretia). Io me rido de come non cognosceui la matre Celestina.

Cel(estina). Madonna,[12] tien tu el tempo che non camine, terro io mia forma che non se mute. Non hai tu lecto doue dicono: "Uerra[13] el di che non te recognoscerai alospechio?" Et anchora, per mia desgratia, ho messi li canuti piu per tempo che non douea e mostro doppia eta. Che cosi possio goder de questanima peccatrice e tu de quel corpo gratioso, che de quattro figluole che e bbe mia madre, io son la piu giouane. Guarda como io non so si uecchia come altri me iudica![14]

Mel(ibea). Celestina amica, io ho presa grandissima alegrezza de hauerte ueduta e cognosciuta. E anchora me hai dato[15] piacere con tue[16] parole. Piglia i tuoi danari e ua con Dio, ch e me pare che anchora[17] non hai mangiato.

Cel(estina). O angelica figura! O gemma preciosa, e come lhai dicto con gratia! Gran piacer prendo a uederte parlare. E non sai tu che per la diuina bocca fu dicto, contra quel infernal tentatore, che non de solo pane uiue lhomo. Poi che cosi e, che non el solo mangiaremantenga. Maggiormente me, che qualche uolta sto uno e doi giorni digiuna, sollicitando facende daltri. E per che cosa credi che sia la uirtu in questo monsto[18] saluo per faticarse lhuomo per li boni e morir per loro? Questa fu sempre mia conditione, uoler piu presto faticarmi seruendo ad altri che star in riposo contenrandome.[19] Ma se tu me dai licentia te diro la necessitata causa de mia uenuta, che e altro che quel che fino adesso hai odito, et tale che tutti perderiamo se io me tornasse indrieto senza che tul sapessi.

---

[12] 35: Madonna mia cara
[13] 35: uerra anchora
[14] 35: iudicano
[15] 35: dato grande
[16] V: tue lusenge e; 35: tue lusinghe e
[17] M,V,15,35: anchora
[18] M,V,15,35: mondo
[19] M,15: contentando me; V: contentandome; 35: contentandome

Mel(ibea). Di, madre mia, tutti toi bisogni, che se io li porro remediare, lo faro de bonissima uoglia, per la passata recognoscenza e uicinanza, che da obligatione ali buoni.

Cel(estina). Mei bisogni, madonna? Anzi daltri, come te ho dicto; che li mei in mia casa melli passo, che la terra non li sente, mangiando quando io posso et beuendo quando io lho. Che con tutta mia pouerta, per la gratia de Dio, mai me e manchato un quatrino per pane ne sei per uino, da poi che io restai uidua; che prima non haua io pensier de cercarlo, che in casa me auanzaua una botte; quando la una era uota, laltra era piena. Gia mai me andai adormire che prima non magiasse una rostita di pane et a ogni boccone me beuea un picchier [20] de uino; questo faceua io per rispecto della matre. Ma adesso, como ogni cosa, per mei peccati, e macata; [21] in un fiascuzzo mel portano, che non cape tre boccali. Sei uolte el giorno me bisogna uscir de casa con mei canuti adosso a farlo impire alla tauerna. Ma Dio non me dia la morte fin che non habbia una botte piena in mia cantina. Che per mia fe io non cognosco la miglior cosa; che come dicono, pane e uino fanno andar a camino, che non huomo indouino. De modo che doue non ce homo, ogni ben ce mancha: con male sta el fuso quando la barba non anda de suso. Questo o dicto, madonna, per quello che tu dicesti dele altrui necessita, e non mie.

Mel(ibea). Domanda cio che tu uorrai, et sia per chi se uoglia.

Cel(estina). Donzella gratiosa e di nobile sangue! Tuo suane [22] parlare et alegro uiso insieme conlli apparecchi de liberalita che mostri con questa pouera uecchia mi danno ardire adirte la causa de mia uenuta. Io lasso un imfermo ala morte, che con solo una parola che esca de tua nobile bocca e che io la porti messa in mio pecto, a ferma fede chel sanara.

Mel(ibea). Honorata uecchia, io non te intendo se piu [23] non mi dechiari tua domanda. Per una parte me dai alteratione e me prouochi a fastidio; per laltra me commoui a compassione. Non te saprei rendere conueniente resposta per che io non o compresa tua domanda. Io receuero questo a grandissima uentura se mie

---

[20] M,V,15,35: bicchier
[21] V,15,35: mancata (V,15: -n-)
[22] V,35: suaue
[23] 35: prima

parole possono dare salute a qualche christiano. Per che afar beneficii e assimiliarse aDio, e anchora che colui che fa beneficio lo receue, quando lo fa a persona chel merita. E colui che po sanare chi patisce, non uolendol fare, e causa de sua morte. Per tanto non cessare tua petitione per impaccio ne timore.

CEL(ESTINA). Io ho perso iltimore guardando tua belta. Che non posso credere che indarno fesse Dio un uiso piu perfecto dunaltro, e piu dotato de gratie e belta, saluo per farlo camera de uirtu, de misericordia e compassione, ministro de sua liberalita e gratia, como ha facto a te. Ma como tutti semo humani nati per morire, e sia certo che non se po dire nato colui che per se solo nacque. Per che seria simile ali bruti animali, ne li quali anchora e alchuna pieta, como se dice delo unicornio, el quale se humilia a ogni uergine donzella. E lo cane, con tutto suo impeto e brauezza, quando uiene a mordere, se il gitano interra, non fa male, e questo depieta. E dele uolatilie? Nisuna cosa mangia el gallo che non chiame e faccia participe legalline,[24] per qual cagione noi huomini douemo esser piu crudeli? Per che non faremo parte de nostre gratie e persone ali proximi, maggiormente quando sono in uolti in secrete malatie, e tali che doue sta la medicina e usita la causa dela infirmita?

MEL(IBEA). Per Dio te prego che tu me dichi chi e questo infermo che cosi graue malatia si sente, che sua infermita e remedio escono dun medesimo fonte.

CEL(ESTINA). Ben te ricordarai, madonna, et hauerai notitia in questa cita de un caualieri giouane depredaro[25] sangue chiamato Calisto. El pelicano rompe suo pecto per dar alli figli le proprie interiora per cibo. E le cicogne mantegono[26] el patre e la matre uecchi nel nido tanto tempo quanto essi receuettero cibo da loro essendo picolini. Poi che tal cognoscimento dettela natura alli animali e ucelli, che deue fare aglhomini?

MEL(IBEA). Non piu, non piu, bona uecchia. Non passar piu auanti. Questo e lo infermo per chi tu hai facte tante premisse in tua domanda, per chi sei uenuta a cercar la morte, per chi hai

---

[24] Here 15 inserts "pelicano ... che deue fare aglihomini," with variants as noted.
[25] M: depreclaro; V,15,35: de preclaro
[26] V: mantengono; 15: mantengono; 35: mantengono

dati si danneuoli passi? O suergognata barbuta! Che mal po sentire questo huomo perduto che con tanta passione sei uenuta? Credo che sia de pazzia sua ifirmita. [27] Che te pare? Se me hauesse trouata senza suspecto de quel matto, guarda con che parolette mintraua! Non se dice indarno che lo piu nociuo membro de lhumo [28] e la lingua. Abrusciata posi tu essere, roffiana falsa, factocchiara, nemica dhonesta, causatrice di secreti errori! Iesu, Iesu! Lucretia, leuamela dauanti, che mi moro; goccia de sangue non ma lassata in corpo! Ben sel merita questo e peggio chi a queste simili da orecchie. Per certo, che se io non guardasse alhonor mio, io te harei facto, ribalda, che tue parole e uita hauesseno hauuto fine in un tempo.

CEL(ESTINA). In malhora e in malpunto son qui uenuta, sela sconiuratione me uien manco. O la! Che fai? Che specti? Ben so io a chi dico, ma tu non me uoi intendere. Su, buon amico, non tardar piu, che ogni cosa ua in perditioni.

MEL(IBEA). Ancora parli tra denti in mia presentia per agumentar mio coruccio e reddopiar tua pena? Uorresti dannare mia honesta per dar uita a unpazo, et lassare me dolorosa per far lui alegro, e portarti tu lutile de mia perditione e remuratione [29] de mio errore? Uorresti perdere et dissipare la casa de mio patre per refare una uecchia falsa come tu? Pensi che non habbia cognosciuti toi falsi passi e compresa tua danneuole imbaseita? [30] Ma io te assicuro chel guadagno che tu caccerai de qui non sara, saluo euitare che tu non offendi piu Dio, dando fine a tuoi giorni. Respondi, ribalda falsa, dimme manegolda, como te basto lanimo parlarme ne mai?

CEL(ESTINA). Il tuo timore, madonna, tene occupata mia disculpa. Mia innocentia mi da ardire, tua presentia me turba uedendote cosi adirata. E quel che piu mincresce e duole e che tu receui fastidio senza alcuna ragione. Per Dio ti prego, madonna, che lassi concludere mia petitione, che essa non restera culpato ne io condemnata. E uederai como piu presto e seruirio [31] deDio che passi

---

[27] M: infirma; V,15,35: infirmita (15: -n-)
[28] 15: lhòmo; V,35: lhuomo (35: -m-)
[29] M: remuneratione; V,35: remuneratione; 15: remuneratone
[30] M,V,15,35: imbasciata (V: -m-)
[31] M,V,15,35: seruitio

deshonesti; e piu per dar salute a limfermo che per maculare la fama al medico. Se io hauesse pensato che cosi legiermente doueui coniecturare del passato nocibile suspitione, non saria bastata tua licentia adarme ardire de parlare in cosa che a Calisto ne ad altrhomo toccasse.

MEL(IBEA). Iesu! Non oda piu mentouare questo pazzo, salta fossati, fantasma di nocte, lungo como una grua, figura di panno de razza mal facta; che cadero qui morta. Questo e quello che laltro giorno me uide e cominzio a ferniticare meco in parole, facendo molto del galante con sua zazera pectinata e poca uergogna. Diraili, bona uecchia, che se se penso che gia io era tutta al suo comando e che gia restaua uinto el campo per lui, per che io me presi piacer piu presto de consentire sua ignorantia che de castigare suo errore, piu presto uolse lassarlo per pazzo che publicare suo ardire. Dunque auisalo che se leui de questa impresa e serali sano; et se nol fara, potrebbe essere che non habbia comperato piu caro palare [32] in sua uita. E sappi che non e uinto saluo colui che sel pensa el serlo, [33] e io restai ben secura et ello molto althiero. Sempre e deli pazzi stimare tutti quelli che son deloro qualita. E tu tornate con sua medesima imbasciata, chaltra risposta da me non hauerai, ne mancho laspectare. Che superflua cosa e spectar misericordia a colui che hauer non la po. E rengratia Di poi che cosi libera uai de questa fiera. Ben me haueano dicto chi tu eri, et aduisatame de tue proprieta, anchora che adesso non te recognoscea.

CEL(ESTINA). Piu forte staua Troia, et altre piu braue di te o facte manze! Nisuna tempesta dura troppo.

MEL(IBEA). Che cosa di tu, nemica? Parla chio te possa intendere. Hai tu disculpa alchuna per satisfare al mio corrucio e far scusa de tuo errore et ardire?

CEL(ESTINA). Mentre piu durara tua ira, piu condemnara mia scusa, per che stai rigorosa. Ma non mi meraueglio, che al sangue nouo poco caldo bisogna per farlo bullire.

MEL(IBEA). Poco? Poco lo poi ben dire poi che rastasti uiua et io con affanno de tua grande presumptione. Che parola posseui

---

[32] V,15,35: parlare
[33] V,35: farlo; M,15: el serlo > essere

uolere per questo tal huomo che a me ben mi stesse? Responde, poi che di che non hai concluso, e forsi pagarai lo passato.

C̲el(estina). Una oratione che glie stato dicto che tu sai de sancta Appollonia che e appropriata al dolor de denti. Et anchora el cordon che porti cento, che e fama che ha tocchi tutte le reliquie de Roma e Hierusalem. Quel caualieri chio to dicto pena e more de dolore de denti. Questa e estata la causa de mia uenuta; ma poi che in mia dolorosa sorte staua tua trista e adirata resposta, patiscase suo dolore in pagamento dhauer cercata cosi suenturata imbassatrice. Che poi che in tua molta uirtu me e manchata la pieta, anchora me seria manchata laqqua se per essa me hauesse mandata al mare. Ma ben sai tu, madonna, chel dilecto de la uendecta passa in un momento et quello dela misericordia dura sempre.

M̲el(ibea). Se questo uoleui, per che non me lo diceui subito? Per che me laitu dicto per simile parole?

C̲el(estina). Madonna, per che mio necto motiuo me fece credere che, ancora che in qual si uoglia altre lo hauesse preposto, non se doua prendere catiua suspitione. Che se mancai del debito preambulo, fu per che ala pura uerita, non e necessario habundare de uarii colori. La compassione de suo dolore e fiducia de tua magnificentia al principio serorno in mia bocca la expressione di la causa. E poi che tu, madonna mia, cognosci chel dolor turba, e la turbation liga et altera la lingua, la qual sempre doueria essere ligata colceruello, per la mor de Dio ti prego che non me doni culpa. E se colui erro fa, che non uenga in mio danno, poi chio non ho facto altro errore saluo esser ambassatrice del culpato. Non consentire che si rompa la fune per lo piu sottile. Non te assomigliare al ragno, che non mostra sue forze saluo contra li debili animali. Non uolere che pagheno iusti per peccatori. Imita la diuina iustitia, che dice: lanima che peccara, quella medesima morira; como fanno li humani, che mai condannano el patre per lo error del figlio, ne lo figlio per lo delicto del padre. Ne manco e ragione, madonna, che sua presumptione sia causa de mia perditione; ancora che secundo suo merito, non mi curarei che lui fosse el delinquente et io la condennata. Che non e altro mio costume saluo seruire a li simili par soi. Di questo uiuo, di questo mi contento. Mai fu mia uolunta dar fastidio a uno per far piacer a unaltro, ancora che in mia absentia thabiano dicto male dime.

I [34] fine, madonna, ala ferma uerita la lingua delo uulgo mal parlante non li po far danno. Apochi fo dispiacere in questa cita. Ad ognihuomo attendo cio che prometto, maggiormente a quelli che qualche cosa me danno, como se io hauesse uinti piedi et altre tante mano.

Mel(ibea). Non mi fo meraueglia, per che un sol maestro de uitii e bastante per corrumpere ogni gran popul. Per certo che tante e tale laude merano dicte de toi modi chio non so se mi creda che domandaui orarione. [35]

Cel(estina). Mai la possa io dire, e sela dico non me sia udita, se mai dime altra cosa se porra sapere, ancora che mi desseno mille tormenti.

Mel(ibea). La passata alteratione a rider me impedisce de tua innocentia. Che ben so io che sacramento ne tormento mai te farano confessare el uero, per che dirlo non e i [36] tua liberta.

Cel(estina). Per che sei mia madonna, te debbio riguardare; io te ho a seruire, e tu me ha commadare. [37] Tue aspre parole me saranno uigilia de una camorra.

Mel(ibea). Per mia fe, che tu te lhai ben guadagnata.

Cel(estina). Se non la ho guadagnata con la lingua, non la ho persa colla intentione.

Mel(ibea). Tanto affirmi tua ignorantia che me farai credere quel che po essere. Uoglio, dunque, lassare in tua dubiosa scusa la sententia sule bilancie, ne mancho uoglio disponere de tua petitione a sapor de legiera interpretatione. E non te pargagran cosa ne te merauigliare de mia passata alteratione, per che in tue parole me concursero doi cose, che qual se uoglia desse era sufficiente per farme uscire de mio uero iuditio: la prima, nominarme questo tuo caualieri che meco li basto lanimo parlare; la seconda, domandarme parola senza saper piu causa, che non se potea suspicare saluo danno per mio honore. Ma poi che ogni cosa uien de bona parte, del passato ti domando perdono. Che alcun poco e allegerito mio core, uedendo che la e opera pia e sancta sanare linfermi appassionati.

---

[34] M,V,15,35: In (M: -n-)
[35] M,V,15,35: oratione (V: -n-)
[36] M,V,15,35: in (M,35: -n-)
[37] M,V,15,35: commandare (15: -n-)

CEL(ESTINA). E tale infermo, madonna mia! Io te giuro per Dio che, se tu lo cognoscessi bene, non lo iudicaresti per quello che tu hai dicto e monstrato con tua ira. Per Dio e per questa anima, che non ha fele in corpo; ha do milia gratia; e in liberalita un Alexandro; in forza, un Hectore; ello ha aspecto de un re; magnanimo, gratioso, alegro, in lui non regna mai tristeza. E de nobile sangue, como tu sai. E grandissimo iustratore; uederlo armato accauallo, pare un san Giorgio. Forza *et* animo, *non* hebbe tanta Hercule. De sua presentia e factioni non te dico. Disposto, ardito, altra lingua che la mia bisognoria per contarlo. Messo ogni cosa insieme, pare unangelo de paradiso. Ueramente credo che non era si bello quelo Narciso, qual sinnamoro de sua propria figura quando se uide ne laqua del fonte. Adesso, madonna, la rouinato un sol dente, che mai resta nocte e di de lamentarse.

MEL(IBEA). Quanto tempo fa che ello patisce questo dolore?

CEL(ESTINA). Porra essere de uinti cinque anni, che qui sta Celestina che lo uide nascere.

MEL(IBEA). Ne te domando questo, ne manco uoglio saper sua eta, saluo che quanto tempo fa che esso ha male.

CEL(ESTINA). Hoggi fanno octo giorni. Che par che sia unanno in sua magrezza. E lo meglior remedio chello ha e de prendere un leuuto e sona tante e si piatose canzoni che non credo che fossero tali quelle che composelo imperator e gran musico Adriano dela partita de lanima, per posser soffrire senza timore la gia uicina morte. Che anchora chio non sappia musica, me par che uoglia far parlare lo leuuto. E se a caso canta, de meglior uoglia se fermano li occelli per ascoltarlo che non faceano a quel antiquo del qual se dice che mouea li arbori e pietre quando ello cantaua. Essendo costui uiuo, non seriano date le laude ad Orpheo. Guarda, madonna, se una pouera uecchia como io se me debbio chiamare ben auenturata adar la uita a chi tante gratie possede. Nisuna donna el uede che non lode Dio che cusi bello il di pinse. E se a caso parlano con lui, non e piu in loro liberta saluo quel che ello comanda. E poi che io ho tanta ragione, iudica, madonna, per bono mio proposito, e mei passi esser salutiferi e non de suspitione.

MEL(IBEA). O como me in cresce che, col mancamento de mia patientia, essendo esso in culpato e tu innocente, hauete patito le alterationi de mia irata lingua. Ma la gran ragione che io hauea me rileua de culpa chel tuo suspectoso parlareme causo.

Et in remuneratione de tua patientia, uoglio supplire a tua petitione et darte subito mio cordone. E per che adesso non e tempo per scriuere la oratione se prima non uien mia madre, se lo cordon non bastasse, uien doman per essa, e fa che uenghi secreta.

Lu(cretia). Non piu, non piu, perduta e mia patrona! Secreta uol che uenga Celestina? Ftaude [38] cel Piu li uorra dar che non dice!

Mel(ibea). Che di tu, Lucretia?

Lu(cretia). Dico, madonna, che basta cio che tu hai dicto per che hormai e tarde.

Mel(ibea). Madre, non dir niente a quel caualieri de cio che habbiamo parlato per che non mi tenga per crudele, subbita et disshonesta.

Lu(cretia). Ben so cio che me dico, che con mal ua questa trama.

Cel(estina). Gran meraueglia me fo, madonna Melibea, del dubbio che tu hai de mio secreto. Non dubitare, che ogni cosa so soffrire e recoprire. Che ben cognosco io chel gran sospecto che de noi haueui te fece prender mie parole a la piu trista parte. Io uo con tuo cordon si alegra che me figura che gia a lui li dice el core la gratia che ce hai facta, eche lo debbio trouare migliorato.

Mel(ibea). Piu faro per tu [39] infermo se bisognera, in remuneratione de tuo suffrimento.

Cel(estina). Piu farrai, e piu bisognera, e non te daremo gratie.

Mel(ibea). Che cosa hai tu dicta de gratie?

Cel(estina). Dico, madonna, che tutti doi te rengratiamo e seruiremo, e tutti doi te restamo obligati, e chel pagamento e piu certo quanto lhuomo e piu obligato a la satisfatione.

Lu(cretia). Riuoltame alcontrario queste parole.

Cel(estina). Figlia Lucretia, uien qua. Uerrai domane a mia casa che te daro un poco de lixiua con che farai deuentar quelli

---

[38] M,V,15,35: fraude
[39] V,15,35: tuo

capelli biondi come oro. E non lo dire a tua madonna. E ancor te daro certa poluere per leuarte quel malo odore dela bocca, che te puzza un poco, che non ce cosa che peggio parga nele donne; e sappi che in tutto questo regno non ce persona che lo sappia fare se non io.

Lu(cretia). Dio te dia bona uecchiezza, che piu necessita hauea di questo che delmangiare.

Cel(estina). Dunque per che murmuri contra me, pazzella? Tace, che ancora non sai se hauerai bisogno di me in cose de maggior importantia. Non prouocar ad ira tua patrona piu chella se sia stata, e lassame gire in pace.

Mel(ibea). Che cosa li hai dicto, matre?

Cel(estina). Tra noi ce intendemo.

Mel(ibea). Dimmelo per Dio, che me prendo malenconia quando in mia presentia se parla cosa de che io non sia participe.

Cel(estina). Disse che te recordassi la oratione per che la fessi scriuere, e che imparasse da me a prender patientia nel tempo de tua ira, ne la quale io usai quello che se dice, che da lhomo adirato se uole scansarsi per poco, e da lo inimico per sempre. Ma tu, madonna mia, haueui ira colla suspitione de mie parole, ma non haueui nemista. Et ancora che fosseno state quelle che tu pensaui, non erano in se cattiue; che ogni di ce son homini apassionati per donne e donne per homini, e questa e opera de natura, e la natura Dio la ordino; e Dio non fece cosa cattiua. E cosi restaua mia petitione, como fusse, in se laudeuole, poi che de tal tronco procede, et io libera di pena. E piu efficaci ragioni te direi di queste saluo che la prolixita e fastidiosa a quelli che odeno e danneuole a colui che la dice.

Mel(ibea). In ogni cosa hai hauuta grandissima mesura, cosi nel poco parlar nel tempo de mia ira como nel gran soffrimento.

Cel(estina). Madonna, io te soffersi con timore per che te adirasti con ragione. Che possendo habbitar con la ira non e saluo una [40] fulgure. Et per questo sofferse io tuo rigoroso parlare finche sue forze se fosseno humiliate.

Mel(ibea). Grande obligatione tha quel caualieri.

---

[40] 35: uno

CEL(ESTINA). Piu merita. E se cosa alcuna con miei preghi se e hauuta, se guasta con mia tardanza. E si licentia me dai, uoglio andar da lui.

MEL(IBEA). Se piu presto lhauessi domandata, piu presto e de miglior uoglia te lharei data. E ua con Dio, che tua imbasciata non mha portato utile, ne de tua andata me porra uenir danno.

ARGUMENTO DEL QUINTO ACTO

Presa licentia Celestina da Melibea, ua nifra[1] se parlando p*er*la strada. *Et* arriuata a sua casa trouo Sempronio che laspectaua. Uanno parlando tutti dui insieme finche arriuorno a casa de Calisto, e, ueduti per Parmeno, lo dice[2] suo patrone, el qual li co*m*misse che li aprisse la porta.

Celestina, Sempronio, Calisto, Parmeno

(CELESTINA). O rigorosi modi de donzella braua! O sauio ardire de uecchia! O grandissima patientia e suffrimento! E come sono stata proxima ala morte se mia molta astutia non hauesse recto col tempo le uele dela petitione! O crude minacce de femina! O gran diauolo el quale coniurai, come me hai atteso cio che ti dimandai! In grandissima obligatione ti sono. Che cosi hai amanzata la inpia donna col tuo potere, e desti oportu*n*o luogo al mio parlare colla absentia de sua madre. Alegrate, uecchia Celestina! Sappi che la mitta e facto quando ha*n*no bon principio le cose. O serpentino oglio! O bianco filato! Como ue site apparecchiati in mio fauore! O! Io harei guasti tutti imiei incantamenti facti e da fare, ne harei creso in herbe ne in pietre, ne manco in parole. Dunque allegrati, uecchia, che piu guadagnarai di questa lite che de quindici uirginita che hauessi rinouate. O maledecte falde, prolisse e longhe, come me impedite ad arriuare doue ha a riposar mia imbasciata! O bona fortuna, e come aiuti li audaci *et* ali timidi sei co*n*traria! Che mai fuggen*d*o fugge lamorte al paurosa.[3]

---

[1] M,V,15,35: infra
[2] V,15,35: dice a
[3] V,15,35: pauroso

O quante hariano errato in quel che adesso ho affrontato! Che modo hariano tenuto queste noue maestre delarte mia, saluo respondere alchuna parola a Melibea, con la quale se seriano perse quanto io con bon tacere ho guadagnato? Per questo se dice che quella che le sa le sona, *et* che e piu certo maestro lo experimentato che non e lo literato; p*er* che la uera experientia e maestra dele cose; *et* la uecchia come io, che alze sue falde al passar del guado, como uera maestra. O cordon, cordon! Io te faro portar perforza, se uiuo, colei che non uolse darme sua bona parola de uolunta!

Sem(pronio). O io non uedo bene, o colei e Celestina. Diauolo aiutala, e che menar de coda che porta! Parlando uiene tra denti.

Cel(estina). De che te fai il segno della croce, Sempronio? Credo che a uederme.

Sem(pronio). Io tel diro. La rrarita dele cose e matre dela admiratione; ladmiratione concepta neli occhi per loro descende ne lanimo; lanimo e sforzato scoprirlo per questi exteriori segni. Chi te uide mai per la strada colla testa bassa, posti li occhi in terra, e non guardare a ueruno, como adesso fai? Chi te uide mai per la uia parlar tra denti e uenire imprescia, como chi ua ad impetrar beneficii? Uedi che questa nouita e per far merauigliare chi te cognosce. Ma lassata ogni cosa da parte, dimme per Dio, che noue porti? E se hauemo figlio o figlia. Che da poi che lhorelogio ha date le dodici hore te ho aspectata qui, e non ho sentito miglior segno che tua tardanza.

Cel(estina). Figlio, questa regula de ignoranti non e sempre certa, ehe [4] piu unaltra hora me possea tardare e lassarui il naso, *et* altre doe piu, e lassarui el naso e la lingua; de modo che, mentre piu hauesse tardato, piu caro me seria costato.

Sem(pronio). Per amor mio, madre, non passar de qui senza prima contarmelo.

Cel(estina). Sempronio amico, ne io me potrei fermare, ne mancho il luogo e conueniente. Uien tu meco deinanzi a Calisto, *et* udirai miracoli: che qui sarebbe sfiorire mia imbasciata communicandola con molti. Che de mia bocca uoglio che sappia quello che io ho facto, che anchora che tu habbii ad hauere alchuna particella del guadagno, uoglio io hauere tutte le gratie dela fatica.

---

[4] M,V,15,35: che

SEM(PRONIO). Particella, Celestina? Male me pare cio che tu di.

CEL(ESTINA). Tace, pazarello, che parte o particella, tutto cio che uorrai te daro. Tutto lo mio e tuo. Godiamo insieme e guadagniamo insieme, che al partire mai faremo costione. E anchora tu sai quanto hanno piu necessita li uecchi che li gioueni, maggiormente tu, che uai a tauola apparecchiata.

SEM(PRONIO). Altre cose ho bisogno ultra el mangiare.

CEL(ESTINA). De che cosa hai bisogno, figliol mio? De una donzena de stringhe, o una bindella per la barretta, o unarcho per andar de casa in casa tirando ali passeri et adocchiando passere ale finestre. Femine dico, babione, de quelle che non sanno uolare; ben so che me intendi. Che non ce al mondo lo meglior tabacchino per loro che unarcho, con la scusa del quale per ogni cosa [5] se po intrare. Ma guai, Sempronio, de colei a cui bisogna mantener honore e cominza ad in uecchiarse como io.

SEM(PRONIO). Olosonghiera uecchia, ouecchia piena di male! O cupida et auara gola! Cosi uol ingannar me como mio patrone, solo per farse richa. Poi che cosi maluagia e, non li uoglio a locare el guadagnio! Che chi brutamente sale in alto, piu presto cade che non sale. O come e dura cosa de cognoscere lhuomo! Ben se dice el uero che nisuna mercantia ne animale e si difficile a cognoscere como lui. Mala uecchia, falsa, e questa. El diauolo me fece impacciare con lei! Piu securo me seria stato fugire questa uenenosa uipera che hauerla presa. Mio fu il difecto. Ma guadagne assai, che per bene o male non negara la promessa.

CEL(ESTINA). Che cosa di tu, Sempronio? Con chi uieni tu parlando? Tu me ueni rodendo le falde borbotando infra denti. Per qual cagione non camini?

SEM(PRONIO). Quello che io dico, madre Celestina, e che non me meraueglio che tu sia mutabile, e che segui le uestigie dele piu. Tu me haueui dicto che prima differiresti questa trama; e adesso uai senza ceruello per dire quanto hai facto a Calisto. Non sai tu che quello e assai stimato che assai tempo se desiato, e che ogni giorno chello penasse era doppio nostro gnadagnio. [6]

---

[5] 15: casa
[6] M,V,15: guadagnio; 35: guadagno

CEL(ESTINA). El sauio muta el preposito, e lo ignoraate [7] perseuera inesso. A noua materia, nouo conseglio se richiede. Ne manco pensai, Sempronio, che cosi me doueua responderé mia bona fortuna. Deli discreti ambasciatori e far quello che lo tempo richiede. De sorte che la qualita de quel che se e facto non po recoprire tempo dissimulato. Maggiormente che io so che tuo patrone (secundo me e stato dicto) e liberale e qualche poco lunatico. Piu donera in un di de bone noue che non fara in cento che uaga penando e che io uaga e uenga straccandomi. Per che li scelerati e subiti piaceri creano alteratione, la molta alteratione impedisce el deliberare. Dunque in che porra fermarse il bene saluo in bene, e quel che e de nobile sangue, saluo nele debite gratie? Tace, babione, e lassa fare ala tua uecchia Celestina.

SEM(PRONIO). Dunque dimme quel che hai facto con quella donzella. Dimme alchuna parola de sua bocca; chio te giuro per Dio che cosi peno per saperlo como el mio proprio patrone penerebbe.

CEL(ESTINA). Tace, matto! Alteratesi la complexione. Io el uedo inte, che uorresti stare piu presto al sapore che alo odore di questa materia. Andiamo rrato, che Calisto sara impaccito per mia molta tardanza.

SEM(PRONIO). E senza essa me pare uscito del senno.

PAR(MENO). Signore, signore!

CAL(ISTO). Che uoi, matto?

PAR(MENO). Sempronio e Celestina uedo uenire uerso casa, fermandose per la strada de hora in hora, e quando se fermano fanno righe in terra con la spada, e non so a che fine.

CAL(ISTO). Ho smemorato, negligente! Uedili uenire, e non uai abasso ad aprir loro? O alto Dio! O superna Deita! E che noue me portano costoro? Che cosi gran tempo sonno tardati che giamai pensai douesseno uenire. Apparecchiatiue, triste orecchie, per odir el fin de mia salute o morte, che imbocca de Celestina e aloggiato al presente el reposo o pena de mio core. O se potessi passar in sono questo poco tempo per fin al principio e fine de sue parole! Adesso credo che e maggior pena al delinquente spectar la cruda e capital sententia, che lacto dela gia saputa morte. O pigro Par-

---

[7] M,V,15,35: ignorante (M,15: -n-)

meno, mano de morto! Apri hormai questa fastidiosa porta, che possa intrare questa honorata madonna, in cui lingua sta mia uita.

CEL(ESTINA). Odi, Sempronio? De unaltro tuono sta adesso tuo patrone. Ben differiscono adesso queste parole a quelle che laltro giorno odissemo da Parmeno gia ello alla prima uenuta. De male in bene me par cht [8] ua. Non ce parola, de quelle che dicc, [9] che non uaglia ala uecchia Celestina piu duna camorra.

SEM(PRONIO). Dunque quando tu entri, fa uista che non uedi Calisto, e di qualche cosa de buono.

CEL(ESTINA). Tace, Sempronio, che ancora che io habbia messa mia uita a pericolo, piu merita Calisto e tuoi priegi, e piu gratie aspecto io dalui.

---

[8] M,V,15,35: che
[9] M,V,15,35: dice

ARGUMENTO DEL SEXTO [1] ACTO

Intrata Celestina in casa de Calisto, con grandissima affectione et desyderio Calisto la domanda de quello-che hauea facto con Melibea. In quel mezo che loro stanno parlando, Parmeno, odendo Celestina fauellare, de sua parte con Sempronio, ad ogni parola li da un motto, reprehendendolo Sempronio. Al fine Celestina ogni cosa [2] discruopre e [3] un cordon de Melibea. Presa licentia Celestina da Calisto, se ne ua ad sua casa in compagnia de Parmeno.

Calisto, Celestina, Parmeno, Sempronio

(CALISTO). Che cosa di tu, madouna [4] et madre mia?

CEL(ESTINA). Ho signor mio Calisto! E qui stai? Ho mio nuouo amante dela bellissima Melibea, e con grandissima ragione! Con che pagarai tu la uecchia Celestina, che hogi ha messa sua uita a pericolo in tuo seruitio? Qual donna se uide mai in si facto punto come me son uista, che apensarlo me mancano e uotano di sangue tutte le uene del mio corpo? Mia uita harei data per minor prezzo che io non darei adesso questo manto raso e uecchio.

PAR(MENO). Tutte dirai il tuo: tra cauli e cauli, hai piantate lactuche. Salita sei un scalon piu suso; piu auanti te aspecto; tu hai dicto del manto, uorrai ancora la camorra, o cosi me fa in tua malhora. Ogni cosa per te et non domandarenulla de che ne possi far parte. Guarda conche modi uol pelar questa uecchia. Tu me caccerai me uero et mio patrone pazzo. Sta atento, Sem-

---

[1] In R the "s" is printed upside down.
[2] 15: om. "ogni cosa"
[3] discruopre e > M,15: discuoprete; 35: discuopre; V: discuopre e
[4] M,V,15,35: madonna (V,15: -n-)

pro,[5] e uederai che non uole domandar danari per che sonno diuisibili.

SEM(PRONIO). Tace, huomo desperato, che se Calisto te ode, te amazzara.

CAL(ISTO). Madre mia dolce, abbreuia tue parole o prendi questa spada e damelamorte.

PAR(MENO). Tremante sta el diauolo como una foglia! Non se po tenere in soi piedi; sua lingua uorria prestar li acio che parlasse piu presto; non sara molto sua uita; corrotto guadagnaremo de questo suo innamoramento.

CAL(ESTINA).[6] Spada, signor mio? Mala spada amazi chi mal ti uol. Che io la uita te uoglio dare, con bona speranza che io ti porto de colei che tanto ami.

CAL(ISTO). Bona speranza, madonna?

CEL(ESTINA). Buona se po dire, poi che restano aperte le porte per mia tornata. Piu presto me receuera me conquesta camorra rotta e stracciata che unaltra eon[7] seta o broccato.

PAR(MENO). Sempronio, cusime questa bocca, chio non la posso soffrire. Prima ha dicto del manto; adesso ce ha messa la camorra.

SEM(PRONIO). Tu tacerai in malhora, o io te cacciaro col diauolo! Che sella cerca modo de hauere sue ueste, fa bene, poi che ha necessita de esse. Che il prete, doue canta, deli ueste.

PAR(MENO). Et ancora ueste como canta. E questa puttana uecchia uorria in undi per tre passi che ha facti mutar el pelo cattiuo, quanto in cinquanta anni non ha possuto guadagnare.

SEM(PRONIO). Tutto questo e quello che lei te amaestro, e la cognoscentia che haueuate insieme, e la obligation che tu li hai per quel tempo che te alleuo.

PAR(MENO). Ben patiro ogni cosa che domandi e peli, ma non tutto perse.

SEM(PRONIO). Non ha altro uitio saluo essere cupida; ma lassala pur pelare a suo modo, che da po la pelaremo noi, o in mal ponto ce cognobbe.

CAL(ISTO). Dimme per Dio, madre mia, che faceua quando tu intrasti? Che uestiti haueua in dosso? A che banda dela casa staua? Che uiso te mostro al principio?

---

[5] V,15,35: Sempronio (V: -m-)
[6] M,15: Celestina; V: Cel.; 35: Ce.
[7] M,V,15,35: con (M,15: -n-)

CEL(ESTINA). Quel uiso che mostrano li brauitori ne lo steccato contra quelli che li tirano acuti dardi; quelo che soleno monstrare li saluaticchi porci contra li sausi che molta fatica li danno.

CAL(ISTO). Questi chiami tu signali de uita? Dunque quali sarrebbono mortali? Non per certo la propria morte; che quella seria allegerir in tal caso mio tormento, qual e maggior e duole piu.

SEM(PRONIO). Questi sonno li fuochi passati del mio patrone? Che po esser questo? Non hauera questhuomo patientia per udire quello che sempre ha desyato?

PAR(MENO). E uoi tu, Sempronio, che io non parli? Ma sel nostro patron te ode, cosi castigara te como me.

SEM(PRONIO). O mal fuoco te possa brusare! Che tu parli in danno de tutti, et io a nisuno offendo. O! Intolerabile e mortale peste te consume, inuidioso, malitioso, e maladetto! Tutta questa e lamicitia che con Celestina e meco haueui reintegrata? Ua uia de qui in tua mala uentura!

CAL(ISTO). Se non uoi, regina e madonna mia, che mora desperato, breuemente me certifica se non hebbe bon fine tua petitione gloriosa, e la cruda e rigorosa monstra de quel uiso angelico et occiditore. Che tutto cio che me hai dicto e piu segno de odio che de amore.

CEL(ESTINA). La maggior gloria che ala secreta arte dele ape se da, le quale li discreti doueriano imitare, e che tutte quelle cose per esse to che [8] conuerreno [9] in meglio de quel che sonno. De questo modo me interuenuto colle adirate e schife parole de Melibea. Tutto suo rigore porto conuerso in mele, sua ira in mansuetudine, sua scelerita in riposo. Dunque, che pensaui che andasse a far la la uecchia Celestina, a chi tu, piu de suo merito, magnificamente remurasti, [10] saluo per humiliar sua ira et sofferire suo accidente, et ad essere scudo de tua absentia, et receuere in mio manto li colpi e uariationi, li spregi e desdegni che mostrano quelle che nel principio de amore son rechieste, acio che sia loro hauuta obligatione dela gratia che fanno? Che a quelli che piu

---

[8] esse to che > V: esse tolte; 35: esser tolte; 15: esse tocche
[9] M,V,15,35: conuerteno (M,35: con-)
[10] M,V,15: remunerasti; 35: remunarasti

amano, peggio parlano. E se cosi non fusse, nisuna differentia sarebbe tra le publiche che amano alle nascoste donzelle de honore, se tutte dicesseno de si nelo principio che son rechieste, uedendo che de qualche uno son amate. Lequale, anchora che stiano abrugiate *et* accese *de* uiui fuoghi de amore, per loro honesta mostrano un fredo exteriore, un reposato uulto, un piaceuole uariare, un constante animo e casto proposito; dicono parole agre, che la propria lingua se merauegliade loro gran soffrimento, che laffano sforzatamente confessare el contrario de quello che uorriano. Ma acio che tu prendi riposo in tui affanni, in quel mezo che te contaro per extenso el processo de mie parole e la causa che io hebbe ad intrare in la cased e Melibea, sappi chel fine fo buono e perfecto.

Cali(sto). Adesso, madonna, che me hai facto securo per che io possa spectare tutti li rigori de sua resposta, di quanto commandi euorai, *et* io attento te ascoltaro. Che gia prende riposo mio core, gia sonno allegeriti imiei pensieri, gia le uene riceueno loro *perso* sangue, gia ho *perso* ogni timore, gia prendo alegrezza. Andiamo di sopra, se tu uoi, che in mia camera me dirai per istenso quello che qui ho saputo in summa.

Cel(estina). Andiamo, signor mio, doue tu uorrai.

Par(meno). Ho gloriosa madre de Dio! Guarda che modi ua cercando questo pazzo solo per fuggire da noi altri, e per posser pianger de alegrezza con Celestina, e per posserli discoprire mille secreti de suo lieue e pazzo appetito, e per domandarla e responderli sei uolte ad ogni cosa, senza che stia presente alcuno che lo possa accusare de prolixita. Ma ua pur uia a tua posta, impazzito, che appresso te andiamo, che una pensa el giotto e laltra el tauernaro, *et* cetera.

Cal(isto). Guarda, madre mia, como uien parlando Parmeno, e come uien facendose el segno de la croce. Spauentoso sta de tua gran diligentia. Guarda che, per mia fe, unaltra uolta si segna. Sali, sali, sali e sede qui, che in genocchioni uoglio ascoltare tua suaue resposta. E dimme subito, qual fu la causa de tua intrata?

Cel(estina). Uendere un poco de filato, col qual ho gia hauuto piu de trenta del sua[11] stato, se a Dio e piaciuto, in questo mondo, e alcune de maggiori.

---

11 V,15,35: suo

CAL(ISTO). Questo sara de corpo, ma non de gentilezza ne de stato, non de gratia e descretione ne de natione, non de presumptione con digno merito, non in uirtu, non in eloquentia.

PAR(MENO). Gia fernetica el perduto, gia se sconcia suo horilogio. Mhai da manco de dodici, sempre e facto relogio de mezo giorno. Conta, conta, Sempronio, che stai li como un matto scoltando da lui pazzie e da lei busie.

SEM(PRONIO). Ho maledicente e uenenoso! E per che serri le orecchie a quello che tutto el mondo le aguzano? Tu sei proprio el serpente che fugge la uoce de lo in cantatore. Che solo per che sonno de amore queste parole, anchora che fussino busie, le doueresti ascoltare de uoglia.

CEL(ESTINA). O dime, signor Calisto, e uederai tua uentura e mia sollicitudine cio che hanno operato. Che, come io cominciai a uendere e far el patto del mio filato, fu chiamata la madre de Melibea, per che andasse auisitare una sua sorella inferma. E como a lei fu necessario absentarsi, lasso in suo luogo Melibea per. [12]

CALI(STO). Ho gaudio senza comparatione! O singulare opportunita! O che opportuno tempo! O chi fosse stato li sotto il tuo manto, scoltando quel che diceua sola colei in cui Dio si degne gratie misse!

CEL(ESTINA). Sotto el mio manto di tu, signor mio? Oime meschina! Che sarresti stato uisto per trenta busi che ui sonno, se Dio per sua bonta non lo remedia.

PAR(MENO). Io me esco fuora, Sempronio. Gia non dico piu altro. Uoglio che tu te ascolti ogni cosa, che se questo perduto de mio patrone non mesurasse con la mente quanti passi sonno de qui a casa de Melibea, e contemplasse in sua figura, e consyderasse como staua facendo el patto del filato, tutta sua memoria posta et occupata in lei, el uederia che miei consigli erano piu salutiferi che questi inganni de Celestina.

CAL(ISTO). Che cosa e questa, imbriachi? Sto io ascoltando attento, in cosa che me ua la uita; e uui altri susurrate, como e de uostra usanza, solo per darme noia e fastidio. Per amor mio, che state attenti ad ascoltare e morireti di piacere con questa donna, secundo 'sua molta diligentia. Dimme, madonna, che facesti quando te uedesti sola?

---

[12] 15: om.; V,35: con mi (35: -n)

CEL(ESTINA). Receuetti, signore, tanta alteratione de piacere, che qual se uoglia che me hauessi uista me lo harrebbe cognosciuto nel uiso.

CALI(STO). Adesso la receuo io; quanto piu chi de nanci se contemplaua tal figura. Io me meraueglio como non restasti muta con la nouita impensata.

CEL(ESTINA). Anzi me dette piu audacia a parlare. Io non cercaua altro saluo uedermi sola con lie.[13] Alhora li apri mio core e disse li mia imbassata: como penaui tanto per una parola uscita de sua bocca in fauore tuo, per sanar cosi gran dolore. E como ella stesse suspensa guardandome, aspectando dela noua imbasciata, attenta ascoltando per ueder chi potria essere colui elquale per necessita de sua parola penaua, o cui possea sanar sua lingua, subito che io te nominai taglio mie parole, detese delle man ne la fronte, como chi cosa de gran spauento hauesse odita, dicendo che cessasse mia imbasciata e me leuasse denanci a lei, se io non uolea che soi serui fusseno manegoldi de mio ultimo fine, aggrauando mia audacia, chiamandome factucchiara, ruffiana, uecchia falsa, barbuta, malfactrice et altri assai ignominiosi nomi, con quali titoli se adombrano li mamoli de cuna. Et oltra questo casco tramortita molte uolte, facendo mille miracoli pieni de spauento con lo senso turbato, sbattendo forte tutti soi membri da una parte e da laltra, ferita da quella dorata sagitta, che del suon de tuo nome la tocco, e storcendo el corpo, conlle mano in cauicchiate e stirandose como se hauesse dormito, che parea se leuolesse strazare, guardando con li occhi a tutte parti, sbactendo li piedi interra. Et io, a tutto questo, assai contenta me tirai da canto, racolta, tacendo, con grandissima alegrezza de sua ferocita. E mentre piu arrabiaua, io piu me realegraua, per che piu proxima hera a rendersi et io [14] uenire al mio disegno. Ma in quel mezo chellei staua si adirata, io non lassaua miei pensieri uagi ne occiosi, de modo che hebbi tempo per saluar quel che io disse.

CAL(ISTO). Hor questo me di tu, madonna e matre mia. Per che io ho riuolto in mia fantasia in quel mezo che te o ascoltata, e nisuna disculpa o trouata che bona ne conueniente sia, con che

---

[13] M,V,15,35: lei
[14] 35: io a

se potessi recoprire e colorire quello che haueui dicto senza restar terribile suspecto de tua dimanda. Che in ogni cosa me pari piu che donna: che como sua resposta prenosticasti, prouedesti col tempo tua replica. Che piu facea o harrebbe facto quella tusca Eletra, cui fama essendo tu uiua, se saria persa? La quale tre giorni nanzi suo fine pronostico la morte del suo uecchio marito e de doi figli che lei haueva. Hormai credo cio che se dice: che il fragile genero femineo e piu acto per le preste cautele che quello deli huomini.

CEL(ESTINA). Che, signor mio? Io li dissi che tua pena e male era de dolor de denti, e che la parola che da essa uolea era una oratione chella sapeua, molto appropriata per loro.

CAL(ISTO). Ho mirabile astutia! O sigular[15] donna nellarte sua! Ho medicina presta! Ho cautelosa e discreta ambasciatrice! E qual humano ceruello seria bastato a pensar si alto modo de remedio? Io credo certamente che, se in nostra eta fosseno stati quelli Anea[16] e Dido, non harebbe presa tanta fatiga Uenus per fare hauere al suo figliolo lo amore de Elisa, facendo prender a Cupido ascanica forma per ingannarla. Anzi, per euitar prolixita, haria messa te per mezana. Adesso do io per benauenrurata[17] mia morte, posta in simile mano, e credero che se mio desyderio non hauera effecto qual io uorrei, che non se possuto operar piu, secundo natura, in mia salute. Che uene pare a uui altri, serui? Che piu se seria possuto pensare. Nacque mhai tal donna al mondo como costei?

CEL(ESTINA). Signor, lassami dire, non intetrumpere[18] mie parole, che hormai se fa nocte. E gia sai che chi mal fa, li e in fastidio la chiarezza; et andando io a casa mia me potrei imbatter in qualche malo scontro.

CALI(STO). Che, che? Per la gratia de Dio, famigli e torce ce sonno che te faranno compagnia.

PAR(MENO). Si, si! Per che non sia sforzata la mammola! Tu andrai con lei, Sempronio, che ha paura deli grilli che cantanno con lo obscuro.

---

[15] M,V,15,35: singular
[16] M,15: Aenea; V,35: Enea
[17] M,V,15,35: benauenturata
[18] M,V,15,35: interrumpere

CALI(STO). Che cosa hai tu dicto, figlio [19] mio Parmeno?

PAR(MENO). Dico, signore, che Sempronio et io sara buono che li facciamo compania [20] fin a casa sua, per che fa molto obscuro.

CALI(STO). Ben hai dicto. Da poi sera. Procede, madonna, in tue parole, e dimme che cosa piu li domandasti. Che te respose ala domanda dela oratione?

CEL(ESTINA). Che la daria de bonissima uoglia.

CALI(STO). De bonissima uoglia? O Dio mio, e che grandissimo dono!

CEL(ESTINA). Anchora li domandai piu.

CALI(STO). Che, uecchia mia honorata?

CEL(ESTINA). Un cordon che sempre porta cento; dicendo che era buono per tuo male, per che hauea tocche molte reliquie.

CALI(STO). Dunque, che te rispose?

CEL(ESTINA). Damme el beueragio, e dirrotelo.

CALI(STO). Prende per Dio tutta questa casa et cio che in essa e, e dimelo! Ho domanda cio che tu uuoi.

CEL(ESTINA). Per un manto che tu doni ala uecchia, te dara in tue mano quello chel [21] lei cento portaua.

CALI(STO). Che di tu de manto? Manto e camorra e cio che io ho te daro.

CEL(ESTINA). De un manto ho io bisogno al presente, e questo me parera assai. Non far si liberale offerte, non metter suspectoso dubbio in mio dimandare. Per che se dice che offerire troppo a colui che poco dimanda e specie de negare.

CALI(STO). Curre, Parmeno, ua chiama mio sartore; e falli subito tagliare un manto et una camorra de quel panno uenetiano che io prese per me.

PAR(MENO). Horcho si [22] in malhora! Ala uecchia ogni cosa, per che uenga carga de busie, e ame che me impicheno. Ella non cercaua altro tuto il di dhogi con sue girauolte.

CAL(ISTO). Guarda de che uoglia ua el diauolo! Per certo che non ce al mondo huomo peggio seruito di me, dando a mangiare a

---

[19] M,15,35: figliolo
[20] M,V,15,35: compagnia (V: -m-)
[21] V,35: che
[22] Horcho si > M: orcho si; 15: or chosi; V,35: Hor cosi

famegli in diuini e fingardi, inimici dogni mio bene. Che uai tu parlando infra denti, imbriaco? Inuidioso, che uai tu dicendo? Che io non te posso intendere. Ua doue io te comando in tua malhora, e nommi dar piu noia; che assai doueria bastar mia pena per darme fine. Che ancora ce sara saio per te in quella pezza.

PAR(MENO). Non dicoaltra cosa, signore, saluo che e tardi per far uenire el sartore.

CAL(ISTO). Non dico io che tu indiuini? Dunque restesi per domatina. E tu, madonna, harai patientia, per amor mio, che non si perde cio che se dilata. E mostrami per Dio quel sancto cordon che fu degno de cengere tali membri. E miei occhi goderanno insieme colli altri sensi, poi che [23] insieme sonno stati a passionati. Godera mio core afflicto, colui qual mai ha receputo momento de piacere da poi che cognobbe quella signora. Tutti li sensi se appressorno e concursero a lui con soi nuncii de fatiga. Ogniun delloro lo feri quanto piu possetteno: li occhi a uederla, le orecchie ad ascoltarla, e le mano atoccarla.

CEL(ESTINA). Che lhai tacca [24] cole mano? Molto me spauenti.

CAL(ISTO). In sogno, dico.

CEL(ESTINA). In sogno?

CAL(ISTO). In sogno la uedo tante uolte, che temo non me intrauenga como ad Alcibiades, che sogno che se uedea coperto del manto de sua innamorata. E laltro di sequente fu amazzato, e non fu nisuno che lo leuasse dela strada ne manco el coprisse, saluo ella con suo manto. Ma in uita o in morte alegro sarebbe io auestir sue ueste.

CEL(ESTINA). Assai fatica hai, poi che quando li altri reposano in loro lecti, prepari la fatiga per posser soffrire el di sequente. Sforzate, signore, che non fece Dio alchuno per habandonarlo. Da luogo al tuo desyderio. E prende questo cordone, che se io non moro te faro hauere sua patrona.

CAL(ISTO). Ho nouo hospite! O ben auenturato cordone, che tanto potere e merito tenesti a cengere quel glorioso corpo, che io non son degno seruire! Ho nodi de mia passione, uui altri allacciaste imiei desii! Diteme se ue trouaste presenti in quella sconso-

---

[23] M,V,15,35: che
[24] M,15: toca; V,35: tocca

lata resposta di colei a chi uoi altri seruite *et* io adoro, e, per ben chio fatiche nocte e giorno, non mi uale ne fa utile!

Cel(estina). Prouerbio uecchio e che chi manco procurá, piu bene ha. Ma io te faro procurando hauere quello che essendo negligente non porresti obtenere. Con solati, signor mio, che in una hora non se guadagno Zamora; e per questo non se sconfidorno li combattenti inessa.

Cal(isto). Ho suenturato! Che le cita son murate con pietre, e a le pietre, pietre le uenceno. Ma questa mia signora ha el cor de azaro. Non ce metalo che con lui possa. *Et* se uoi metter scale a sue mure, ha certi occhi con che tra sagitte doi miglia da lontano; e situata in parte che non se li po mettet [25] campo un miglio appresso.

Cel(estina). Tace, signore, che lanimo le [26] un solo huomo guadagnio Troia. Non te smarrire che una donna po guadagnare unaltra. Poco me hai praticato: tu non sai anchora cio che io posso fare.

Cal(isto). Quanto tu dirai te uoglio credere, poi che tal zoia como questa mhai portato. Omia gloria e cordon de quella angelica figura! Io ti uedo e non lo credo. Dimme, cordon, se me fosti inimico. Dillo, che se fusti, io te perdono, che uirtu e deli boni perdonar ali culpanti. Ma io nol credo, per che se me fussi stato inimico, non saresti uenuto si presto in mio potere, saluo se tu uieni a far schusa del tuo errore. Io te scongiuro me respondi, per la uirtu e gran potere che quela signora in me tene.

Cel(estina). Cessi, signore, el tuo ferneticare, che io son stracca de ascoltarte, e lo cordon rotto de basarlo.

Cal(isto). Homisero me! Che assai gratia me saria stata concessa dal cielo, che de miei proprii braci fossi stato tessuto, e non de setta como sei, per che loro ogni giorno hauessimo [27] preso piacere de riuolgere e cengere, con debita reuerentia, quelli membri che tu, senza sentire ne godere de tal gloria, sempre thieni abrazzati. Ho quanti secreti harai uisto de quella excellente figura!

Cel(estina). Piu ne uederai e meglio li goderai, se non lo perdi parlando e serneticando [28] como fai.

---

[25] V,15,35: metter
[26] V,35: de
[27] V,35: hauessino
[28] M,V,15,35: ferneticando (15: -ando)

CAL(ISTO). Tace, madonna, che ello et io se intendemo. O occhi miei! Recordatiue che fosti causa e porta per la qual fu mio cor piagato, e che colui e uisto far el male che da la causa. Recordatiue che uoi siti debitori dela salute. Guardate la medicina che ue uiene a casa.

SEM(PRONIO). Signor, per prenderti piacere del cordone, non uorrai goder de Melibea.

CAL(ISTO). Che cosa? Matto, senza ceruello, guasta sollazzi! Como po esser questo?

SEM(PRONIO). Che molto parlando amazi te e a quelli cheteodeno. De modo che perderai la uita o il ceruel lo. E qual se uoglio [29] de questi che te manche basta per farte restar albuio. Abbreuia tue parole, e darai luogo a quelle de Celestina.

CAL(ISTO). Fote fastidio, matre, con mie parole? Osta imbriaco questo famiglio?

CEL(ESTINA). Anchora che nol sia, tu dei, signor, cessar toi lamenti e dar fin a tue longe querele e tractar el cordon como cordon, per che sappi far differentia de parole quando con Melibea teuederai. Non faccia tua lingua equali la persona col uestito.

CAL(ISTO). Ho madonna mia! Lassame al presente godere con questo ambasciatore de mia gloria. O lingua mia! Per che prendi impedimento in altri rasonamenti, lassando de adorare al presente la excellentia de chi per uentura gia mai non uederai in tuo potere? Ho mani mie! Con quanta presunptione, con quanta poca reuerentia tenete e toccate la teriaca de mia piaga! Gia non mi porra far piu danno el medicame, che quella cruda sagita de Cupido portaua in uolto in sua acuta ponta. Hormai son securo, poi che chi me dete la ferita la cura. Ho tu, madonna, alegrezza dele uecchie donne, gaudio dele giouane, riposo deli affaticati como io! Non mi dar piu pena con tuo timore che me dia mia uergogna. A lenta le rendine a miei contemplationi, lassami uscire per le strade con questa gioia, per che quelli che me uederanno sappiano che non ce huomo piu benauenturato dimme.

CEL(ESTINA). Non infistolir tua piaga caricandola de piu desyo. Che non e, signor, el cordon solo dal qual pende tuo remedio.

---

[29] V,15,35: uoglia

CALI(STO). Ben lo cognosco; ma non ho suffrimento per abstenerme de non adorar si alta impresa.

CEL(ESTINA). Impresa? Quella e impresa che si da di buona uoglia; che gia sai che ella il fece per lamor de Dio e per guarire il mal de toi denti e per sanar tue piaghe et non per tuo rispecto. Ma se io uiuo, ella uoltara il foglio.

CALI(STO). E la oratione?

CEL(ESTINA). Nom mela data per adesso.

CALI(STO). Qual fu la causa?

CEL(ESTINA). La breuiuita [30] del tempo; ma noi restanno [31] dacordo che se tua pena non mancasse, che io andasse domane per essa.

CALI(STO). Manchare? Allhora manchara mia pena quando manchera sua crudelta.

CEL(ESTINA). Assai basta, signore, quello che e dicto e facto. Obligata resta, secondo mostro, per tutto quello che per questa infirmita uorro domandarli e a lei sera possibile fare. Guarda, signor mio, se questo basta per la prima uisitatione. Io uoglio andarmene. Bisogna che se domane uscirai de casa, te lighi un panno atorno le guancie, per che se da lei serai uisto, non accuse per falsa mia petitione.

CALI(STO). Non ehe [32] uno ma quattro se bisogno sera per tuo seruitio. Maio te prego, per Dio, che tu me dichi se hai facto altro. Che moro per udir parole di quella dolce bocca. Como te basto lanimo che, senza cognoscerla, te mostrasti cosi famigliare in tua intrata [33] e domanda?

CEL(ESTINA). Senza cognoscerla? Quattranni habitai in suo uicinato. Prathicaua con lei, parlaua e rideua de di e de nocte. Meglio me cognosce sua matre che sue proprie mani, anchora che Melibea se sia facta grande, discreta e gentille.

PAR(MENO). Odi, Sempronio, chio ti uoglio parlare allorecchia.

SEM(PRONIO). Che uoi?

PAR(MENO). Quello attento scoltare de Celestina damateria a nostro patrone e fa che sianno lunghe sue parole. Ualli appresso

---

[30] M,V,15,35: breuita
[31] M: restammo; V,15,35: restamo
[32] M,V,15,35: che (V: -e)
[33] In R the "i" is printed upside down.

e thoccala col pie, falli segno che se ne uada, che non e cosi pazzo huomo nato, che stando solo parle molto.

CALI(STO). Gentil di tu, madonna, che sia Melibea? Par che tu lhabbi dicto da beffe. Nacque mai tal donna al mondo? Creo Dio un corpo piu perfecto del suo? Po se dopingere simile figura? Non·uedi tu che ella e lo proprio paragone de belleza? Se al presente fusse uiua Helena per cui tanta morte de greci e troiani fu, o la bella Polisena, tutti harebbono obedita costei per la qual io peno. E sella se fusse trouata presente nela questione del pomo conle tre dee, mai sopra nome de discordia lhariano posto; per che senza alcuna contradictione, tutte hariano concesso e seriano stati conformi che Melibea lo hauesse portato. De modo che lharianno chiamaro [34] pomo de concordia. Quante donne son nate, che de lei habbiano notitia, maladicono loro uentura, lamentanse aDio per che non se ricordo di loro quando fece questa mia madonna. Consumano loro uite, mangiano loro carni con inuidia, dandoli sempre crudi martiri, pensando con artificio aguagliarse con la perfectione che a lei senza satiga [35] doto la natura. Alchune pelano lor ciglia con tenagliette, fanno certa mistura con pece, cera e mille brutture per pelarse; molte cercano le dorate herbe, radici, rami e fiori per far lixiua conla quale loro capilli sassom iglieno a quelli de costei, martellano loro uisi, imbrattandogli de diuerse brutture con unguenti e untioni, con aque forti e misture bianche e rosse, che per euitar prolixita non dico. Dunque colei che de tutto questo doto la natura, guarda se merita esser seruita de un si [36] tristo huomo como io.

CEL(ESTINA). Io to ben inteso, Sempronio. Lassalo pur dire, che ello cadera del suo asino e fornira.

CALI(STO). In colei che Dio se remiro per farla piu perfecta, che le gratie e bellezze che nele altre ha compartite, insieme le misse in costei. E li fecero parangone acio che cognoscesseno coloro che la uedeuano la grandezza del suo factore. Solo un poco daqua con un eburneo pectine basta per excedere ale nate in gentilezza. Queste son sue arme, con queste amanzza [37] e uence, con queste

---

[34] M,V,15,35: chiamato
[35] M,15: fatiga; V,35: fatica
[36] M,15: om.
[37] V: amaza; 15,35: amazza

me fe suo pregione, con queste me tene ligato e posto in dura cathena.

Cele(stina). Tace e non te disperare. Che piu taglia mia lima che non e forte questa cathena che te tormenta. Io la tagliaro con essa acio che tu resti sciolto. Per tanto, damme licentia, che e molto tardi, e lassame portare il cordon, che, como sai, o bisogno de lui.

Cali(sto). Ho suenturato me! Che la fortuna aduersa me persequita. Che con teco o col cordon o con tutti doi insieme, harei uolsuto staracompagnato questa nocte lunga e obscura. Ma poi che nonce ben finito in questa misera uita, uenga integra la solitudine. O la? Serui? Parmeno?

Par(meno). Signor?

Cali(sto). Acompagna questa madonna fin a casa sua, e uada con lei tanto piacere e alegrezza, quanto meco resta pena e tristezza.

Cel(estina). Dio resti teco, signor mio. E doman sera mia tornata, doue il manto conla resposta uerrano in un tracto, poi che hoggi non ce stato tempo. E soffrite, signore, e pensa in altre cose.

Cali(sto). Questo non, che seria heresia chio me scordasse di colei per cui la uita me piace.

ARGUMENTO DEL CAPITOLO [1] SEPTIMO

Andando Celestina a sua casa, parlo assai con Parmeno, inducendolo a lo amore e concordia de Sempronio. Parmeno li recorda la promessa che li fece, cio e de farli hauere Areusa, la qual molto amaua. Insieme senandorno a casa de Areusa, doue quella sera resto Parmeno. Celestina senando a sua casa, picchiando la porta. Elicia li apersi, reimproperandoli sua tardanza.

Celestina, Parmeno, Areusa, Elicia

(CELESTINA). Parmeno, figliolo, dopo le passate parole, non ho hauuto oportuno tempo per dirte et mostrarte el grandissimo amore che io te porto, como da mia propria bocca tuttol mondo fin adesso a inteso che io dico ben in absentia dite. La ragione non bisogna repetirla, per che io te hauea in luogo de fiolo, almanco quasi adoptiuo, de modo che io me credea che douessi imitar al naturale. Tu me dai ora tristo pagamento in mia presentia, parendoti male cio che io dico, susurrando e murmurando contra me in presentia de Calisto. Ben mi credea che, da poi che tu concedesti in mio bon consiglio, che non te saresti tornato indrieto. Tutta uia me pare che te restano le prime reliquie uane, parlando piu a uolunta che con ragione: tu scacci lutile per contentar la lingua. O dime, senonmhai udita, e guarda chio son uecchia, che el bon consiglio neli uecchi habita, e deli gioueni e proprio el dilecto. Ben credo che del tuo errore solo la eta ne ha culpa. Io spero in Dio che tu sarai meglio per me de hora inanzi che non sei stato per il passato, c [2] muterai el catiuo preposito conla tenera

---

[1] M,V,15: acto; 35: atto
[2] M,V,15:35: e

CAPITOLO SEPTIMO

eta. Chc [3] como dicono, li costumi se mutano conla mutanza deli capelli e uariatione; dico, figlio, crescendo e uedendo cose nuoue ogni di. Per che la giouentu solo a guardare il presente se impedisce e occupa, ma la matura eta non lassa presente ne passato ne da uenire. Se tu hauessi hauuta memoria, figlio mio Parmeno, del passato amore che io te hebbi, el primo aloggiamento ehe [4] tu pigliasti quando uenesti in questa cita doua essere in casa mia. Ma uoi altri giouani ue curate poco deli uecchi. E ui gouernate asapore de uostra giouentu. Mai non pensate hauer bisogno de noi, mai non pensate ne le infirmita, mai non pensate che ue debbia passare questo fioretto dela giouentu. Dunque guarda, amico, che per tal necessita como son queste, bon recupero e una uecchia cognosciuta, amica, matre e piu che matre; bona hostaria per riposarsi sano, bon hospidale per sanar infermo, bona borsa per la necessita, bona cassa per guardar danari improsperita, bon fuogo de inuerno circundato de spiti e bon arrosto, bona ombra per le estate, bona tauerna per mangiare e bere. Che risponderai tu, pazzarello, a tutto questo? Ben so io che stai confusso per quello che hoggi hai parlato. Ma io non uoglio piu date; che Dio non dimanda alpeccatore saluo chel sepenta et amendi de suo errore. Guarda a Sempronio: da Dio in fuora, io lho facto huomo. Uorria che fosti come fratelli, per che stando ben colui, con tuo patrone e con tutto il mondo starai bene. Per che ello e ben uolsuto e diligente e [5] bon cortegiano, gratioso seruitore. Uole tua amista; dandoui inessa la fede, crescerebbe lutile de tutti doi. Poi che tu sai chel bisogna amare chi uole essere amato. Ne mancho Sempronio te debbe amare se non li fai opere da cio. Simplicita e a non uolere amare et aspectar dessere amato. Pazia e pagar la micitia con odio.

PAR(MENO). Madre, mio secundo errore ti confesse, [6] e con perdonanza del passato, uoglio che ordini edisponghi quello che ha da uenire. Ma con Sempronio me pare che e cosa impossibile poterse mantenere nostra amicitia. Ello e huomo senza discretione, et io non patisco in groppa. Acconcia me tu adesso questi amici.

---

[3] M,V,15,35: Che (V: -e)
[4] M,V,15,35: che
[5] 35: om.
[6] M,V,15,35: confesso

Cel(estina). Non era gia questo tuo costume.

Par(meno). Per mia fe, madre, che quanto piu son cresciuto, piu la prima patientia me se scordata. Non son piu quello che io solea, *et* anchora Sempronio non ha saluo il culo e li denti ne cosa che utile me faccia.

Cel(estina). El uero e certo amico ne le cose incerte se cognosce; ne le aduersita se proua. Alhora se allegra e con piu desyderio uisita la casa che la prospera fortuna habandono. O quante cose te direi dele uirtu deli buoni amici! Non ce cosa piu amata ne piu chara. Nisuna soma refiutano. Uoi altri site e quali nela qualita deli costumi, e la similitudine deli cori e quella che piu la sostene. Guarda, figliol mio, che se alchuna cosa te lasso tuo patre, ben guardato te sta. Bon riposo habbia lanima sua, che con faticha lo guadagno. Ma non tel posso dare fin che tu non uiui in piu riposo e uenghi in eta perfecta.

Par(meno). A che chiami tu riposo, tia?

Cel(estina). Figlio, a uiuer da se stesso, e non andare per case de altrui: per la qual cosa sempre andarai se non saprai prendere utile de tua faticha. Che per compassione, che io hebbi hoggi di uederte cosi rotto strazato, domandai il manto, como tu uedesti, a Calisto. Non per bisogno che io ne hauesse, ma per che, stando lo sartore in casa e tu denanzi senza saio, hauesse causa Calisto a fartelo. De modo che non per mio utile, como io te senti dire,[7] ma solamente per lo tuo. Che se tu aspecti alordinario de questi galanti, sappi che e de tal sorte che cio che cauerai in diece anni porrai ligar nella manica. Godi tua giouentu el bon di e la bona nocte, el bon mangiare, el bon beuere. Quando porrai hauerlo, non lo lassare. Perdase cio che perdere se uoglia. Non pianger tu la robba che tuo patrone heredito, poi che noi non la hauemo per piu che per nostra uita. Ho figlio mio Parmeno! Che ben te posso dir figlio, poi che tanto tempo te alleuai. Prendi mio conseglio, poi che esce con necto desyderio de uederte in alchuno honore. Ho como me chiamarei ben auenturata quando tu e Sempronio fusti conformi e boni amici, fratelli in ogni cosa, uedendoui uenire in mia pouera casa a uisitarme *et* ad prenderue piacere insieme con una garzone per uno!

Par(meno). Garzone, matre mia?

---

[7] 15: dire el domandai

CAPITOLO SEPTIMO

CEL(ESTINA). Ala fe, garzone dico, che uecchie, assai uecchia me son io! E tal giouene como se thiene Sempronio, e con manco ragione e senza hauerli la mita affectione che io te ho. Che del core mi esce cio che te dico.

PAR(MENO). Tu non uiui, matre mia, ingannata.

CEL(ESTINA). Anchora chio uiua non me curo, che anchora il fo per amor di Dio e per che io te uedo solo interra strana, e per rispecto de quelle ossa de chi me te recommando. Che tu te farai huomo e uerai in uera ricognoscentia e dirai: la uecchia Celestina bon conseglio mi daua.

PAR(MENO). Adesso lo cognosco, anchora chio sia giouene. Che quantunque hoggi dicea quelle parole, non erano per che me paresse mal quello che tu faceui, ma per che uedea che li consigliaua a lui il uero e me daua male gratie. Ma de hora inanzi, diamoli dentro. Fa tu dele tue, che io tacero. Che gia scappucciai a non prendere tuo consiglio in questa materia con lui.

CEL(ESTINA). Circa questo e altro scappucciarai e caderai fin che tu non credi a miei conseglii, che sonno de uera amica.

PAR(MENO). Adesso benedico el tempo che io, essendo mammolo, te serui, poi che tanto fructo porta per la maggiore eta. E pregaro Dio per lanima de mio patre, che tal nutrice mi lasso, e de mia madre, che a tal donna me ricommando.

CEL(ESTINA). Per Dio, figliolo, non me la mentouare, che me farai uenire gliocchi in acqua. E doue hebbi io in questo mondo unaltra simile amica, unaltra simile compagna, quale allegeriua tutti mie fatiche e che suppliua a tutti mie falli, che sapea tutti imiei secreti, con chi io apriua il mio core, *et* era tutto mio bene e mio riposo, saluo tua matre, piu che mia sorella e comare? Ho como era gratiosa, presta, necta e baronile! Cosi andaua senza pena ne timore amezza nocte da cimiterio in cimiterio, cercando apparecchi per nostrarte, como de giorno chiaro. Ne lassaua christiani, mori ne iudei cui sepulture non hauesse uisitate. Di giorno li apostaua, e la nocte li cacciaua e prendea suoi bisogni. Cosi se prendea piacer colla nocte obscura como tu col giorno chiaro: diceua che quella era cappa de peccatori. E forse che non haua daxtrezza con tutte le altre gratie! Una cosa te dirro per che cognoschi che matre hai persa, anchora che non sia de dirla, ma con teco ogni cosa se po dire. Secte denti leuo adun impichato con certe tenagliuzze di pelare le ciglia in quel mezzo che io li cauai le scarpe. E per intrar in nun circulo, meglio che io e con maggior animo; ancora che alhora io haueua assai bona fama, meglio che adesso; che per miei peccati ogni cosa me scordai con sua morte. Che uoi sapere piu, saluo chelli medesimi diauoli haueuano paura di lei? Spauentati *et* impauriti li tenea colle crude crida *et* horrendi rebuffi che lor daua. Cosi era cognosciuta da loro como tu intua casa: afuria ueniano un sopra laltro p*er* obedire suoi com*m*andi che beato il primo. A nisun bastaua lanimo dirle busia seco*n*do la forza con che ella li co*n*stringea. Da poichio la perde, mai no*n* ho inteso dir uerita alloro.

P*AR*(MENO). Cosi laiuti Dio a questa puttana uecchia, come ella me fa piacere con le laude de sue parole.

C*EL*(ESTINA). Che di tu, honorato mio Parmeno, mio figlio e piu che figlio?

P*AR*(MENO). Dico che co*m*e haueua q*ue*sto auantaggio mia matre, poi che le parole che ella e tu diceuate erano tutte una cosa?

C*EL*(ESTINA). Come, e di questo te merauigli? Non sai tu che dice el prouerbio che gran differentia e de Ianni a Ianni? Quella gratia de mia commare no*n* la posseamo hauer tutte. Non hai tu uisto frali arthesani un bono e laltro meglio? Cosi era tua matre (che Dio habbia lanima sua) la prima de nostrarte, e per tal titolo de tuttol mondo amata e cognosciuta: cosi de gentilhuomini como de preti, de maritati c[8] de uecchi, gioueni e ma*m*moli. C[9] donne e donzelle? Cosi pregauano Dio per sua uita come de loro proprie persone. Con ogni huomo haueua facende. Se andauamo per la strada, quanti noi ne scontrauamo, tutti erano suoi figliani: che la sua principal arte fu esser mammana. De sorte che, ancora che tu non sapeui suoi secreti, per la tenera eta che tu haueui, adesso e ragion che li sappii, poi che ella e morta e tu sei huomo.

P*AR*(MENO). Dimme, matre: quando la iustitia te prese, stando io con teco, haueuate grande amicitia insieme?

C*EL*(ESTINA). Se noi erauamo amiche? Par che tu me labii dicto da scherzo. Insieme fessemo el dilicto, insieme se sentirono *et* accusorono, insieme fu*m*mo presi e datene la pena quella uolta, che credo fusse la prima. Ma molto eri picolo allhora; io me

---

[8] M,V,15,35: e
[9] M,V,15,35: E

spauento como poi recordartene, che non ce cosa che piu' schordata sia in questa cita. Patientia, figliol mio, che cose son che interuengono in questo mondo. Se tu esci al mercato, ogni di uederai chi pecca e paga.

PAR(MENO). Uero e, ma del peccato, peggio e la perseueranza. Che cosi como el primo motiuo non e nele mano de lhuomo, cosi e lo primo errore, doue dicono: chi pecca e se amenda, zc.[10]

CEL(ESTINA). Abbrusastime, pazzarello. Dunque aspecta, chio ti tocharo doue ti doglia.

PAR(MENO). Che cosa di tu, madre mia?

CEL(ESTINA). Figlio, dico che senza quella, impresa quattro uolte tua matre sola. E una uolta fuaccusato[11] per striga, per che la trouorno di nocte con certe candelette, cogliendo terra de una capo croce, ela tenero mezzo giorno posta sopruna scala nella piazza del mercato, egli misero intesta una come mitria dopinta. Ma tutto questo fu niente. Che qualche cosa hanno apatire gli huomini in questo mondo per sustentare loro uite et honore. E guarda che poca stima ne fece, con suo bon ceruello, che per questo non lasso deli auante de usar meglio larte sua. Questo ho dicto per quel che tu diceui del perseuerare in quello che una uolta si erra. In ogni cosa hauea gratia: che io te iuro per Dio e per questanima, che in quella scala staua e parea che tutti quelli de sotto non li stimasse un quatrino, secundo suo modo e presentia. De sorte che quelli che da qualche cosa son come ella, e sano e ualeno, son quelli che piu presto errano. Guarda chi fu Uergilio e quanto seppe: ma gia haueri udito como stette impiccato in un cesto a una torre, guardandolo tutra[12] Roma. Ma per questo non lasso de essere honorato ne perse il nome de Uirgilio.

PAR(MENO). Cio che hai dicto e uero, ma questo non fu per iustitia.

CEL(ESTINA). Tacci, ignorante! Che poco sai de modi de chiesia, e quanto e meglio per mano de iustitia che de niunaltro modo. Meglio lo sapea el piouano, che Dio habbia lanima sua, che uenedola[13] a consolare, li disse che la sancta scriptura dicea che

---

[10] 15: et c.; V,35: om.
[11] M,V,15,35: fu accusata
[12] M,V,15,35: tutta
[13] M,V,15,35: uenendola (M: -n-)

benauenturati erano quelli che patiuano persecutione per la iustitia, e che quelli possederebbono el regno deli cieli. Guarda si le molto patire in questo mondo qualche cosa per triumphare nela gloria delaltro. E piu che, secondo ognihuomo dicea, atorto e senza ragione e con falsi testimonii e forti martirii, la feceno quella uolta confessare quello che non era. Ma col bon animo suo, e come lo core e usato a patire fan [14] le cose piu lieui che non sonno, ogni cosa li parue niente. Che mille uolte la o udito dire: "Si me ruppi el pie, fo per mio bene, per che son piu cognosciuta che prima." De modo che tutto questo interuenne a tua bona matre in questo mondo, noi debiamo adunque credere che Dio li dara bon merito in quellaltro, se uero e quello che disse il nostro piouano, e con questo sto di miglior uoglia. Dunque fa che tu me sia come lei, uero amico, e fatiga per esser buono, poi che tu hai achi te a simigliare. Che quello che tuo patre te lasso, ben guardato te sta.

Par(meno). Lassiamo adesso li morti e le heredita, e parliamo ne li presenti negocii, neli quali ne ua piu utile che de ricordare li passati a la memoria. Ben hauerai amente che tu me prometesti de farme hauer Areusa, quando in casa de Calisto te dissi como io uiueua apassionato per lei.

Cel(estina). Se io tel promisse non me sono scordata, ne credere chabbia persa coglianni la memoria. Che piu de tre scacchi ha receuuti da me sopra questa materia in absentia tua. Gia credo che sera matura. Andiamo a casa sua, che adesso non porra scappare de scacco matto. E sapi che questa e la minima cosa chio faro per te.

Par(meno). Gia io non hauea piu speranza dhauerla, per che mai non ho possuto optenere gratia da lei che me uolesse scoltare per posserli dire una parola. E come se dice, mal segno e de amore fuggire e uoltar il uiso, de questo prendea in me gran diffiducia.

Cel(estina). Non me fo gran maraueglia de tua poca speranza, non cognoscendome ne sapendo, come adesso, che tu hai tanto a tuo commando la maestra de queste opere. Che hora uederai quanto per mia causa poi, e quanto colle simili uaglio, e quanto io so fare in casi de amore.

---

[14] 15: fa

CAPITOLO SEPTIMO

Camina piano, che noi semo a sua porta. Aperta sta? Itra [15] senza strepito, che non ce sentano suoi uicine. E aspectame sotto questa scala, che io andaro di sopra e uedero cio che se porra fare sopra quello che habbiam parlato, e per uentura faro piu che ne tu ne io haueuamo pensato.

Areu(sa). Chi e la? Chi sale aquesthora in camera mia?

Cel(estina). Chi non te uol male; che mai non da passo che prima non pense ne lutile tuo; chi ha piu memoria de te che di se medesima; una innamorata tua, anchora che sia uecchia.

Areu(sa). Diauolo aiutala questa uecchia strega! Como ua di nocte, che par una phanthasma. Madonna, tia, che bonauenuta e questa cosi tardi? Gia mera spogliata per andarme adormire.

Cel(estina). Conlegalline, figlia? Or cosi se fara la roba. Patientia! Passe pur uia! Altri son quelli che piangerano tue necessita. Herba pasce chil supplisce. Tal uita como questa ognihuomo sela uorria.

Are(usa). Iesu! Uogliome riuestire, che fa fredo.

Cel(estina). Per mia fe, non farai, saluo che entrarai nel lecto, che li parlaremo piu adasio.

Areu(sa). Cosi Dio maiuti, che ne ho ben bisogno, che tutto il di dogi me son sentita male, de modo che necessita piu che uitio ma facto prendere le lenzola per faldiglia.

Cel(estina). Non star assisa; colcati e mectite sotto li panni, che tu me assomigli a una serena. Ho como ole ogni cosa quando te moui! Baldamente che ogni cosa sta in ordine! Sempre me piaccono tue cose, tua nectezza e politia. Ho como stai ftesca! [16] Dio te benedica! Ho che lenzola e coltra! Che cossini e che bianchezza! Tal sia mia uita e mia uecchiezza, qual ogni cosa me pare. Perla gratiosa, guarda se te uol bene chi te uisita a questa hora. Lassamete guardare a mio modo, che me prendo gran piacere atocharte e contemplarte.

Areu(sa). Piano, matre, non me tochar, che me sollectichi e prouochime aridere, e lo riso accresce miodolore.

Cel(estina). Che dolor, amor mio? Burli o di da bon senno?

Areu(sa). Mal fin sia dime se io ui burlo, saluo che son quattro hore che moro del mal dela matre, che me salita sul pecto,

---

[15] M,V,15,35: Intra (M: -n-)
[16] M,15,35: fresca; V: frescha

e me da tanto affanno che par me uoglia cauar de questo mondo. Non son cosi uitiosa como tu pensi.

CEL(ESTINA). Dunque damme luogo chio ti possa tochare. Che per miei peccati qual che cosa intendo de questo male. Che ciascuna si tene sua matre e le passioni dessa.

AREU(SA). Piu suso lasento, sullo stomacho.

CEL(ESTINA). Dio te benedica e Sancto Michele Archangelo! Ho come sei grassa e fresca! Che pecto e che gentilezza! Per bella thauea fin adesso, uedendo quelo che tutti posseano uedere, ma mo te dico che non son in tutta questa cita tre corpi simili al tuo, in quanto io cognosco. Non par che passi quindici anni. O che io fusse adesso huomo e tanta parte hauesse hauuta in te, e che gran piacere me pigliarei de facti toi! Per Dio, che tu guadagni gran peccato a non dar parte de queste gratie atutti quelli che ben te uogliono; che non te le ha date Dio per che se stesseno indarno, e la frescheza de tua giouentu sotto sei doppii de panno e tela. Guarda non essere auara de quello che poco te costo. Non far equale tua gentilezza alli nascosti thesori, poi che de sua natura e cosico mmunicabile come son li denari. Non essere el can de lhortolano. E poi che tu non poi prendere piacere di te medesima, goda di te chi po. E non credere che indarno fusti creata; che quando nasce lei, nasce lui, e quando lui, lei. Nisuna cosa al mondo fu creata superflua che con accordata ragione non prouedesse di lei la natura. Guarda che e gran peccato dar faticha et pena aglhuomini possendoli aiutare.

AREU(SA). Matre, tu me dai parole, e non mi uole nisuno. Damme alchun remedio per mio male che me sera meglio che darme la berta [17] como tu fai.

CEL(ESTINA). De questo commun dolore tutte siamo maestre. Quello che a molte ho uisto fare, e quello che a me facea piu utile, te diro. Per che come son diuerse le qualita dele persone, cosi le medicine fanno diuerse e differenti loro operationi. Ogni hodor forte e buono: como e polegio, ruta, ascenzo, fumo de piume de starna e de rosmarino, fumo de sole de scarpe uecchie et incenso. Receputo con grandissima diligentia, fa utile et allenta il dolore, e a poco a poco la matre torna a suo luogo. Ma unaltra

---

[17] M,V,15,35: berta

cosa trouaua io che era meglio che alchuna di queste, e questa non te uoglio dire, poi che cosi sancta me te fai.

Areu(sa). Se Dio te guarde, matre, dimme, che cosa e? Uedime morire e neghime la salute?

Cel(estina). Ben mintendi ma non uoi. Non te far cosi grossa che non ce il peggior sordo che quello che non uole odire.

Areu(sa). Si, si, si! Mala peste me occida se te intendeua. Ma che uoi tu chio faccia? Tu sai che se parti hieri quel mio amicho per andare in campo col suo capitano. Uoi tu chio li fazza tristitia?

Cel(estina). Guarda gran danno e che tristitia!

Areu(sa). Per certo si seria. Che lui me da cio che me bisogna, thieneme honorato e fauorita, tractame como se io fusse sua patrona.

Cel(estina). Anchor che tutto questo sia, fin che tu non parturisci, mai te manchera questo mal de adesso, del qual lui debbe essere causa. E se non credi in dolore, credi in colore, e uederai cio che te interuene duna sola compagnia.

Areu(sa). Non e altro saluo mia mala uentura e la maledictione che mio patre e mia matre me lassorno. Che non ho lassato de prouare tutto questo fin adesso. Ma lassamo queste parole, che e tardi, *et* dimme la causa de tua buona uenuta.

Cel(estina). Gia sai quello che de Parmeno te dissi. Lui me se lamenta che non lo uoi uedere. Io non so per che, saluo per che tu sai che lo amo e uoglio bene e lo tengo in luogo de figliolo. Baldamente che daltro modo guardo le cose tue, che per fin a tuoi uicine me pargono bene, e me se ralegra il core ogni uolta chio le ueggo, per che so chogni di praticano teco.

Areu(sa). Tu non uiui, tia mia, ingannata.

Cel(estina). Nonl so. Ale opere credo, che le parole per uento se uendeno in ogni luogo. Che lo amore mai se paga saluo con uero amore, e le opere con le opere. Gia sai la parentela che e tra Elicia e te, la qual Sempronio tene in mia casa. Parmeno *et* esso son compagni; serueno a quel gentilhuomo che tu cognosci, dal qual porrai hauere gran fauore. Non negare quello che afarlo poco ti costa. Elicia e tu, parenti; e loro dui, compagni: guarda como uiene acconcio meglio che noi uolemo. Qui e uenuto meco. Guarda se uoi che uenga disopra.

AREU(SA). Trista la uita mia. Ogni cosa hauera' inteso!

CEL(ESTINA). Non hauera, che abasso e rimasto. Uoglio chiamarlo che uenga disopra. Receua tanta gratia date che tu li parli e uogli cognoscerlo e mostrali buona [18] uiso. E se te pare al proposito, goda ello di te e tu de lui. Che anchora che ello guadagni assai, tu non perdi cosa alchuna.

AREU(SA). Ben cognosco, matre mia, come tutte tue parole, queste e le passate, se radirizzano in mio utile. Ma come uoi tu chio faccia simil cosa, che come sai, ho achi render cuonto dime, e se esso i [19] sa, me amazzara? Ho uicine inuidiose, che subito il diranno. De sorte che, anchor che non fusse maggior male che perder lui, sara piu che non guadagnaro a far piacere a colui che me commandi.

CEL(ESTINA). De quel che tu hai paura, prima lho proueduto, che assai piano siamo intrati.

AREU(SA). Nol dico per questa sera, ma per altre assai.

CEL(ESTINA). Como? De queste sei? De questo modo te gouerni? Mai fara casa adui solari. Absente hai paura di lui; hor che farresti se stesse in la cita? In uentura mi cape de dar sempre conseglio a babioni, e sempre trouo chi erra. Ma non mi fo merauiglia, per che il mondo e grande e son pochi li experin entati. [20] Ho figlia, figlia! Se tu sapessi il ceruello de tua cusina, e quanto li hanno facto utile miei consegli e como e deuentata sauia. Baldamente chella non si troua mal con mie represioni! [21] Che uno ha in lecto et unaltro ala porta, et unaltro che sospira per lei in sua casa. Et a ttuti [22] attende et contenta, et a tutti mostra bon uiso; ognun si pensa essere piu amato, et ognun pensa chel sia el primo e piu fauorito, e tutti da persi li danno cio che li fa bisogno. E tu perdui che habbi te pensi che le tauole dela lectiera thabbiano ascoprire? Se deuna sola goza te manthieni, non te auanzarano molte uiuande. Non uoglio gia che me afflicti [23] li tuoi auanzi per che non ce saria guadagno. Mai un solo non

---

[18] V,15: bono; 35: buono
[19] M,V,15,35: il
[20] experin entati > M,15: experimentati; 35: esperimentati; V: expeimentati
[21] V,35: reprensioni
[22] M,V,15,35: tutti
[23] V,15: afficti; 35: affitti

mi piacque, mai in un solo posse mia speranza. Piu posson dui che uno, e piu quatro che doi, e piu tengono e piu danno, e piu ce tra loro da cappare. Non cc [24] cosa piu persa, figlia, che il sorice quando non ha piu che un perthuso. Se quello li e stoppato, non ha doue fuggir dal gatto. Chi non ha saluo unocchio, guarda a quanto pericolo camina! Unanima sola ne canta ne prola; [25] un solo acto non fa habito; un frate solo, poche uolte lo uederai andare per le strade; una starna sola, per miracolo uola; mangiar sempre de un cibo, presto fa fastidio; una sola rendine non fa prima uera; un solo testimonio non e creduto; chi sola una ueste ha, presto la rompe. Che uoi piu sapere de questo numero de uno? Piu conuenienti te diro che io non ho anni adosso. Thiene al mancho doi, che e compagnia laudeuole: come tu hai dui orecchie, dui occhi, dui mano, dui piedi, dui lenzola in lecto, dui camise per mutarte. E se piu de dui uorrai, meglio sara per te, che mentre piu inimici sonno, piu guadagno ce. Che honor senza utile e como anello in dicto. E poi che tueti [26] dui non capeno in nun sacco, recogli il guadagno. Sali su, figliol mio Parmeno.

Areu(sa). Non salga! Angio me occida! Che io me moro, che nol cognosco, ne so chi se sia. Sempre ho hauuto uergogna di lui.

Cel(estina). Io sto qui che te laleuaro e copriro e parlaro per tutti dui.

Par(meno). Madonna, Dio salue tua gratiosa presentia.

Areu(sa). Gentilhomo, siate il ben uenuto.

Cel(estina). Appressate a lei, asino. Doue te uai a sedere alcantone? Non essere impicciato, che lhuomo uergognoso el diauolo el fe uegnir in corte. Oditime tutti dui quello che io ue diro. Gia sai tu, figlio Parmeno, cio chio te promisi; e tu, figlia, quel che tho pregata. Lassata da parte la difficulta con che melhai conccesso, poche parole son necessarie, per chel tempo nol patisce. Ello e uisso sempre penato per te. Dunque uedendo sua pena, ben so io che nol uorrai morto, et anchora cognosco che esso te piace. Non sera captiuo che si resti questa sera teco.

Areu(sa). Per mia uita, matre, che tal cosa non se faccia. Iesu! Non mel comandare.

---

[24] M,V,15,35: ce
[25] 15: plora
[26] M,V,15,35: tutti

Par(meno). Matre, per la mor de Dio, che io non esca de qui senza buon accordo; che me ha morto damor sua uista. Offerisceli cio che mio patre per me ti lasso, et dilli che li daro cio chio ho. Or, su, dinnilo [27] per amor mio, che par che non me uoglia guardare.

Areu(sa). Che te ha ditto questo getilhomo [28] allorecchia? Crede chio farro niente de cio che me hai dicto?

Cel(estina). Figlia, non dice altro saluo che se prende gran piacere de tua amista, per che sei persona tanto da bene, nela quale qual si uoglia seruitio seria ben facto. Appressate a lei, negligente, uergognoso, che uoglio uedere da quanto sei prima che de qui me parta, che stai qui como un pezzo di legno. Scrizza con lei in questo lecto.

Areu(sa). Non sera lui si uillano e discortese che intre nel luogo uetato senza licentia.

Cel(estina). In cortesie et licentie stai? Non uoglio aspettar piu qui; io sero securta che tu te leuarai domatina senza dolore et lui senza colore. Ma come ello e una bardassola, un galluzzo de prima barba, credo che intre nocti non seli mutara la cresta. De questi tali uoleano li medici chio mangiasse in mio tempo, quandio hauea meglior denti che adesso.

Areu(sa). Oime, signor mio! Non me tractare de tal modo; mesurate per cortesia; habbii respecto a li canuti de questa honorata uecchia che e qui presente; fatte in la, che non son de quelle che tu pensi; non son de coloro che publicamente uendeno loro persone per danari. Per mia fe, che de casa me esca se tu tochi mei panni fin che Celestina mia tia senne sia andata.

Cel(estina). Che cosa e questa, Areusa? Che uogliono dire queste stranzeze, [29] queste schifezze, questa nouita et sdegni? Credi, figlia, che io non sappia che cosa e questa, et che mai non me sia intrauenuto ame, e che mai non habbia goduto de quel che tu godi, e che io non sappia cio che se po fare e dire? Guai de orecchie che tal parole odono come io. Di questo te auiso che sono stata errante como tu et hebbi amici assai; pero mai ne del uecchio ne dela uecchia hebbi uergogna, ne mai li scacciai dal mio lato, ne me despiacqueno loro consigli, ne impublico ne impriuato.

---

[27] V: dilo; 35: dillo
[28] M: gentilhomo; 15: gentilhomo; V,35: gentilhuomo
[29] M: straneze; 15: straneza; V,35: stranezze

CAPITOLO SEPTIMO

Te giuro per quella morte che aDio son debetrice che piu presto harrei uolsuto un buffecto nel uiso che le parole che me hai dicte. Par che hieri nascesti, secondo el modo che parli. Per farte honesta, me fai ignorante e uergognosa, e de pocho secreto e senza experientia; e fai manchamento a larte mia per alzar la tua. Sappi che da corsaro ad corsaro non se guadagnano saluo li barili. Piu ben dico di te in tua absentia che tu non te stimi in tua presentia.

Areu(sa). Matre, se io errai te dimando perdono. E appressate ame, e ello faccia cio che uole. Che piu presto uoglio contentar te che me; piu presto me rompero un occhio che farte despiacere.

Cel(estina). Non so piu scorozata, ma io teldico per lauenire. E Dio uidia la bona sera, che io me ne uo andare, solo per che me fate ligar li denti col uostro basare et zanzare; che anchora me e restato el sapor nele zenziue, che non lo persi insieme colli anni.

Areu(sa). Dio te accompagni.

Par(meno). Matre, uoi che te faccia compagnia?

Cel(estina). Sarrebbe spogliareun sancto per uestinre [30] unaltro. Dioue accompagni, che io uecchia sono, non ho paura che me sforzeno perla strada.

Eli(cia). El cane abbaia. Si uiene questo diauolo de uecchia?

Cel(estina). Tha, tha.

Eli(cia). Chi e la? Chi chiama?

Cel(estina). Uien abasso ad aprirme, figlia.

Eli(cia). Queste son sempre tue uenute. Caminar de nocte e il tuo piacere. Per chel fai? Che longa dimora estata questa, [31] mia matre? Mai essi de casa per ritornare. Sempre lai habuto per costume: attendi a uno, e lassi cento di mala uoglia. Che hoggi si stata cercata dal patre dela sposa che menasti el di de Pasqua al canonico; che la uol mandar a marito de qui a tre giorni, e bisognia che tu li doni remedio, poi che gelhai promesso, acio che non senta suo marito el fallo della uirginita.

Cel(estina). Non me recordo, figlia, per qual tu di.

---

[30] V,15,35: uestirne
[31] V,35: questa, cara

ELI(CIA). Come non te recordi? Per certo senza memoria sei. Subito te scordi! Tu me dicesti, quando la menaui, che lhaueui renouata septe uolte.

CEL(ESTINA). Non te far merauiglia, figlia, che chi in molti luochi pone la memoria, in nisuno la thiene. Ma dimme si tornara.

ELI(CIA). Gran facto si tornara! Ate data una maniglia doro in pegno de tua fatica, e non debbe tornare?

CEL(ESTINA). Quella dela maniglia? Gia so chi tu uoi dire. Per che non prendeui tu le cose necessarie e cominciaui a far qual che cosa? Sappi che in quelle simile doueresti imparare e far proua, de quante uolte melhai uisto fare. Altramente, li te starai tutta tua uita come una bestia senza arte ne intrada. E quando serai de mia eta piangerai la pigritia presente, che la giouentu ociosa mena la pentuta e fatigosa uecchiezza. Meglio facea io quando tua auola (che Dio habbia lanima sua) me mostraua questarte; che in capo de un anno piu sapea io di lei.

ELI(CIA). Non mi fo merauiglia; che molte uolte, come si dice, al buon maestro auanza el buon discipulo. E non e questo saluo nela uoglia con che se impara. Nisuna scientia e ben messa incolui che non li ha affectione. Io porto odio a questarte, e tu mori per essa.

CEL(ESTINA). Tu te dirai ogni cosa. Pouera uecchiezza uoi hauere. Tu te pensi che io mai te debbia manchare?

ELI(CIA). Per Dio, lassiamo el fastidio, *et* a tempo prendiamo el consiglio. E diamosi piacere. Fin che hoggi habbiamo da mangiare, non pensiamo adimane. Che cosi more colui che molto raduna como colui che poueramete [32] uiue, *et* lo doctore come el pastore, *et* lo papa come el sacristano, *et* il gran signore come el seruo, e colui de alto sangue come colui de bassa conditione, e tu con tua arte come io senza alchuna. Che non habbiamo uita per sempre. Godiamo e prendiamose piacere, che la uecchiezza pochi la uedono, e de quelli che ui arriuano, nisun more di fame. Che uoglio io piu in questo mondo saluo uitto e uestito e parte in paradiso? Per ben che li ricchi habbiano meglio el modo per guadagnar la gloria eterna che non hanno li poueri, nisun di loro e contento; non ce nisuno che dica, "Tanto ho che mi basti." Non

---

[32] 15,V,35: poueramente; M: poueramento (15: -n-)

ce nisuno diloro col quale io cambiasse imiei piaceri per isoi danari. Ma lassiamo li pensieri daltri, *et* andiamose ha dormire, che e tardi. Che piu me ingrassara un buon sonno senza timore che quanto thesoro possede Uenetia.

ARGUMENTO DELA OCTAUA PARTE [1]

Uenuta la matina, Parmeno se sueglio, prese licentia da Areusa, e sen ua a Calisto suo patrone. Trouo Sempronio in sula porta. Danno ordine [2] loro amicitia. Andorno de compagnia ala camera de Calisto. Trouorono che parlaua fra si stesso. Leuato poi Calisto, ando in chiesia.

Parmeno, Areusa, Sempronio, Calisto

(PARMENO). Fassi giorno, ho che cosa po esser questa, che tanta clarita e in questa camera?

ELI(CIA). [3] Che giorno? Dormi *et* riposa, che adesso ce collegamo. Che io non ho ancora chiusi gliocchi. Cosi *pre*sto uo tu che sia giorno? Apri questa finestra che e da capo allecto, *et* uederailo.

PAR(MENO). Per Dio, madonna, che io sto in ceruello, che gia e giorno chiaro. Ben lo cognobbe io qua*n*do uidi intrar la chiarita *per* le fissure dele finestre. Ho traditore me! E como son caduto in gran fallo con mio patrone! Meritorio sono de grandissima punitione. Ho Dio mio, e como e tardi!

ELI(CIA). [4] Tardi?

PAR(MENO). E piu che tardi.

ELI(CIA). [5] Cosi Dio me aiuti, che anchora no*n* me se leuato el male dela matre. Non so como se uada questa cosa.

PAR(MENO). Che uoi tu che io te faccia, uita mia?

---

[1] dela Octaua parte > V: del octauo acto; 35: del ottauo atto
[2] 15: ordine a
[3] M,V,15,35: Areusa; all correct this error consistently.
[4] Sic for "Areusa."
[5] Sic for "Areusa."

OCTAUA PARTE

ELI(CIA).[6] Che parliamo nel remedio de mio male.

PAR(MENO). Anima mia, se quello che habbiamo parlato non basta, quello che e piu necessario me perdona, per che e gia mezzo giorno. E se uo piu tarde, non sero ben uisto da mio patrone. Io uero domane *et* tante uolte quante tu uorrai. Che per questo fece Dio un giorno appresso laltro, per che quello che in uno non bastassi, se supplisse nellaltro. E acio che noi ce habbiamo aueder piu spesso, fame tanta gratia che tu uenghi hoggi ale diece hore adisnar con noi altri in casa de Celestina.

ELI(CIA).[7] De bonissima uoglia, e ua con Dio. Chiuderai la porta quando esci.

PAR(MENO). Dio resti teco.

Ho singular piacere! Ho grande allegrezza! E quale huomo fu ne sara piu auenturato di me? Qual huomo di me fu piu contento? Che cosi excellente donna sia per me posseduta; che quanto piu lontano me credea essere, tanto piu presto lho hauuta! Per certo che se io potessi patir con mio core li tradimenti di questa uecchia, ingenocchioni douerrei andare per farli piacere. Con che li pagaro mai simile seruitio? Ho superno Idio! *Et* a chi contaro questa allegrezza? Achi discopriro si gran secreto? Achi daro io parte de mia gloria? Ben me diceua il uero la uecchia, che de nisuna prosperita e buona la possessione senza la compagnia. El piacere che non e communicato non e piacere. Ho chi sentisse questa mia uentura como io la sento? Sempronio uedo sula porta de casa. Molto ha bonora se leuato. Guai hauero con mio patrone se for de casa e andato. Non sera, che non e suo chostume; ma como adesso non sta in suo ceruello, non mi merauiglio che habbia persa sua usanza.

SEM(PRONIO). Fratel Parmeno, se io sapesse che terra e quella doue se guadagna el salario dormendo, assai maffaticherei per andarui, *et* non darei uantaggio a ueruno: che tanto guadagnerei como ciaschuno. Como, p*er* piacere, te si scordato de tornar a casa?[8] Io non so che me dica de tua tardanza, saluo che questa sera sei restato per rescaldar la panza a Celestina o grattarli ipiedi como quando eri piccolo.

---

[6] Sic for "Areusa."
[7] Sic for "Areusa."
[8] V,35: casa? In uerita (V: -n)

Par(meno). Ho Sempronio, amico et piu che fratello! Per Dio te prego che non uogli corrompere mei piaceri, ne uoler mestigar tua ira col mio soffrimento, ne reuolgere tua scontenteza col mio riposo, non bagnar con cosi turbida aqqua el chiaro liquore del piacere chio porto, non inturbidare con toi castighi inuidiosi et odiose reprensioni mio piacere. Rechiedime con allegrezza, e contarotte miracoli de mia bona andata.

Sem(pronio). Dillo, dillo. E qualche cosa de Melibea?

Par(meno). Che Melibea? E dunaltra che io piu amo e tale che, se io non prendo errore, non se degnaria tener Melibea per serua in gratia et gentileza. Non credere che in Melibea siano tutte le belleze del mondo.

Sem(pronio). Che po esser questo, smemorato? Ridere uorrei, ma io non posso. El mondo e guasto poi che tutti uolemo amare. Calisto, Melibea; io, Elicia; et tu dinuidia hai cerchato con chi perdere quel poco ceruello che hai.

Par(meno). Dunque pazzia e amare? Et io son pazzo senza ceruello? Sappi che se la pazzia fosse dolore, in ogni casa seria pianto.

Sem(pronio). Secondo tua opinione, pazzo sei. Per chio tho udito dare consegli uani a Calisto e contradire a Celestina in quanto parlaua. Solo per impedire mio utile et suo te prendi piacere a non godere tua parte. Sappi che mo me sei uenuto alle mani, in cosa che te porro far danno, e lo faro per cerro. [9]

Par(meno). Non e uera forza ne pontentia, [10] Sempronio, damnare ne far male, ma far utile et guarire, e maggiore uolendolo fare. Sempre tho hauuto in luogo de fratello. Per Dio ti priego che non te interuenga quel che se dice: che piccola causa fa discordia tra conformi amici. Tu me tracti male; io non posso pensare donde proceda tal discordia. Non me indignar con simili parole. Guarda che molto rara e la patientia che acuta ira non penetre et trapassi.

Sem(pronio). Non dico mal in questo, saluo che se mecta unaltra sarda ad arrostire per lo famiglio de stalla, poi che tu hai innamorata.

---

[9] M,V,15,35: certo
[10] V,15,35: potentia

PAR(MENO). Per che stai corrocciato, te uoglio soffrire, anchora che me tracti peggio. Poi che dicono che nesuna humana passione e perpetua ne durabile.

SEM(PRONIO). Peggio tracti Calisto, dandoliuani consegli in quello che per te fuggi, *et* sei proprio como segno dhostaria, che per se non ha allogiamento *et* dallo a tutti. O Parmeno! Adesso porrai uedere como e facile cosa reprendere la uita daltri e come e duro a ciaschuno guardar la sua. Non te dico piu, poi che tu sei testimonio de questo. *Et* de hora inanzi uedero che portamenti farai, poi che hai tuascudella come ciaschuno. Se tu me fussi stato uero amico, nel tempo che io hebbi necessita dite, me doueui fauorire *et* aiutar Celestina in mio utile, e non ficchar ad ogni parola un chiodo de malatia. Sappi che como la fece dela tauerna da licentia a limbriacchi, cosi fa la necessita al finto amico: subito se discuopre el falso mettallo dorato per di sopra.

PAR(MENO). Sempre lho udito dire, *et* per experientia il uedo, che mai uiene piacere in questa uita senza contrarieta. Alli allegri, sereni *et* chiari soli, nuuole obscure *et* piogge con tempesta uedemo succedere; ali sollazzi e piaceri, dolore *et* morte li occupano; ale rise *et* dilecti, pianti, suspiri *et* passioni mortali li seguono; finalmente, amolta quiete *et* riposso, molto dolore *et* tristezza. Che seria possuto uenire si allegro como io? Qual fo mai si tristamente receputo? Qual se e uisto come io in tanta gloria con la mia Areusa? Chi se uide si subito cadere, essendo si mal tractato come io son date? O quanto te uoglio fauorire in ogni cosa! Ho come mi pento del passato errore! Ho quanti consigli *et* buone reprensioni ho receuuti da Celestina in tuo fauore *et* utile de tutti! Adesso che habbiamo questo gioco de nostro patrone *et* de Melibea nele mano, usciremo de pouerta, nonho [11] mai.

SEM(PRONIO). Ben mi piaceno tue parole, se simili hauessi le opere, a le quali te expecto per hauerte a credere. Ma dimme, per Dio, che cosa e quella che dicesti de Areusa, cusina de Elicia?

PAR(MENO). Che cosa e tutto il piacer chio porto, saluo che la ho hauuta?

SEM(PRONIO). Come sel dice el babione! De risa non posso parlare! Che cosa chiami tu hauerla hauuta? Hai te la messa nel pugno ho inseno? Ho che cosa po esser questa?

---

[11] V: o non; 15: mo o

PAR(MENO). Che? A metterla indubio si resto prengna ho no.

SEM(PRONIO). Spauentato me hai. Molto po fare la continua fatiga; una continua gozza fu ora [12] un sasso.

PAR(MENO). Uederai come continua; che hieri lo pensai, *et* gia la ho per mia.

SEM(PRONIO). La uecchia Celestina ce deue hauer messe le mani.

PAR(MENO). A che te ne accorgi?

SEM(PRONIO). Che lei me haueua dicto che te amaua molto e che te la farebbe hauere. Per questo se dice che piu ual a chi Dio aiuta che colui che abuonhora seleua. Ma tal sanctolo hauesti in questa materia ...

PAR(MENO). Di sanctola, che sera piu certo. De sorte che tu uoi dire che chi ha buon arbor se appoggia, buona ombre [13] il cuopre. Tarde andai; ma ha buonhora riscosse. Ho sratello! [14] E chi te contasse le gratia [15] de quella donna, del suo parlare e bellezza di corpo! Ma restesi per piu oportunita.

SEM(PRONIO). Po esser saluo cusina de Elicia? Non me dirai tu tanto di lei, che questaltra non habbia piu. Ogni cosa uoglio crederte. Ma dimme, che ti costa? Haili tu dato cosa alchuna?

PAR(MENO). No*n*, certo. Ma ancora che lhauessi dato, sarebbe ben dato in lei, che de ogni cosa e capace. In tanto son le simile estimate quanto sonno chare comparate; [16] tanto ualono quanto costano. Mai troppo chosto pocho, saluo chostei ame. A mangiar lho inuitata in casa de Celestina; sel te piace, andiamo, che prenderemo piacere.

SEM(PRONIO). Chi, fratello?

PAR(MENO). Tu *et* lei, *et* la sta la uecchia con Elicia. Prenderemo un pezo di solazzo.

SEM(PRONIO). ODio, e come me hai rallegrato! Liberale sei, mai non te mancharo. Hc [17] adesso te ho per huomo, ueramente credo che Dio te fara dilbene, tutto lodio che de tue passate parole hauea se conuertito in amore. Non dubito piu tua confe-

---

[12] fu ora > M: fuora; V,15,35: fora
[13] 35: ombra
[14] M,V,15,35: fratello
[15] 35: gratie
[16] 15: *com*prate
[17] M: He; 15: *Et*; V,35: 0

deratione con noi altri esser quella che deue. Abbrazzarte uoglio; uo che siamo come fratelli, *et* uada el diauolo per un tristo! Sia lo passato costione de san Giouanni, e cosi pace per tutto lanno. Che le ire deli amici sempre sole essere reintegratione de amore. Mangiamo *et* prendiamoce piacere, che nostro patron degiunera per tutti.

Par(meno).   Che cosa fa il dispe*r*ato?

Sem(pronio).   Li sta sopra lo lecto del riposo doue tu lo lassasti hor sera: che non dorme ne uegia. Sio entro dentro, rompha; sio esco fuora, canta o fernetica. Non lo posso comp*r*endere se *con* quello pena o p*r*ende piacere.

Par(meno).   Che di tu? Che mai ma doma*n*dato, ne manco hauuto memoria dime?

Sem(pronio).   Mai; si n*on* se ricorda di se, ricordarse ha di te?

Par(meno).   Guarda che p*er* fin *in* q*u*esto me corsa buona fortuna. Poi che cosi e, *in* q*u*el mezo che ello se sueglia, uoglio mandarla robba p*er* disnar*e* acio che habia*n* tempo p*er* cocinare.

Sem(pronio).   Che cosa hai pensato mandare acio che q*u*elle pazzarelle te t*en*gano per huomo compito, ben creato *et* liberale?

Par(meno).   In casa piena, presto se troua da cena. De quello che ce nela dispensa basta per farce honore: pan biancho, uinrazese, moscatello di taglia, un buonp*r*esucto de montagna, e piu sei parade [18] pollastri, che portorno hieri li contadini dele decime de nostro patrone. E se esso li doma*n*dasse, farolli credere che se lhabbia mangiati. E le tortore che lui fece seruare per hoggi, diro che puzauano, e tu sarai testimonio. Terremo modo che quello che deloro mangiera non li faccia male, e nostra tauola stia fornita come e ragione. E poi parlaremo la piu longamente in suo da*n*no *et* utile nostro colla uecchia sopra questo suo amore.

Sem(pronio).   Anzi dolore! Che fermamente credo che de morto o pazzo non porra scampare. Poi che cosi e, spazzati presto *et* andiamo disopra a ueder cio chel fa.

Cali(sto).

> In pericolmi uedo io;
> Al morir *non* e tardanza;
> Poi che me chiede il disio;
> Quel che nega la speranza.

---

[18] V: parra d*e*; 35: paia de

Par(meno). Scolta, scolta, Sempronio. Uersi compone nostro patrone. Poeta e deuentato.

Sem(pronio). Ho figliol della trista e che poeta! E che grande Antipater Sydonio elo grande poeta Ouidio, li quali allimprouiso li ueneano li ragionamenti metrificati a la bocca. Si, si, tu lhai a punto trouato! Poeta sera el diauolo! Fernetica insogno, e tu uoi che componga.

Cali(sto).
> Benti sta quelche cuor hai,
> Che tu uiui in pene meste,
> Poi che presto tarrendeste
> Nelamor di chi tu sai.

Par(meno). Non tho io dicto che compone?
Cali(sto). Ola? Serui? Chi parla in sala?
Par(meno). Che ui piace, signore?
Cali(sto). E molto nocte? E anchor hora per andar adormire?
Par(meno). Anzi e tardi per leuarse.
Cali(sto). Che cosa di tu, pazzo? Che tutta la nocte e passata?
Par(meno). E ancora assai parte del giorno.
Cali(sto). Dimme, Sempronio, mente questo poltrone che me fa creder che sia giorno?
Sem(pronio). Scordate, signor, de Melibea, e uedrai el di; che conla gran clarita che nel uiso suo contempli, non poi uedere dimbarlugato.
Cali(sto). Adesso il credo, che sento sonar la messa grande. Damme mia ueste, che uoglio andare alla Madalena. Pregaro Dio che guide Celestina e metta in cor a Melibea mia salute, ho uero in breue dia fine a mei tristi giorni.
Sem(pronio). Non prender tanto affanno; non uoler [19] ogni cosa in un hora. Che non e cosa de discreto desiare con gran efficacia quello che po finire tristamente. Se tu uoi che se concluda in un giorno cio che in un anno saria assai, non sara molto tua uita.
Cali(sto). Tu uoi inferir che io son facto come el fameglio del scudier galliciano, che prima chel possa hauer un par de

---

[19] V: uoler prender

calze, sta un anno; et quando el patrone nele fa tagliare, uorrebbe che in un quarto dhora fusseno facte?

Sem(pronio). Non commande Dio che io dica tal cosa, per che sei mio signore. Et ancora so che come me remuneri el bon consiglio, cosi me castigaresti cio chio mal parlasse. Et anchora dicono che non e equale la laude col seruitio ho el buon parlare, con la reprensione e pena de cio che e mal facto e parlato.

Cali(sto). Io non so, Sempronio, doue tu thabbi imparata tanta philisophia.

Sem(pronio). Signore, non e tutto biancho quello che di negro non ha similitudine; mancho e tutto horo quello che giallo luce. Tuoi scelerati desyderii, non mensurati con ragione, te fanno parer clari mei consegli. Haresti uolsuto che hieri a la prima parola te hauesseno portata Melibea, ligata e riuolta in suo cordone, come se hauessi mandato per qual si uoglia mercantia ala piazza, doue non saria piu faticha che arriuare e pagarla. Da, signore, riposo a tuo core, che in pocha breuita di tempo non cape grande bene auenturanza. Che un sol colpo non butta interra un arbore. Uoglite soffrire, per che la prudentia e cosa laudabile, e col buon ordine se resiste al forte combattere.

Cali(sto). Tu hai ben dicto, sela qualita de mio male el consentisse.

Sem(pronio). Per che cosa, signore, e lo ceruello, se la uoglia priua la ragione?

Cali(sto). Ho pazzo, pazzo! Dice el sano allinfermo: "Dio te dia sanita." Non uoglio piu spectar tuoi consigli ne aspectar piu tue parole, per che piu incendeno et auiuano le fiamme che me consumano. Io me andaro solo a messa, e non tornaro a casa fin che non me uenite a chiamare, domandandomi el beueragio de mio gaudio con la buona uenuta de Celestina. Ne uoglio mangiare fin alhora, anchora che prima siano li caualli de Phoebo apascere in quelli uerdi prati che soleno, quando han dato fine aloro giornata.

Sem(pronio). Lassa, signor, queste girauolte; lassa queste poesie, che non e parlar conueneuole quello che a tutti non e commune, quello che tutti non participano e che tutti non intendeno. E di: fin che tramonta el sole, e ogni huomo sapera quello che tu hai dicto. E mangia un poco de confectione con che te possi sustentare fin a tua tornata.

CALI(STO). Buon conseglier mio e [20] leal seruitore, sia come te piace. Che per certo credo che secondo tuo leale seruitio, che ami tanto mia uita come la tua.

SEM(PRONIO). Credilo tu, Parmeno? Io son [21] ben che tu nol giuraresti. Recordate, se uai per la confectione, che rampini un baractolo per quella gente che tu sai. Et a buon intenditore, nella manica capera.

CALI(STO). Che hai tu dicto, Sempronio?

SEM(PRONIO). Signore, disse a Parmeno che andasse per un poco de cydro.

PAR(MENO). Signor, eccol qui.

CALI(STO). Damel qua.

SEM(PRONIO). Uedrai che strangolar farra il diauolo. Integro el uole mangiar per far piu presto.

CALI(STO). La uita me ha data. Restatiui con Dio. Et andate a solicitar la uecchia, e uenite presto per il beueraggio.

PAR(MENO). La andarai col gran diauolo in tua mala uentura! In tal hora hauessi mangiato il cidro come fece Apuleio el ueneno chel conuerti in asino.

---

[20] M,15: om.
[21] 35: so

ARGUMENTO DEL NONNO ACTO

Sempronio e Parmeno senandorno, parlando insieme, a casa de Celestina. Ariuati, trouorono Elicia *et* Areusa. Missesi adesnare, e mangiando Elicia e Sempronio se scorrocciorno. Leuatesi Elicia dala tauola. Celestina *et* Areusa li apacificorno. Stando a parlare tutte insieme, uenne Lucretia, serua de Melibea, a chiamar Celestina per parte de sua patrona.

Sempronio, Parmeno, Elicia, Celestina, Areusa, Lucretia

(Sempronio). Porta abasso, Parmeno, nostre spade *et* cappe, *et* andiamo amangiare sel te pare che sia hora.

Par(meno). Andiamo presto, che gia credo che coloro se lamentaranno de nostra tardanza. Non passiamo per questa strada; per questaltra sera meglio, che intraremo per la chiesia euederemo se Celestina hauera finite sue orationi; e menaremola con noi de compagnia.

Sem(pronio). A conueniente hora uoi chella dica orationi!

Par(meno). Non se puo dire esser facto senza tempo quello che in ogni tempo se po fare.

Sem(pronio). Uero e; ma tu cognosci male Celestina. Che quando ella ha da fare, non se recorda de Dio ne se cura de sanctimonie. Quando ha in casa da rodere, sani stanno li sancti; quando ella ua ale chiesie con sui pater nostri in mano, non li auanza in casa il mangiare. Ancora chellei thabbia alleuato, meglio cognosco sue proprieta che non fai tu. Sappi che le orationi che essa in suoi pater nostri dice sonno le uerginita che ha adosso allanima, e quanti innamorati sonno in la cita, *et* quante garzone tene recommandate, e quanti despensieri son quelli che gli danno prouisione e quale di loro gle la da meglio, e come se chiamano per nome, per che quando gli scontra non parli con loro come forestiera, e qual canonico ho prete e piu gioune e liberale. Quando ella mena le labra, alora finge busie *et* ordina cautele per hauer danari: "In questa forma cominciaro — questo me respondera — questo gli replicaro." *Et* in questo modo uiue costei che noi altri tanto honoramo.

Par(meno). Piu che questo so io dilei; ma per che te scorrocciasti laltro giorno quando il disse a Calisto, non uoglio parlare.

Sem(pronio). Anchora che noi lo sappiamo per nostro utile, non lo publicamo per nostro danno. Che adirlo a nostro patrone seria cacziarla per trista come e *et* che non se curasse dilei. E lassando costei, seria forza che uenisse unaltra, de cui fatiga non guadagnariamo cosa alchuna, come faremo de costei, la quale per buona uoglia o per forza ce dara parte del guadagno.

Par(meno). Ben hai dicto. Tasi, che sta la porta aperta. In casa sta. Chiama prima che intramo, che per uentura staranno disconze *et* non uoranno esser uiste cosi.

Sem(pronio). Intra, non te curare, che tutti simo di casa. Gia apparecchiano la tauola.

Cel(estina). Ho innamorati mei, o perle mie polite! Tal mi uenga el buonanno, qual mi par uostra uenuta!

Par(meno). Guarda che parolette tene la nobile! Ben cognosci, fratello, queste fincte carezze.

Sem(pronio). Lassala in sua malhora, che di questo uiue. Io non so qual diauolo gli mostrasse tante tristitie.

Par(meno). Chi? La necessita, pouerta — e fame. Che non ce al mondo la miglior maestra, non ce la migliore suigliatrice et auiuatrice de ingegnii dilei. Chi mostro ale gazze e pappagalli imitar nostra lingua con sue frappate lingue, nostro organo e uoce, saluo costei?

Cel(estina). Citelle, citelle! Areusa! Elicia! Babione matte! Uegnite abasso presto, che sonno qui doi gioueni che me uogliono sforzare.

Eli(cia). Ma mai fosseno uenuti! Con loro molto inuitar per tempo! Che gia son tre hore che sta qui aspetando mia cusina. Ma questo pigro de Sempronio sara stato causa dela tardanza, che non ha occhi con che patisca uederme.

SEM(PRONIO). Tace, anima mia, uita *et* amor mio. Che chi ad altri serue non e libero. De modo che subiectione me rileua de culpa. Non prendiamo fastidio, *et* asettamose a mangiare.

ELI(CIA). Per questo sei tu buono! Per sederte amangiare, molto diligente! A tauola apparecchiata con tue mano lauate *et* poca uergogna!

SEM(PRONIO). Da poi farremo questione; mangiamo adesso impace. E tu, matre Celestina, assidete prima.

CEL(ESTINA). Sedete uoi altri, figlioli miei, che assai luogo ce per tutti, ringratiato sia Dio; tanto ce desseno del paradiso quando la andaremo. Ponitiue in ordine, ciaschuno apresso la sua; *et* io, che son sola, mettero apresso dimme questo bocale e taza, che tanta e mia uita quanto con loro parlo. Da poi che me son facta uecchia, non so la meglior arte che metter uin in tauola. Per che chi tracta el mele, sempre selli appiccia de essa. *Et* de notte in inuerno, non ce lo meglior scaldalecto di questo. Che con doi boccalecti de questi che io beua quando me uoglio andare adormire, non sento fredo in tutta la nocte. De questo fodro io me uesto quando uiene el Natale; questo me scalda el sangue; questo me sostene continuo de uno essere; questo me fa sempre andare alegra; questo me fa frescha come una rosa; de questo ueda io sempre auanzare in mia casa, che mai non haueria paura del malanno. Che una schorza de pan duro me basta per tre giorni. Questo leua la tristeza del core piu che non fa loro ol corallo; questo da animo al giouene *et* al uecchio forza; da color al discolorito e cor al pauroso; alhuomo lento, diligentia; conforta el celebro, caccia el freddo de lo stomaco, leua la puzza de lo anhelito, fa potenti gli fredi huomini, fa soffrire le fatiche deli lauori ali stracchi metitori, fa sudar ogni aqua cactiua, sana la refredatione, e buon per gli denti, questo se sustene senza puzzar in mare, la qual cosa lacqua non fa. Piu proprieta te direi de questo che uoi altri non hauete capelli in testa.[1] De modo chio non so chi non se prendesse piacere in mentoarlo. Ma non ha saluo un difecto: che lo buono uale caro, *et* lo cactiuo fa danno. De modo che quello che sana la milza inferma la borsa. Ma con tutte mie fatiche sempre cercho de lo meglio per quel poco chio beuo. Solamente

---

[1] 35: capo

dodeci uolte me basta ad ogni desnare, e nissuno mi fara passar di quelle, saluo se io son inuitata, come son adesso.

Par(meno). Matre, la commun opinione de tutti e che tre uolte e honesto ad ogni desnare. Tutti quelli che scripsero non dicono altro.

Cel(estina). Figlio, sera corrupta la scriptura, e guarda ben che de dire per tre, tredeci.

Sem(pronio). Madonna zia, a tutti ce sa buono. Mangiamo *et* parliamo, per che da poi non ce sara tempo de intender de lo amor de questo pazzo de nostro patrone e de quella gratiosa e gentil Melibea.

Eli(cia). Fatte in la mala gratia, fastidioso! Mal pro te possa fare cio che mangi! Che tal desnar mhai dato! Per mia fe, de angoscia mi uien uoglia [2] gittar cio che ho in corpo a sentire chiamare colei gentile. Guarda e cchi [3] e gentile! Iesu, Iesu! Che noia e fastidio e ha ueder tua poca uergogna a chiamarla gentile! Mal me faccia Dio sela e, ne manco e parte de questo, ma che sonno occhi che de ogni tristitia se innamorano! Farmi uoglio el segno de la croce de tua grande ignorantia e poco uedere. O chi stesse adesso di uoglia per disputar conteco sua belleza e gentileza! Poi che gentile ti pare Melibea, a llhora sara, *et* allhora dirai el uero quando andarano a doi a doi li diece commandamenti. Quella belleza che ella ha per una moneta se compra nele boteghe. Per certo che cognosco nela contrada doue ella habita quattro donzelle, in cui Dio ha compartito piu sua gratia che non ha facto in Melibea. Che se cosa ha di belleza, e per gli buoni ornamenti che porta. Metite li sopra un legno, anchora ui parera che sia bello. Per mia fe, chio nol dico per laudarmi, ma io credo essere si bella como uostra Melibea.

Areu(sa). Ho sorella mia, se tu lhauessi uista come io! Dio non maiuti, che se degiuna me scontrasse, se quel di potessi mangiar de angoscia. Tutto lanno sta chiusa in casa con mille mute de brutture in sul uiso. Per una uolta che de uscire in luogo doue po esser uista, imbratta suo uiso de fele *et* mele con uue abrusticate e fighi secchi e con altre brutture, che per reuerentia dela tauola

---

[2] 35: fe, de angoscia mi uien uoglia > fede, angoscia mi uien, uoglio
[3] Guarda e cchi > M: Guarda he e chi; V,35: Guarde e chi; 15: Guarda chi

non dico. Le ricchezze fanno costoro belle *et* esser laudate, e non le gratie del loro corpo. Che cosi Dio me aiuti, certe cinne ha, per essere donzella, come se tre uolte hauesse parturito: non pareno saluo doi grande zuche. El uentre non gle lho uisto, ma iudicando per le altre cose, credo che labbia si lento como uecchia de cinquanta anni. Non posso comprendere che cosa habbia uisto in lei Calisto; per la quale lassi damare altre che piu legermente potrebbe hauere, e con chi ello si prenderebbe piu piacere, saluo chel gusto perduto molte uolte iudica el dolce per lo amaro.

SEM(PRONIO). Sorella, ame pare che qui ogni mercadante loda la sua mercanzia, ma el contrario de questo se dice in ogni luogo.

AREU(SA). Nessuna cosa e piu lontana dal uero che la uulgare opinione. Mai non uiuerai alegro se per uolunta de multi te gouerni. Per che queste son uere conclusioni: che qual si uoglia cosa chel uulgo pensa e uanita; e cio che parla e falsita; cio che reproua e bonta; e quello che approua e malignita. E poi che questo e suo certo uso e costume, non iudicare la belleza egentileza de Melibea per quello esser quella che affirmi.

SEM(PRONIO). Sorella mia, el uulgo mal parlante non perdona gli difecti de loro signori; de modo che io credo che, se alchun difecto Melibea hauesse, gia saria palese per quelli che con lei piu che noi an praticato. *Et* anchora che io concedesse cio che tu di, Calisto e nobile e cauaglieri, Melibea e generosa; de modo che gli huomini per natione se ricerchano lun laltro. Per tanto non e da prendere admiratione sello ama piu presto costei che unaltra.

AREU(SA). Tristo sia chi tristo si tene. Le opere fanno natione, che al fine tutti simo figli de Adammo *et* de Eua. Ognun procure ad esser bon per se, e non uada cercando nela nobilita de soi antecessori la uirtu.

CEL(ESTINA). Figli, per amor mio, che resteno adesso queste parole de fastidio. E tu, Elicia, tornate ala tauola e lassa la malenconia.

ELI(CIA). Con tal condition io tornassi che mal pro me facesse e che io schiattassi mangiando. Uoi tu che io mangie con questo maluagio, che me ha uolsuto mantenere nel uiso che sia piu bello suo straccio de Melibea che io?

SEM(PRONIO). Tacci, uita mia, che tu festi la comparatione, et ogni comparatione e odiosa. De modo che tu hai la colpa et non io.

AREU(SA). Uien a mangiare, sorella, per amor mio. Non far questo piacere a questi matti perfidiosi. E se non uerrai, io me leuaro da tauola.

ELI(CIA). Necessita de farte piacere me fa contentar questo mio nimico, e per usar uirtu con tutti.

SEM(PRONIO). He, he, he!

ELI(CIA). De che te ridi? Che mal cancaro possa mangiar questa boccha disgratiosa e fastidiosa!

CEL(ESTINA). Non gli responder, figlio, per che mai non finiremo. Attendiamo a quello che fa al preposito de nostra materia. Ditemi, como resto Calisto? Como lhauete lassato cosi solo? Como ui sete partiti tutti doi da esso?

PAR(MENO). Amessa e andato· ala Madalena, in sua maledictione, gettando fuoco como un desperato, perduto, e mezzo pazzo, et apregar Dio che tu possi ben rodere le ossa de questi pollastri, e protestando de non tornar in casa fin che non sei tornata con Melibea in grembo. Tua camorra e manto et anchora mio saio certo sta; quando lo dara, nol so. El resto uada e uenga.

CEL(ESTINA). Sia quando sera, che buone son maniche da po Pasqua. Tutte quelle cose alegrano che con poca fatiga se guadagnano, maggiormente quando escono de luogo che si poco danno fanno: a cosi riccho huomo como e costui, che con la mondezza de casa sua uscirebbe io de pouerta, secondo la gran robba che li auanza. Non duole a gli simili cio che spendeno, e secundo la causa per chel danno, non lo senteno. Colla ciccita de amore ne uedeno ne odeno. La qual cosa giudico per altri che ho cognosciuti, manco appassionati e messi in questo fuoco de amore doue Calisto e. Che non mangiano ne beueno, non cridano ne piangeno, non dormeno ne uegliano, non parlano ne taceno, non penano ne prendeno riposo, non stanno contenti ne se lamentano, secundo la prolixita dela dolce piaga de loro cori. E se alchuna cosa de queste la naturale necessita gli sforza afare, stano nellacto si smenticati, che mangiando se scordala mano di portare il cibo a la bocca. E se con loro parlano, mai conueniente resposta rendono. Li hanno li corpi; e con loro innamorate, suoi sensi e cori. Grandissima forza ha lo amore: che non solo la terra, ma anchora il mare trapassa, secondo sua potentia. Ha equale commandamento in tutte nationi dhuomini; ogni difficulta rompe. Molto ansiosa, timorosa cosa e sollicita e; da e guardase atorno. De sorte che, se uoi altri sete stati ueri innamorati, giudicarete esser uero cio chio dico.

SEM(PRONIO). Madre, in tutto concedo a tuo ragionamento, che qui e presente chi me causo un tempo essere unaltro Calisto: col senso perso, col corpo stracco, conlla testa uana, ligiorni mal dormendo, e tutte le nocte uigilando, facendo matinate, saltando mura, mettendo ogni di in pericolo mia uita per lei, fracassandole defensiue arme, rompendo spade, spectando tori. Ma ogni fatiga sia benedecta, poi che tal gioia guadagnai.

ELI(CIA). Ben te credi hauerme guadagnata! Ma io te fo certo che non hai uoltato la testa quando e unaltro in casa che piu che te amo, e piu gratioso e bello che non sei tu, e baldamente che non ua cerchando uia de darme malinconia; al fin de unanno che me uieni auisitare, tardo e con male.

CEL(ESTINA). Figlio, lassala dire, che fernetica. Mentre piu de queste parole li oldirai dire, piu se ferma nel tuo amore. Ogni cosa e per che hauete qui laudata Melibea. Non sa con che te impagare saluo con questo; credo che non ueda la hora de hauere mangiato per quel che io me uoglio tacere. E questaltra sua cusina, ben la cognosco io. Godete uostre fresche giouentu, che chi tempo ha et meglio lo expecta, tempo uiene che si pente. Como ho facto io per alchune hore che ho lassate perdere in mia giouentu, quando io staua in reputatione, e quando era amata. Che gia, per mio peccato, son uecchia, e nissun me uole. Che ben sa Dio mia bona uolunta! Basatiue et abracciatiue, che ame non me resta altro saluo prenderme piacere auederlo. Mentre sarete alla tauola, dala cintola in su ogni cosa se perdona. Quando sareti da parte, non uoglio metterui tassa, poi chel re non la pone. Che io so che queste garzone mai de importuni ue accusaranno, e la uecchia Celestina mangiera le molliche del pan che son in su la touaglia con sue triste gengiue per che li farete ligar li denti a sapor de uostri piaceri. Dio ue benedica, e come uela ridete, scrizate, bardassole, pazarelli! In questo doueano fenire le nuuole della questione che hauete hauuta. Fate piano, che buttarete la tauola interra!

ELI(CIA). Matre, ala porta e chiamato. Nostro piacere e guasto.

CEL(ESTINA). Guarda, figlia, che per uentura sera chil racconce.

ELI(CIA). O la uoce me inganna, o e mia cusina Lucretia.

CEL(ESTINA). Aprili; intre ella, et buona uentura. Che ancora essa qualche cosa se intende de questo che qui parlamo, ancora che lo esser renchiusa li impedisca el piacere de sua giouentu.

AREU(SA). Cosi Dio me aiuti como e uerita; che queste che seruono a madonne non godeno dilecto ne cognoscono li dolci piaceri de amore. Mai non tractano con parenti ne con soi equali con le quali possano dire tu e tu, con le quale dicano: "Che cenasti tu? Stai tu pregna? Quante galline hai in casa? Uoi me tu dar am erenda in tua casa? Mostrame el tuo innamorato. Quanto tempo fa che tu non lhai uisto? Como te uol bene? Chi son tue uicine?" et altre cose de equale similitudine. O tia mia! E che duro nome, graue e superbo, e hauer continuo quel nome de madonna in bocca! Per questo io uiuo da per me, poi che ho hauuto cognoscimento. Che mai me piacque chiamarmi daltri, saluo mia; magiormente de queste madonne che al presente sonno. Perdesse con loro el megliore tempo de la giouentu, e con una camorra de quelle che loro smantano pagano el seruitio de diece anni. Dicendogle mille uillanie, mal tractandole, continuo le tengono subiugate, che parlare dinanzi aloro non olsano. E quando uedono che se appressa el tempo dela obligatione che hanno a maritarle, opponeno aloro qualche falso testimonio, e dicono che hanno hauuto da fare col fameglio o col figlio,[4] domandan loro gelosie del marito, ho che metteno huomini de nascoso in casa, e danli per questo cento staffilate e caccian le fora di casa conlli panni in su la testa, dicendo gli: "Ua uia, puttana, che non guasterai piu mia casa e honore." De modo che spectano remuneratione, e cacciano in gratitudine; e spectano uscirne maritate, et escono suergognate; spectano ueste e zoie maritale, et escono nude e con mancamento. Queste sonno loro remunerationi, questi son loro beneficii et pagamenti. Obliganse adarli marito, e togliono loro il uestito. El maggior honore che in loro case hanno e ad esser messagiere, de madonna in madonna e de casa in casa con sue imbassate adosso. E mai di bocca loro odeno suo proprio nome, saluo, "Puttanna la, puttana

---

[4] V,15,35: figlio

qua. Doue uai, tignosa? Che hai tu facto poltrona? *Per* che hai tu mangiato questa, [5] gulosa? Per che non hai ben lauate le scutelle, porca? Per che non mhai netta la camorra, gaglioffa? Per che hai tu dicto questo, busarda? Chi ha perso lo piacto, smemorata? Como e mancato el pannicello, ladra? Al tuo ruffian lharrai tu donato. Uien qua, mala donna. Doue e la gallina padoana che non se troua? Cercala presto, ho io tela contaro neli primi danari de tuo salario." *Et* apresso questo gli danno mille botte con le pianelle, pugni, bastonate, staffilate. Non ce alcuna che le sappia intendere ne che le possa soffrire. Tutto lor piacere e cridare e far questione. De quello che meglio e facto, manco si contentano. Per questo, matre mia, ho uolsuto piu presto uiuere in mia piccola casa, absente e patrona, che in loro gran palazzi subiugata e captiua.

CEL(ESTINA). In tuo ceruello sei stata, ben hai saputo gouernarte. Per che li sauii dicono che uale piu una mollica de pane impace che tutta la casa piena deuiuande in costione. Malassiamo adesso questi ragionamenti per che intra Lucretia.

LU(CRETIA). Bon pro ui faccia, tia e la compagnia. Dio benedica tanta gente e si honorata.

CEL(ESTINA). Tanta, figlia? Molta te pare che sia questa? Ben pare che tu non mhabbi cognosciuta in mia prosperita, hoggi fa uinti anni. Chi me uide e chi adesso me uede, io non so como non si spezza suo cor di dolore! Io ho ueduto, amor mio dolce, in questa tauola doue adesso stanno tue sorelle asise, noue giouani de tua eta, che quella che piu tempo haueu non passaua desdotto anni, e nissuna haueu manco de quattordice. El mundo e cosi facto, lassiamolo passare, camine sua rota, gireno soi aqque ducti, alcuni pieni *et* altri uodi. Legge e de fortuna che nissuna cosa longo tempo in un essere rimane: suo ordine *et* [6] mutatione. Non posso dire senza lacrime el grande honore che io alhota [7] haueu; anchora che per mei peccati e mala uentura, facendomi uecchia apoco apoco e uenuto indiminutione. Como declinauano mei giorni, cosi diminuiua e mancaua mio utile. Prouerbio antiquo e che quante cose al mondo sonno crescono o decrescono.

---

[5] V,35: questo (V: -*ue*-)
[6] 15: e
[7] M,V,15,35: alhora

Ogni cosa ha suo limite, ogni cosa ha soi gradi. Mio honore arriuo in culmine secondo mio grado e chi io era; necessario e che manche e se abasse. *Et* a *qu*esto cognosco esser proxima a mio fine. *Et in* questo uedo che e poca mia uita. Ma ben seppi io che sali *per* descendere, fiori *per* secharme, e ho goduto per intrestirme, nacque *per* uiuere, uisse *per* crescere, cresci *per* inuecchiarme, inuecchiai *per* morire. Poi che tutto questo prima che adesso me *co*nsta, suffriro *con* manco pena mio male; quantun*qu*e io *no*n possa leuarme dala memoria el passato *s*entimento, poi che io son *d*e carne sensibile formata.

Lu(cretia). Fatiga doueui hauere, matre mia, con tante giouene *p*er che e bestiame fatigoso aguardar*e*.

Cel(estina). Fatiga, amor mio? Anzi reposo e piacere. Tutte me obediua*n*o, tutte me honorauano, de tutte era seruita, nisuna usciua *d*e mia uolu*n*ta; quello che io diceua era bono e p*er*fecto, a ciascuna daua recapito. Nesuna preteria mei co*m*mandi; se io gelo hauesse dato zoppo, cieco o stroppiato, *qu*ello prendeano per sano chi piu danari me daua — *qu*ello era il primo. Mio era lutile, e loro la fatiga. E forsi che *p*er causa loro, io *no*n hauea seruitori! Caualieri, uecchi, gioue*n*i, preti, frati, uescoui, sacristani — *d*e ognun de costoro era seruita *et* honorata. Como io entraua in chiesa, uedea piu sberettati in mio honore che se io fusse stata una duchessa. Colui se credea essere piu tristo che manco hauesse da fare meco. Subito che me uedeuano, lassauano lofficio diuino, *et* uno a uno, e dui a dui, ueniano doue io staua per ueder se io uoleua comandar niente loro, *et* adomandarme ciaschun per la sua. Subito che me uedeano intrare se turbauano, che non sapeano ne diceano cosa ben detta. Alchuni me chiamauano madonna, alchuni tia, altri innamorata, multi uecchi honorata. Li prendeuamo ordine quando loro doueano uenire in casa mia *et* quandio douea mandarle ale loro; li merano proferti danari, gli merano facte assai promesse insieme con presenti, basandome il manto *et* alchuni nel uiso per tenerme piu contenta. Adesso la fortuna ma conducta in tal grado che tu mhabbii adire: "Buon pro te facciano le scarpe!"

Sem(pronio). Madre, spauentati ne hai co*n* le cose che ce hai conte de questa religiosa gente e benedecte chieriche. Che non doueano esser tutti!

CEL(ESTINA). Non, figliol mio, ne Dio consenta che io dica tal cosa. Che molti uenerano uecchi che io con loro guadagnaua pocho e che non patiuano uederme, ma io credo chel feuano per inuidia deglialtri che me parlauano. Che como uera dogni sorte, alchuni erano casti e molti che sustentauano quelle delarte mia. E tutta uia credo che de questi non manchi. Costoro commandauano a loro scudieri *et* famigli che maccompagnasseno la doue io uolesse; appena era arriuata in casa quando intrauano per mia porta assai presenti: pulli, galline, anitre, oche, pernici, tortore e bon presucti, capretti, staia di grano e bon porchette. Ognihuomo me presentaua como lo receueuano dele decime de sancta chiesia acio che io lo godesse insieme con loro deuote. E forsi che non mauanzaua il uino: del migliore che se trouasse nella cita! Uenuto de diuerse parte: Corso dilota, razzese, Moscatel di Taglia, de Riuiera, de Giglio, San Seuerino, Greco de Somma, Maluasia [8] de Candia, *et* de mille altri luogi; e tanti che, anchora che io habbia la differentia *et* sapori de li gusti ne la bocca, non ho la diuersita de loro terre nela memoria. Che assai e che una uecchia como io, a hodorare solamente il uino, sappia dir subito de che luogo e. Elo piouano a pena lera fata la offerta del uino e chel parrochiano hauea basata la stuola quando al primo sbalzo subito era in mia casa. E spessi como herba in prato intrauano ragazzi in mia stantia carchi de prouisione. Non so como me possa uiuere essendo caduta di tale stato.

AREU(SA). Matre, non piangere, poi che simo uenuti per prendersi piacere, e non te desperare, che Dio prouedera il tutto.

CEL(ESTINA). Figlia, assai causa o da piangere, recordandome de cosi alegro tempo e tal uita como io godea e come era seruita da tutto il mondo. Che giamai fruta nouela fu, dela quale io non godesi prima che altri sapessi che fosse nata. Se trouaua matura in mia casa se per qual donna pregna qualcuno la cercaua.

SEM(PRONIO). Matre, nissuno utile porta la memoria del buon tempo, se recuperare non se po, anzi tristeza: como fa adesso ate, che ce hai guasto nostro piacere. Leuesi la tauola! E noi altri andaremo in camera a prendersi piacere, e tu darai resposta a questa donzella che e qui uenuta.

---

[8] M,15: om. "de Giglio ... Maluasia"

CEL(ESTINA). Figlia Lucretia, lasciati questi ragionamenti, uorrei che tu me dicessi a che fu adesso tua buona uenuta.

LU(CRETIA). Per certo, gia mera scordata mia principale imbassata, con la memoria de cosi alegro tempo como me hai contato. Cosi me sarei stata senza mangiare, scoltandoti, pensando in quella uita alegra che quelle giouene godeano, che me pare assomigliare che io stia al presente in essa. Mia uenuta e per quello che tu saperai, adomandarti il cordone. Et anchora te prega Melibea che sia per te uisitata, e presto, per che si sente molto affatigata de dolor de core.

GEL(ESTINA).[9] De queste simili doglie; piu e il rumore che non sonno le uoce. Gran meraueglia mi fo che se senta dil core donna si giouene.

LU(CRETIA). Cosi sia tu strasinata, uecchia traditora! Come tu no [10] sai quello che e? Fa questa stregha soe factocchiarie e uasene; e fa poi uista che non sa cosa alchuna.

CEL(ESTINA). Che hai tu dicto, figlia?

LU(CRETIA). Matre, che andiamo presto, e dami el cordone.

CEL(ESTINA). Andiamo, che io il portaro.

---

[9] M,V,15: Cel.; 35: Celestina
[10] M,V,15,35: non (M,V,15: -n)

ARGUMENTO DEL DECIMO ACTO

In quel mezo che andaua Celestina e Lucretia per la uia, Melibea parla infra se. Arriuate ala porta, intro prima Lucretia, e e [1] poi fece intrare Celestina. Da poi multi ragionamenti, Melibea discopre a Celestina como arde per amor de Calisto. Uedendo uenir sua matre, Elisa, prende licentia Celestina. Domanda Elisa et [2] Melibea cio che ha dafarcon Celestina, defendendoli sua conuersatione.

Melibea, Celestina, Lucretia, Elisa

(MELIBEA). O misera me! O mal proueduta donzella! O come me sarebbe stato meglio hauer concesso sua petitione e domanda hieri a Celestina quando da parte di quel gentilhuomo me prego (cui uista mi prese) et contentar ello et sanare mei, che esser uenuta per forza a discoprire mia piaga quando non me sara hauuto a grado, quando lui sconfidandose de mia buona resposta, habbia messo suo core nelo amor de unaltra! O quanto piu auantaggio harrebe hauuta mia promessa quando fui pregata che al presente non hauera mio sforzoso offerire! O mia fidel serua Lucretia! Che dirai tu di me? Che pensarai tu del mio poco ceruello quando me uederai publicare quello che mai a te non ho uolsuto scoprire? O come te spauentarai del rompimento de mia poca honesta e uergogna, che sempre, come reinchiusa donzella, ho costumato hauere! Non so se tu hai hauuto indicio de donde proceda mio dolore. O se tu uenissi al presente conquella mezzana de mia salute! O superno Idio! A te, che tutti li tribulati chiamano, e li

---

[1] M,V,15,35: om.
[2] 15: a

apassionati dimandano remedio, e li piagati medicina; a te, che
li cieli, terra *et* mare, con li infernali centri obediscono; a te,
il quale tutte le cose aglihuomini subiugasti, humilmente te supplico che doni almio ferito core patientia e suffrimento con che
possa dissimulare mia terribile passione. E non se macchie quella
foglia de castita che ho messa sopra questo amoroso disio, pu-
blicandose daltro mio dolore e non di quello che me tormenta.
Ma come porro farlo, misera meche si crudelmente fu il uenenoso
boccone che dela uista dela presentia de quel caualier me dette?
O genere femineo,[3] tristo e fragile! Per che non fu a le donne
ancora concesso posser discoprire loro ardente fiamme de amore,
come fu ali huomini? Che Calisto dime non sesaria lamentato, ne
io seria restata in pena.

Lu(cretia). Tia, fermate un poco qui de drieto a questa porta, *et* io intraro auedere con chi parla mia madonna.

Intra, intra, che infra se medesima parla.

Mel(ibea). Lucretia, lassa andar giu quella protiera. O uecchia sauia *et* honorata, tu sia la ben uenuta! Che te pare come
a uolsuto mia uentura *et* mia fortuna a riuolto, che io hauesse
necessita deltuo sapere, per che si presto me hauessi a pagare,
de la medesima moneta, il beneficio che per te me fu domandato
per quel gentilhomo che tu curaui conla uirtu del mio cordone?

Cel(estina). He[4] male po essere il tuo che cosi mostra li
segni de suo tormento neli scoloriti colori de tuo uiso?

Mel(ibea). Matre, serpenti cheme mangiano il cor dentro al
corpo.

Cel(estina). Ben ua. Or cosiuoglio. Tu me pagarai, matta,
tua superchia ira.

Mel(ibea). Che hai tu dicto? Ha tu sentito a uederme alchuna causa da laqual mio mal procede?

Cel(estina). Tu non mhai dechiarata laqualita del mal. Uoi
tu chio indiuine la causa? Quello chio dico e che receuo grandissima pena per che uedo mesta tua gratiosa presentia.

Mel(ibea). Uecchia mia honorata, alegramela tu, che assai
me stato dicto de tuo sapere.

---

[3] V,35: feminino
[4] M,V,15,35: Che

Cel(estina). Madonna, solo Dio e colui che sa. Ma come, per salute e remedio dele infirmita, forno compartite le gratie neglihomini per trouar le medicine: ad alchuni per experientia, ad altri per arte, a molti per natural instinto; alcuna particella de queste haquesta pouera uecchia, dela quale al presente porrai essere seruita.

· Mel(ibea). O como me e charo et gratioso odirte! Grande refrigerio e alinfermo lo alegro uiso de colui che il [5] uisita. Mi par uedere mio core spezato in tue mani. Il quale, con poca fatiga e con la uirtu de tua lingua, se tu uolessi, porresti reintegrarlo. Non daltro modo che uide Alexandro Magno, re di Macedonia, la salutifera herba nella boccha dil dragone con la quale sano suo alleuo Ptolomeo del morso dela uipera. Per Dio te prego che te spogli a cio che piu diligentemente possi intendere nel mio male, et damme alcun buon remedio.

Cel(estina). Gran parte dela sanita e desyarla, per la qual cosa sera manco tuo dolore. Ma per darte (mediante Dio) congrua et salutifera medicina, e necessario saper tre cose da te. La prima: aqual parte de tuo corpo piu declina et apressa il sentimento. Laltra: se nouamente lhai sentito, per che piu presto se curano letenere infirmita in sui principii che quando han facto corso nela perseuerantia del loro officio. Meglio se domano li animali in loro tenera eta per uenire manzi sotto al iugo che quando gia loro pelle e indurita; meglio crescono le piante che tenere et nouelle son transposte che quelle che fructificando son piantate; meglio si scaccia il nuuo [6] peccato che quello che per costume antiquo commettemo ogni giorno. La terza e se tuo male e proceduto de alcun crudel pensiero, el qual se fermo in quel luogo. Et como questo hauero saputo, uederai ben operare mia cura. Per laqual cosa bisogna che al medico como al confessore apertamente se gli dica il uero.

Mel(ibea). Amica Celestina, donna sauia et gran maestra, molto hai aperto il camino per il quale mio male ti possa specificare. Per certo, tu mai interrogata como donna ben experta in guarire simili infirmita. Mio male e di core, suo allogiamento e in sula sinistra zinna, spande suoi razi a tutte parte. Secondario, che e

---

[5] V,35: li
[6] V,15,35: nouo

nouamente nato in mio corpo. Che mai pensai dolore potessi priuare il ceruello como questo fa. Turba mio uiso, leuame il mangiare, non posso dormire, niun modo de ridere uorei uedere. La causa e pensieri, qual e la final cosa per te domandata del mio male, questa non te saperei dire. Per che ne morte de parenti ne perdita de temporali beni ne spauento de uisione ne songno timoroso ne altra cosa posso pensar che sia, saluo alteratione che tu me causasti conla domanda dela quale io presi suspecto da parte di quel caualieri Calisto, quando me domandasti la oratione.

CEL(ESTINA). Como, madonna? E cosi mal huomo e questo? Cosi captiuo nome e il suo che solo a nominarlo porta ueneno seco? Non creder che questa sia la causa de tuo male, anzi unaltra che io presumo. E poi che cosi e, se tu me darai licentia, io tel diro per ixtenso.

MELI(BEA). Como, Celistina?[7] Che uol dir questo nouo salario? Che cosa domandi? De licentia hai tu bisogno per darme la sanita? Che medico nisuno non domando tal securta per curare il patiente? Di, di, che sempre hai licentia di me, compacto che tu non tochi mio honore con tue parole.

CEL(ESTINA). Figlia, per una banda te lamenti del dolore, per laltra, temi la medicina. Tuo timore me fa paura; la paura me mette silentio; il silentio, tregua fra tua piaga e mia medicina. De modo che sara causa che non cesse tuo dolore ne mia uenuta fara utile.

MELI(BEA). Quanto piu dilati la cura, tanto piu me fai crescere *et* multiplicare la pena *et* passione. O tue medicine sonno poluerizate deinfamia o liquore de corruptione, confectionati con altri piu crudi dolori che quelli che da parte del patiente si senteno, o il tuo sapere e nullo. Per che se luno o laltro non te impedisce, qualunque altro remedio diresti senza timore, poi che te domando mel mostri, restando libero lhonor mio.

CEL(ESTINA). Madonna, non hauer per cosa noua che sia piu forte de soffrire al ferito la ardente trementina *et* li aspri ponti che fan doler al piagato, duplicando la passione, che non la prima lesione, che hebbe sopra sano. E se tu uoi esser sana e che

---

[7] M: Cele.; V,15,35: Celestina

te discopra la ponta de mia sottil agucchia senza timore, fa a tue mani et piedi un ligame de riposo et per toi occhi una binda de pieta, per tua lingua un freno [8] de silentio, aturati [9] le orecchie de suffrimento et patientia, e uederai che operation fara lantica maestra de queste piaghe.

MEL(IBEA). O como mi moro con tua dilatione! Di, per Dio, cio che uorrai, fa quanto sai, che non porra esser tuo remedio si aspro che se aguaglie con mia pena et tormento. Anchora che tocchi mio honore e faccia danno a mia fama, o faccia languire mio corpo, anchora che se rompano mie carne per cacciar mio core, te do mia fe che serai secura e, se io me sentiro allegerita de tal dolore, serai da me ben remunerata.

LU(CRETIA). El ceruello ha perso mia patrona. Gran male e questo. Captiuata l ha questa fattuchiara.

CEL(ESTINA). Mai me mancha undiauolo qua et laltro la. Ha me scampata Dio de Parmeno, e sonnomi scontrata con Lucretia.

MEL(IBEA). Che cosa di tu, amata maestra? Che cosa te ha dicto questa serua?

CEL(ESTINA). Non la ho possuto intendere. Ma dica cio che li piace, e sappi che non ce cosa piu contraria nele grande cure, dinanzi ali animosi cyrusgici, che sonno li debili cori, li quali con loro gran compassione, con loro dolorite parole, con loro sensibili modi, pongono thimore a lo infermo, e fannolo sconfidare dela salute, et turbano il medico e fanli fastidio, e la turbatione da alteratione ala mano, quale regge senza ordine lagucchia. Per la qual cosa se po cognoscere chiaramente che e molto necessario per tua salute che non te stia persona denanzi. De modo che tu la dei far uscire. E tu, figlia Lucretia, perdona.

MEL(IBEA). E sei [10] fora presto.

LU(CRETIA). Non piu, non piu! Ogni cosa se perde. Gia mi esco, madonna.

CEL(ESTINA). Anchora me da ardire tua gran pena, che me par uedere che con tua suspitione hai ingiottita alchuna parte de mia cura; ma tutta uia e necessario portare piu chiara medicina et piu salutifero riposo de casa de quel nobile cauaglieri Calisto.

---

[8] M,V,15,35: freno
[9] V: oturati; 35: otturati
[10] M,V,15,35: E sei > Esci

Meli(bea). Tace, matre, per lamor de Dio. Non portar de sua casa cosa per mio utile, ne mel nominare piu qui.

Cel(estina). Soffrite, madonna, con patientia, qual e il primo ponto e principale. Acio che non si rompa, che tutta nostra fatigha seria perduta. Tua piaga e grande et ha necessita de aspra cura. Il duro col duro se morbidisce piu efficacemente. E dicono li sauii che la cura del crudel medico fa magiore signale, e che mai periculo senza periculo se po uencere. Habbii patientia, che poche uolte lo molesto senza molestia se po curare. Un chiodo con unaltro se expelle, et un dolore con laltro. Non po concipere ne odio ne disamore, ne consentire a tua lingua dir mal de huomo si uirtuoso come Calisto. Che se tu lo cognoscesi, daltro modo ragionaresti.

Mel(ibea). ODio, e come me amazi! E non te ho io dicto che non mi lodi questo huomo ne mel nomini in bene ne in male?

Cel(estina). Madonna, questo e unaltro secundo ponto, el qual, se tu con tuo mal soffrimento non consenti,[11] poco utile te fara mia uenuta; e se, como tu promettesti, el soffri, tu resterai sana e senza debito, e Calisto senza pena e pagato. Prima te auisai ce[12] mia cura e de questa inuisibile agucchia qual senti senza appressarse a te, solo mentouandola con mia boccha.

Meli(bea). Tante uolte me nominarai questo cauaglieri che ne mia promessa sera basteuole nela fe che te ho data a soffrir tue parole. De che cosa deue restar pagato? Di che li sono indebito a lui? De che li sonno io obligata? Che cosa ha mai facto per me? Che necessita habiam qui de lui per lo proposito de mio male? Piu grato me sarebbe che tu rompessi mie carne e cacciassi fora mio core, che dir in mia presentia simili parole.

Cel(estina). Senza romper le ueste se misse in tuo pecto lamore; non rompero tue carne per curarlo.

Meli(bea). Como di tu che se chiama questo mio dolore che cosi appresso dominio nela miglior parte del mio corpo?

Cel(estina). Amor dolce a nome.

Mel(ibea). Or questo me dechiara che cosa e, che solo a odirlo me ralegri.

---

[11] In R the letter "i" is printed upside down.
[12] M: se; V,15,35: de

Cel(estina). E un fuoco nascosto, una piaceuole piaga, un saporito ueneno, una dolce amaritudine, una delecteuole infirmita, uno alegro tormento, una dolce e fiera ferita, et un dolce morire.

Meli(bea). Hoime misera me! Che si uera e tua relatione, dubiosa sara mia salute. Per che, secundo la contrarieta che questi nomi tra lor mostranno, quello che aduna cosa fara utile, alaltra dara piu passione.

Cel(estina). Non se perda danimo, madonna, tua nobile giouentu ne dubitar de salute. Che quando Idio dala piaga, appresso manda la medicina. Magiormente, che io so doue e nato un fiore che de tutto questo te fara libera.

Meli(bea). Come se chiama?

Cel(estina). Non me basta lanimo dirtelo.

Meli(bea). Dillo, non hauer paura.

Cel(estina). Calisto a nome. Ho, per lamor de Dio, madonna Melibea, e che poco [13] sforzo e questo! Che uol dir questo tramortire? O poueretta me! Alza, alza la testa! O malauenturata uecchia! Et in questo doueano finir mei passi? Se more, me amazaranno; et anchora che uiua, saro sentita, che gia non porra soffrire de non publicar suo male ne mia cura. Madonna mia Melibea, angelo mio, che hai sentito? Doue e tuo gratioso parlare? Doue e tuo alegro colore? Apri tui chiari occhi. Lucretia! Lucretia! Intra, intra presto qua! Uederai tua patrona stramortita in mie brace. Ua presto abasso per un bronzo daqua.

Meli(bea). Zitto, piano, che io me sforzaro. Non scandalizar la casa.

Cel(estina). Ho misera me! Non te lassar uegnir meno; parlame, cor mio, come suoli.

Meli(bea). E molto meglio. Tace, non me dar affanno.

Cel(estina). Dunque, che me commandi che faccia, perla gratiosa? De che e proceduto questo tuo suenimento? Credo che mei punti se uanno rompendo.

Meli(bea). Ruppese mia honesta, ruppese mia pudicicia e, come molto naturali e molto domestici, non possetero si legermente absentarse da mio uiso, che non ne portassero secho mio colore e per alchun poco spatio, mie forze, mia lingua, e gran

---

[13] M,V,15,35: poco

parte de mio sentimento. E poi che gia, mia bona maestra e fidel secretaria, quello che si apertamente cognosci, in uano faticho coprirtelo. Sappi che molti e molti giorni son passati che questo cauaglieri me parlo de amore. E tanto me fu alhora suo parlar noioso quanto, da poi che tu sei tornata anominarmelo, me stato piaceuole. Con tui punti hai serrata mia piaga; uenuta sonno in tuo uolere. Nel mio cordon portasti in uolta la possession de mia liberta. Suo dolor de denti era mio maggior tormento, sua pena ame era piu grande. Ringratio e lodo tuo bon soffrimento e sauio ardire, tua liberale fatiga, tuoi solliciti e fideli passi, tuo gratioso parlare, tuo buon sapere et superchia sollicitudine, tua utile importunita. Grande obligatione tha quel gentilhuomo cui uista me fe sua serua, et in maggior te sonno io, che mai possete mia ira humiliare et allentare tuo sollicito perseuerare, confidandoti in tua molta astutia. Anzi, come fidel serua, quanto piu eri suillanegiata, tanto piu diligente te mostraui; quanto piu disfauore haueui, tanto piu sforzo teneui; quando ti daua peggior risposta, meglior uiso mostraui; quando io era piu adirata, alhora eri piu humile. Posponendo ogni timore, hai cacciato de mio pecto quello che mai ate ne ad alcuno pensai discoprire.

Cel(estina). Amica e madonna mia, non prendere admiratione, per che questo fine, con effecto, me da ardire a soffrire li aspri e scropulosi uariationi dele renchiuse donzelle como tu. Ben e uero che prima che io me determinassi, cosi per la uia come in tua casa, stette in grandi dubbii se te douea discoprir mia petitione o no. Uisto el gran poter de tuo patre, hauea paura; guardando ala gentileza de Calisto, me bastaua lanimo; uista tua discretione, meatimorizaua; guardando tua uirtu e discretione, me sforzaua. Nelluno trouaua la paura, et nellaltro, la securta. E poi che cosi, madonna, hai uolsuto discoprire la gran gratia che ne hai facta al presente, dechiara tua uolunta, renchiudi tuoi secreti in mio pecto, metti in mie mano el modo de questa materia, et io darro forma come tuo desio e quel de Calisto siano in breue finiti.

Mel(ibea). O mio Calisto e mio signore, mia dolce e suaue alegrezza! Se tuo core sentisse cio che fa adesso il mio, gran merauiglia mi fo como labsentia te consente uiuere. Ho matre e patrona mia! Fa, se mia uita desyderi, che subito el possa uedere.

Cel(estina). Tu lo uedrai e parlarai.

Meli(bea). Parlarli? Sera impossibile.

Cel(estina). Nisuna cosa ali huomini, quando la uoleno fare, e impossibile.

Meli(bea). Dimme in che modo.

Cel(estina). Io lho pensato, e tel diro: per le fessure delle porte de tua casa.

Meli(bea). Quando?

Cel(estina). Questa sera.

Meli(bea). Gloriosa me sarai se questo sai.[14] Ma dimme a che hora sera.

Cel(estina). Ameza nocte.

Meli(bea). A che hora e meza nocte?

Cel(estina). De ignorante domanda me fai petitione. Secondo regula dil nostro relogio, adodeci hore e mezza nocte.

Meli(bea). Dunque ua, patrona mia et mia regale amica, e parla con quel gentilhuomo; et dilli che uenga assai piano a quella hora che tu hai ordinata. Et delli darremo ordine secondo sua uolunta.

Cel(estina). Restati con Dio, per che uien in qua tua matre.

Meli(bea). Amica Lucretia, leale seruamia et fidel secretaria; gia hai uisto como cio che ho facto non estato piu in mia liberta. Lamor di quel caualieri ma tolta la liberta. Io te prego per Dio che me uogli recoprire con secreto suggello, acio chio possa godere de si suaue amore. E tu serai tenuta dime in quel grado che merita tuo fidel seruitio.

Lu(cretia). Madonna, assai prima che adesso ho sentita tua piaga e celato tuo desio. Forte me dolsuta tua perditione. Che quanto piu uoleui coprirme il fuoco che te abrusaua, tanto piu se manifestauano sue fiamme nel color de tuo uiso, nel poco riposo de tuoi membri et core, et nel tuo mangiar senza uoglia et non poter dormire. De modo che continuo mostraui segni chiari de passione. Ma come nel tempo che la uolunta regna neli signori o dismesurato appetito, e necessario ali seruitori obedire con diligentia corporale et non con artificiosi consigli de lingua. Per questo soffriua con pena, tacea con timore, ricopriate con fidelta; de

---

14 M,V,15,35: fai

modo che seria stato meglio lapro [15] consiglio che la morbida losenga. Ma poi che gia non ce altro remedio saluo morire o amare, e assai ragione che se prenda per meglio quello che da se medesimo e.

ALI(SA). Dime, uicina, che hai tu daffare ogni giorno qui?

CEL(ESTINA). Manco hieri, madonna, un poco de filato al peso, et hogi son uenuta a satisfarlo per attendere mia promessa. E poi che lo portato, uoglio andarmene. Dio resti teco.

ALI(SA). Et lui te accompagne.

Figlia Melibea, che uolea la uecchia?

MEL(IBEA). Uenderme delo striscio.

ALI(SA). Or questo credo piu presto che quello che la uecchia falsa me disse. Se crese chio me scorrucciasse e disseme la busia. Guardate, figliola mia, di lei, che la e una uecchia ribalda. Per che lo ladro sottile sempre ua dintorno alle ricche habitationi. Costei sa mutare li casti prepositi con suoi tradimenti e false mercantie, et corrompe la fama. A tre uolte che entra in una casa genera suspitione.

LU(CRETIA). Tardo se ne a corta nostra patrona.

ALI(SA). Per amor mio, figlia, che se qua uien piu senza chio la ueda, che tu non habbii per ben sua uenuta ne sia da te receuuta con piacere. Fa che lei troue honesta in te et mai tornera. Per che la uera uirtu piu se teme che la spada.

MELI(BEA). De queste e costei? Mai piu! Gran piacere o preso, madonna, che mabbii auisata, per saper hormai da chi me debbia guardare.

---

[15] M,V,15,35: laspro

ARGUMENTO DEL UNDECIMO' ACTO

Presa licentia Celestina da Melibea, ua sola per la strada parlando fra se. Uede Sempronio *et* Parmeno ehe[1] uanno ala Madalena per trouar loro patrone. Sempronio parlando con Calisto, in quello mezo sopragionse Celestina. Andorno tutti insieme a casa de Calisto. Celestina dechiaro sua imbasiata *et* ordine dato con Melibea. In quel mezo che lei sta in questi ragionamenti, Sempronio e Parmeno parlano fra loro. Celestina prese licentia da Calisto *et* uasene a casa sua. Picchio alluscio. Elicia li uiene ad aprire. Cenano *et* uannosene adormire.

Celestina, Sempronio, Calisto, Parmeno, Elicia

(Celestina). Oime Dio mio, e se arriuasse a mia casa con mia molta allegrezza adosso! Parmeno e Sempronio uedo ire ala Madalena. Uoglio loro andar apresso e se Calisto sara li, andaremo a sua casa de compagnia e domandaroli il beueragio di sua gloria.
Sem(pronio). Signore, guarda che con tua tardanza dai da dire ad ognihuomo. Fugge, per lamor de Dio, de esser menato per lingue mal parlanti, che lo molto diuoto chiamano hipochrita. Che diranno quelli che te uedeno saluo che uai rosegando li sancti? E se tu hai passione, soffrila in tua casa, fa in modo che la terra non te senta. Non discoprir tua pena ali strani poi che sta immane il cymbalo de chil sa ben sonare.
Cal(isto). In che mani?
Sem(pronio). De Celestina.
Cel(estina). Che nominate uoi altri Celestina? Che cosa dite uoi di questa schiaua de Calisto? Tutta la strada del Arcidiacono

---

[1] M,V,15,35: che (V: -e)

son uenuta drieto a uoi altri piu che di passo per arriuaui,[2] *et* mai non ho possuto co*n* queste mie falde longhe *et* prolixe.

CAL(ISTO). O gioia dil mo*n*do, soccurso d*e* mia passione, specchio d*e* miei occhi! El cor me se reallegra auedere tua honorata presentia *et* nobile senectu. Dimme, che noue me porti che te uedo alegra et io no*n* so in che pe*n*de mia uita?

CEL(ESTINA). In mia lingua.

CALI(STO). Che di tu, allegrezza *et* riposo mio? Dechiarame piu auanri[3] cio che hai dicto.

CEL(ESTINA). Andia*m* fora della chiesa, *et* me*n*tre andere*m*o a tua casa p*er* la uia te co*n*taro cosa co*n* che te faro reallegrare da buon senno.

PAR(MENO). Fratello, allegra uiene la uecchia; recapito deue hauer hauuto.

SEM(PRONIO). Scolta *et* odi cio che dira.

CEL(ESTINA). Tutti questi giorni, signore, me son affatigata in tuo seruitio *et* ho lassate perdere molte facende mie de assai importantia. E molti tengo scontenti p*er* tener te di bo*n*a uoglia. Piu ho lassato d*e* guadagnare che tu non pe*n*si. Ma ogni cosa sia benedecta poi che cosi buon recapito te porto. *Et* odimme, che in poche parole tel diro. Melibea lasso al tuo seruitio.

CAL(ISTO). Che cosa e questa che io odo?

CEL(ESTINA). Che la e piu tua che sua propria; piu sta al tuo comma*n*do che dil suo patre Pleberio.

CAL(ISTO). Parla cortese, matre, no*n* dir tal cosa, che questi serui dirranno che tu sei pazza. Melibea e mia signora, Melibea e mio Dio, Melibea e mia uita; *et* io son suo seruo e suo schiauo.

SEM(PRONIO). Co*n* tua sconfidanza, signore, col tuo tenerte da poco, parli queste cose con che tagli sue parole a Celestina. Tutto il mondo turbi dicendo mille pazzie. De che te fai il segno d*e* la croce? Dalli qualche cosa p*er* sua fatiga; *et* farai meglio, che questo aspectano queste parole.

CALI(STO). Ben hai dicto. Matre mia, ben so io certo che giamai se aguagliara tua fatiga con mia lieue remuueratione.[4] *Et* in luogo di manto e camorra, acio che non habiano parte li

---

[2] V,35: arriuarui
[3] M,V,15,35: auanti
[4] M,V,15,35: remuneratio*n*e (V: -mu*n*-)

artesani, prende questa cadenuzza, e ponti la al collo e procede in tue parole et mia allegrezza.

Par(meno). Cadenuzza li pare che sia quella? Non lhai tu odito, Sempronio? No [5] estima cio che spende. Io te certifico che non darei mia parte per mezo marcho de oro, per mal che la uecchia la repartisca.

Sem(pronio). Se te ode nostro patrone, haueremo assai fatiga a repacificarlo et in te assanarte, secondo sta gonfiato di tuo molto murmurare. Per amor mio, fratello, odi et taci, che per questo te dette Dio doi orecchie et una lingua sola.

Par(meno). Odira il diauolo! Sta appicato ala bocca dela uecchia, sordo, muto e cieco, facto una statua senza spirito, che anchora che li fessemo le fiche, diria che alzamo le mano aDio pregando per buon fin dil suo amore.

Sem(pronio). Tace, ode et ascolta ben Celestina. Per mia fe che ogni cosa merita e se piu li desse per che ha facto bene et presto.

Cel(estina). Signor Calisto, grandissima liberalita hai usata con una si uile donna come io. Ma come ogni presente o dono se iudiche grande o piccolo a rispecto de colui chel da, non uoglio pero portare a consequentia mio poco merito, ben che auanza in qualita et quantita. Ma mesurarseha [6] con tua magnificentia, auanti dela quale questo e nulla. In pagamento di essa te restituisco la salute, quale andaua in perditione, tuo core che mancaua, tuo ceruello che se alteraua. Melibea pena per te piu che tu per lei, Melibea te ama et desia uedere, Melibea pensa piu ore in tua persona che non fa dela sua propria, Melibea se chiama tua, e questo tene per titolo deliberta, e con questo smorza el fuogo che piu che te la brusa.

Cal(isto). Serui, sto qui o altroue? Serui, odo io questo o no? Serui, guardate se sto suegliato o se dormo. E de di o de nocte? O signor Dio, patre celestiale! Pregote che questo non sia sogno! Suegliato me par che [7] chiostia! Dimme, matre, fai tu burla dimme per pagarme in parole? Dimme il uero et non hauer paura, che piu meritano tuoi passi che quello che da me hai hauuto.

---

[5] 15,35: Non
[6] M: mesurare seha; 15: mesurare se ha; V,35: mesurarsela
[7] V,35: om.

CEL(ESTINA). Mai il cor timoroso de desio non prende la buona noua per certa ne la mala per dubiosa. Ma se io burlo o non, tu il uedrai andando questa nocte a sua casa, secondo ho lassato ordine con lei, come dara il relogio le dodece hore, aparlar con essa tra le fessure dele porte. De cui boccha saperai piu per extenso mia sollicitudine e suo desio e lo amor che te porta e chi ne e stato causa.

CAL(ISTO). Non piu, non piu! Tal cosa aspecto? Tal cosa e possibile che me debbia intrauenire? Morto sonno de qui a questa sera, non son capace de tanta gloria, non meritorio de tanta gratia, non degno de parlar con tanta madonna qual di sua uolunta me fa questa gratia.

CEL(ESTINA). Sempre lho udito dire, che piu difficile e a soffrire la prospera fortuna che non e laduersa: per che la una non ha riposo e laltra thiene consolatione. Come, signor Calisto, et non guardarai chi tu sia? Non guardarai il tempo che hai perso in suo seruitio? Non guardarai chi hai posta per mezana? Et piu, che per fino adesso sei stato indubio de hauerla et haueui soffrimento; adesso che te certifico il fin de tua pena, uoi dar fine a tua uita. Guarda che sta Celestina da tua parte, et anchora che ogni cosa te mancasse et quello che ad un innamorato se richiede, te uenderei per il piu fornito galante dil mondo. Et te farei piani li scogli doue hauessi a caminare, et te farei le piu currente et crescente aqque passar senza bagnarte. Tu cognosci male a chi dai tuoi danari.

CALI(STO). Guarda, matre! Che tu mhai dicto? Che lei uerra de sua uolunta?

CEL(ESTINA). Et anchora ingenochione.

SEM(PRONIO). Pur che non sia qualche tracto doppio per uolerse tutti prendere ala trappola. Guarda, matre, che cosi se soleno dare le pillole in uolte in zuccaro acio che lo infermo non senta il gusto.

PAR(MENO). Mai non te [8] odito dir miglior cosa. Gran sospecto me da il presto conceder de Melibea ad esser uenuta si presto in tutto suo uoler de Celestina, gabando nostra uolunta con sue preste et dolci parole per robbar da unaltra banda, come

---

[8] V,35: te ho

fanno li zingari quando ce guardano la uentura nele mano. Sappi, matre mia, che con dolci parole se son uendieate [9] molte iniurie. Il falso contadino con sua rette *et* lanterna e suon *de* campanelle fa uenire le starne ala rette; la syrena inganna li simplici marinari con la dolcezza *de* suo canto. Cosi fara costei con sua mansuetudine *et* presta concessione, uorra pigliar aman salua una brigata di noi altri; purgara sua innocentia con nostra morte *et* honore de Calisto. Come fa langnello mansueto che zinna lo lacte de sua matre *et* quello dalttui, [10] costei ce uorra asecurare per prender la uendetta de Calisto sõpra tutti noi; de modo che con la gran gente che hanno in casa porra prender el patre *et* figlioli insieme al nido, *et* tu te starai grattandote la panza al fuogo, dicendo: "In saluo sta chi sona a larme le campane a martello."

Cali(sto). Tacete, matti, imbriachi, pieni de suspitione *et* mali augurii. Uoi altri me uolete dar ad intendere che li angeli sappiano far male. Sappiate che Melibea e angelo dissimulato e che habita tra noi.

Sem(pronio). Tutta uia te ritorni con tue resie? [11] Sta attento, Parmeno. Che si tracto doppio sara lui pagara ogni cosa, che noi buone gambe *et* piedi hauemo.

Cel(estina). Signore, tu hai cognosciuta la certeza; *et* uoi altri si te cargchi de uani suspecti. Io ho facto tutto cio che a me se rechiedea. Allegro ti lasso, Dio te difenda *et* sia tua guida, che io mi parto assai contenta. *Et* se bisogno di me harai per questo *et* per altre cose, in casa me trouerai per seruirte con tutte mie posse.

Par(meno). Hi, hi, hi!

Sem(pronio). Se Dio te guardi, fratello, de che cosa hai riso?

Par(meno). Dela prescia dela [12] uecchia tene per andarsene. Non uede lhora de hauer portata la cadena for de casa. Non po credere che anchora lhabbia in suo potere, ne che gle lhabbia data da buon senno, per che non se troua digna de simel dono, manco che Calisto de Melibea.

---

[9] M,V,15,35: uendicate (M: -*n*-)
[10] V,15,35: daltrui
[11] tue resie > M: tuo heresie; 15: tue heresie
[12] 15,35: che la

SEM(PRONIO). Che uoi tu che faccia una puttana uecchia ruffiana come costei, che sa *et* intende quello che noi tacemo, e suole reacconciare sette uirginita per dui monete, saluo da poi che se uede carica doro mettersi al securo con la possessione desso, con paura che non gle la repiglie, da poi che ha supplito da sua parte a quello che era necessaria? Ma guardesi del diaualo, che noi non li cauamo lanima sopra la diuisione!

CALI(STO). Matre, Dio te accompagni, che io me uoglio reposare *et* dormire per satisfare ale passate notti *et* a quella che de uenire.

CEL(ESTINA). Tha, tha, tha.
ELI(CIA). Chi diauolo chiama la?
CEL(ESTINA). Aprime, figlia Elicia.
ELI(CIA). Che uol dir che uieni si tardi? Nol doueresti fare, per che sei uecchia, *et* in zamparai doue porresti cascar e morire.
CELI(STINA). [13] Non ho paura di questo, che de giorno prendo auiso per donde camino la nocte. Che mai non salgo per poggi ne camino per la salegiata, saluo per mezzo della strada. P*er* che il p*ro*uerbio dice che no*n* fa passo sicuro chi corre p*er* lo muro; e che colui ua piu sano che camina per lo piano. Piu presto uoglio imbrattare mie scarpe nel fango che insanguinar mie ueli per li cantoni. Ma a te no*n* duole in q*ue*sto luogo.
ELI(CIA). E che cosa me de dolere?
CEL(ESTINA). Che senando la compagnia che te lassai e restasti sola.
ELI(CIA). Son passate quattro hore da poi, e doueamenc ricordare adesso?
CEL(ESTINA). Quanto piu presto te lasso, piu, con ragione, il sentisti. Ma lassiamo sua ita e mia tardanza, *et* attendiamo a nostra cena e dormire.

---

[13] V,35: Cele.; 15: Cel.

ARGUMENTO DEL DUODECIMO ACTO

Arriuata la mezza nocte, Calisto, Sempronio *et* Parmeno, armati, uanno uerso casa de Melibea. Lucretia *et* Melibea stanno appresso la porta spectando Calisto. Uenuto Calisto, parlo prima con Lucretia. Chiamo Melibea. Lucretia ando da parte. Parlansi infra le porte Calisto *et* Melibea. Parmeno *et* Sempronio parlano insieme. Odeno uenir gente per la strada; misersi inordine per fugire. Prese lieentia [1] Calisto da Melibea, lassando ordine ala tornata per la sequente nocte. Pleberio, al sonno del rumore che hauea lnteso [2] per la strada, se sueglio. Chiama sua donna Elisa. Chiamorno Melibea, domandandola [3] chi caminaua per sua camera. Respose Melibea a suo patre, fingendose hauer hanuto [4] sette. Calisto con soi famegli ua a sua casa parlando. *Et* missesi adormire. Parmeno *et* Sempronio uanno a easa [5] de Celestina. Domandorno lor parte del guadagno. Celestina nego la conuentione facta, per la qual cosa uenero insieme a questione. Sempronio la occise. Elicia crido forte, e uenne la iusticia, e preseli tutti doi.

Calisto, Sempronio, Parmeno, Lucretia,
Melibea, Plebetio, [6] Alisa, Celestina, Elicia

(CALISTO). O la! Serui! Che hora e?
SEM(PRONIO). Credo che siano le diece.

---

[1] M,V,15,35: licentia
[2] M,V,15,35: inteso
[3] 15: domandanla
[4] M,V,15,35: hauuto
[5] M,V,15,35: casa
[6] M,V,15,35: Pleberio

CAL(ISTO). O como me despiaceno li famegli smemorati! Del mio assai ricordo e tuo scordo in questa nocte se porria far una mediocre memoria. Dimme, huomo sensa ceruello, sapendo quanto me importa ad esser diece o undece, me respondesti ala uentura quello che piu presto ala boccha ti uenne? Osuenturato me! E se per caso me fusse adormito et hauesse spectato pender mia domanda de sua resposta per farme de undeci diece et de diece undeci, seria uscita Melibea, et io non ce saria andato, ella se saria tornata; de modo che ne mio male harebbe hauuto fine, ne mio desio executione. Non se dice indarno che il male daltrui de pelo pende.

SEM(PRONIO). Tanto errore me pare saper la cosa e domandarla, como ignorando respondere. Meglio sara, signore, che spendiamo questa hora che ne resta in reacconciar nostre arme che auoler cercar questione.

CAL(ISTO). Ben me dice questo matto! Non uoglio insimel tempo cercar fastidio, non uoglio pensar in quello che seria possuto uenire, saluo in quello che fu; no nel danno che seria resultato de sua negligentia, saluo nel utile che uerra de mia sollicitudine. Uoglio dar luogo ala ira, qual sene andara o se humiliara. E tu, Parmeno, spicca mia corazza et uui altri armateui, et in questo modo andaremo proueduti, che como dicono: "Lhuomo proueduto ha mezo combattuto."

PAR(MENO). Signore, eccola qui.

CALI(STO). Aiutamela a uestire. E tu, Sempronio, guarda se passa alcuno per la strada.

SEM(PRONIO). Signore, nisun huomo compare, et anchora che ne fusse, la grande obscurita priuaria il uedere e cognoscimento a quelli che ne scontraseno.

CALI(STO). Dunque andiamo per questaltra strada per che andaremo piu secreti. Odi, le dodici toccano. Abonhora ariuano. [7]

PAR(MENO). Apresso stamo.

CAL(ISTO). Ua hora, Parmeno, e guardarai frale porte se Melibea e uenuta.

PAR(MENO). Io, signore? Dio non consenta tal cosa che uoglio guastare quel che io non aoncciai. Meglio sara che tua presentia

---

[7] V.15: ariuamo; 35: arriuamo

sia suo primo scontro, per che non se turbe uedendo me, e creda
che da tanti sia saputo quello che si occultamente fa, o per che
forsi pensara chel fesse per beffarla.

CALI(STO). O como hai ben parlato! La uita mhai data con
tuo sottile auiso. Non bisognaua altro per portarmi morto a casa
saluo che ella se ne fusse tornata per mia mala prouidentia. Io
uoglio andar la; restatiui uui altri qui.

PAR(MENO). Che te pare, Sempronio, como questo matto de
nostro patrone pensaua prenderme per iscudo per loiscontro del
primo pericolo? Che possio sapere chi se stia drieto le porte? Che
possio sapere se Melibea ha ordinato alcun tradimento? Che so
io sella ha cercata questa uia per pagar nostro patrone de sua
gran presumptione? Magiormente che noi non siamo certi che la
uecchia habbia dicto il uero. Ua non saper parlar, Parmeno; ti
sarebbe cauata lanima et non sapereste da chi. Non essere losin-
ghieri come tuo patron uole, e mai piagerai[8] mal daltrui. Non
prender in quel che te bisogna il consiglio de Celestina, e te
trouerai albuio. Uoglio far cuonto che hoggi sia nato, poi che
de tal pericolo sonno scampato.

SEM(PRONIO). Piano, piano, Parmeno, non saltar ne far questo rumore dallegrezza, che daremo causa che saremo sentiti.

PAR(MENO). Tace, fratello, che io non trouo luogo de piacere
del modo che io li ho facto intendere che per lutile suo lassai dan-
darui, et io il fece per mia securta! Chi harebbe saputo cercar
lutile suo in questo modo come io? Molte cose simili a queste
me uederai da hora in anzi fare se stai attento, che ognihuomo
non le sentira, come al presente o facto con Calisto et ancora con
tutti quelli che in questo suo amore se impacciaranno. Per che
so certo che questa donzella ha da essere per lui esca damo o
carne di trappola deauoltori che soleno pagar lo scotto quelli che
dessa mangiano.

SEM(PRONIO). Non hauer pensieri di questo ne te diano fatiga
questi suspecti, anchora che rescano ueri. Sta pure attento, et ala
prima uoce che odirai, mostramo ad ognihomo li calcagni.

PAR(MENO). Tu hai lecto in mio libro; un suggetto hauemo
in dui cori. Mostraro li calcagni et anchora laschiena. Piacemi,

---

[8] V,15,35: piangerai

fratello, che me hai hauisato de quello che io non haria facto per uergogna dite. Che se nostro patrone e sentito, non temo che possa scampare dela gente de Pleberio, per che poi ce possa domandare como se portassemo nela briga *et* incusarne nostra fuga.

Sem(pronio). Ho Parme*n*o amico! E como e allegra la conformita neli amici! Ancora che per altra cosa non ce fusse stata buona Celestina saluo per questo, e assai utile quello che per sua causa ne ue*n*uto.

Par(meno). Niuno porra negare quello che per se stesso si mostra. Manifesta cosa e che, per uergogna lun delaltro, *et* per non essere odiosamente accusato de pusillanimita, hariamo spectata qui la morte con nostro patrone, essendo ello solo meritorio dessa.

Sem(pronio). Uscita credo che sia Melibea. Scolta, che me pare che parlano piano.

Par(meno). Io ho gran paura che no*n* sia essa ma qualchuno che finga sua uoce!

Sem(pronio). Dio ce aiuti *et* difenda de mane de traditori. Io temo che ce habbia*n*o presa la strada per la qual douemo fugire, che io no*n* ho suspecto daltra cosa.

Cali(sto). Questo strepito piu de una persona il fa. Uoglio chiamare e sia chi se uoglia. Hola! Madonna mia!

Lu(cretia). Questa me pare la uoce de Calisto. Uoglio andar la per meglio chiarirme. Chichiama? Chi e colui che sta di fuora?

Cali(sto). Quello che e uenuto ad exequir tuoi commandi.

Lu(cretia). Per che non te acosti qua, madonna? Uien presto, non hauer paura, che quel gentilhuomo e qui.

Meli(bea). Parla piano, matta. Guarda ben che sia lui.

Lu(cretia). Uien qua, madonna, per Dio, che lui e. Che io il [9] cognosciuto ala uoce.

Cali(sto). Certamente son beffato; che non era Melibea quella che me parlo. Strepito odo, perduto sonno! Ma uiua o mora, che non me partiro de qui se prima non li parlo.

Mel(ibea). Scostate un poco in la, Lucretia, *et* lassa fare a me che io il chiamaro. Ola! Gentilhuomo, chi sei tu? Como hai tu nome? Chi te ha facto uegnir qui?

---

[9] 15: lo; V,35: lho

CAL(ISTO). Colei che merita comma*n*dare tutto il mondo, quella che io non merito degnamente seruire. Non tema tua signoria palesarsi a questo schiauo de tua gentileza; che il dolce suon de tue parole mai de mie orecchie non e caduto, qual me certifica esser tu mia signora Melibea. *Et* io son tuo seruo Calisto.

MEL(IBEA). Signor Calisto, il superchio ardire de tuoi messagii me ha*n*no sforzata douerti parlare. Che hauendo tu hauuto dime la passata resposta a tue parole, io no*n* so che te pensi cacciar de mio amore piu che alhora te mostrai. Fugi questi uani *et* pazi pe*n*sieri di te, acio che mia persona *et* honore stiano senza detrime*n*to securi de mala *et* sospectosa infamia. A questo solo son qui uenuta, per dar ordine a tua partita *et* mio riposo. No*n* uoler mettere mia fama *et* honore su la bilancia dele lingue mal parlante.

CAL(ISTO). Ali cori apparecchiati con forte antiuedere contra le aduersita dela fortuna, nisuna disgratia po uenire che passi da banda in bando [10] la forza de loro muro. Ma il misero disamato che, senza hauer proueduto ali aguati *et* inganni, se messo per le porte de tua securta, qual si uoglia cosa che in contrario ueda e rason che la tormente *et* passi, rompendo la memoria nela quale la dolce noua era alloggiata. O suenturato Calisto! E come te troui beffato da tui serui! O maluagia donna Celestina! Al manco mhauestu lassato finir mia uita e no*n* hauessi facta reuiuificar mia speranza, acio che hauesse piu legne il fuogo che in breue me dara fine. Per qual cagio*n*e hai tu falsata laparola de questa mia signora? Per che hai tu data causa a mia trista disperatione? Tu mhai facto uenir qui acio me fusse mostrato il disfauore e lo interdito, la sconfidanza, per la mesima bocca di quella che ha lechiaui de mia perditione *et* gloria. O nemica! Tu non me dicesti che questa mia signora mera fauoreuole? Non me haueui tu ditto che de sua uolunta commandaua che uenisse questo suo seruo al presente luogo, non per mandarme nouamente in exilio de sua presentia, ma p*er* riuocar il bando, gia per unaltro suo commando nanzi posto? In chi trouaro piu fede? Doue non habitan falsarii? Chi e colui che sia chiaro nemico? Chi e colui che e uero amico? I*n* che luogo no*n* se fabrica tradimenti? Chi hebbe ardimento di darme si cruda speranza de p*er*ditione?

---

10 V,15,35: banda (V,15: -*n*-)

MEL(IBEA). Cesseno, signor mio, tue uere querele, che mio core non e basteuole per soffrirle, ne mei occhi per dissimularle. Tu piaggi [11] di tristeza, giudicando me ctudele, [12] etiopiango di allegrezza, uedendote fidele. O anima mia et siguore [13] mio! Quanto sarei piu allegra a ueder tuo uiso che odir tua uoce! Ma poi che al presente non se po far piu, prende la soscripta et sugello per fede dele parole che te mandai scripte nela lingua di quella sollicita ambasatrice. Tutto cio che te disse concedo et ho per ben facto. Necta, signor mio, tuoi occhi lachrimosi, et commanda dimme a tua uolunta.

CALI(STO). Ho signora mia, speranza et riposo mio! E qual lingua saria sufficiente per renderti e qual laude dela superchia et in comparabile gratia che in questo ponto de tanto affanno uerme hai uolsuto usare, a uoler che un si uile huomo como io possa goder dil tuo suauissimo amore? Del quale, anchora che assai il desyasse, sempre me iudicaua indigno, guardando tua grandeza, considerando tuo stato, reguardando tua perfectione, contemplando tua gentilezza, considerando mio poco ualere con tuo alto merito, tue singularissime gratie, tue laudeuole e manifeste uirtu. O alto Dio! E come te porro essereingrato, che cosi mirabilmente hai adoperato meco tuoi alti mysterii? O quanti giorni prima che adesso me uenne questo pensier nel core, et per cosa impossibile il cacciaua de mia memoria, fin che hora li lustri razzi dil tuo chiaro uiso han dato luce a mei occhi, hanno aperto mio core, hanno suegliata mia lingua, han facto spander mio merito, hanno scorzata [14] mia pusillanimita, hanno duplicate mie forze, hanno sciolti miei piedi et mano, finalmente me dettero tanto ardimento che me hanno portato con sua gran potentia in questo sublime stato doue al presente me uedo, uedendo de [15] uolunta tua suaue uoce! La qual, se prima che adesso non hauesse cognosciuta et non sentisse e cognoscesse tui salutiferi hodori, non porria creder che fusseno senza inganno tue parole. Ma como

---

[11] M: pianggi; V,15,35: piangi
[12] M,V,15,35: crudele
[13] M,V,15,35: signore
[14] 15: scaczata
[15] 15: uedendo de > odendo de tua

son certo che sonno uscite de tuo puro e nobile sangue, me sto riguardo [16] se io son Calisto, a chi tanto ben si fa.

MELI(BEA). Signor Calisto, tuo merito *et* singularissime gratie *et* alta natione hanno hauuta tal forza imme che, da poi che dite ho hauuta integra notitia, nisun momento de mio core te sei possuto partire. *Et* anchora che molti giorni habbia pugnato per dissimularlo, *non* ho possuto far tanto, che come quella donna me torno tuo dolce nome alla memoria, *non* descoprisse mio desio et uenisse a questo luogo et tempo, doue te supplico che ordini *et* uogli disponere de mia persona a tua uolunta. Queste inique porte impediscono nostro piacere, le quale maledico, con suoi forti serrami, *et* mie piccole forze, che tu *non* resteresti di mala uoglia, ne io scontenta.

CALI(STO). Come, madonna mia, comma*n*di chio consenta che un legno impedisca nostra alegreza? Mai non pensai chaltro saluo tua uolunta ne hauesse possuto impedire. O moleste *et* noiose porte! P*r*ego Dio che tal fuogo ue abruse come a meda guerra; che co*n* la terzia parte sarreste in un momento eonuerse [17] incinere. Per Dio te prego, mado*n*na, che uogli co*n*sentire che io chiami mei serui che le ro*m*pano.

PAR(MENO). No*n* odi, no*n* odi, Se*m*pronio? A cercar ne uol uenire p*er* che ce diano il mala*n*no. Io credo chel diauolo ce ha conducti sta [18] sera qui. In mal ponto se comenzato questo innamoramento, q*u*al credo che sera causa de nostra morte. Se tu uoi uenir, uienne, che io non uoglio star piu qui.

SEM(PRONIO). Tace, tace, che lei no*n* consente che andiamo la.

MEL(IBEA). Uoi tu, amor mio, p*er*der me e condanar mia fama per contentar tua uolunta? Non allentar le re*n*dine al tuo desio. Che la speranza e certa *et* il tempo sara breue quanto tu uorrai. Tu senti tua pena sempia *et* io quella de tutti doi; tu, il tuo solo dolore, *et* io, il tuo *et* il mio; contentati de uenir doman aquesthora per le mura dil mio horto. Per che se al presente rompessi le crudel porte, ancora che *non* fussemo adesso sentiti, domantina seria in casa de mio patre terribile suspecto dil mio

---

[16] 15: riguardando
[17] M,V,15,35: conuerse (V,15: -n-)
[18] 35: questa

errore: *Et* poi che tu sai che tanto e maggior il fallo quanto e maggior colui che erra, in un momento seria per la cita publicato.

SEM(PRONIO). In malhora siamo uenuti qua sta [19] sera! Che qui ce prendera il giorno, secondo lasio che nostro patron tene. *Et* anchora che assai la uentura ce aiute, seremo sentiti in casa de Pleberio o da li uicini.

PAR(MENO). Gia son doi hore che te o ditto che ce na*n*diamo. Andiamo pur con Dio, *et* atte*n*diamo a nostra salute, che con lui mai manchera scusa.

CALI(STO). Ho madonna mia, e per che chiami errore quello che p*er* li sancti de Dio me fu concesso? Stando hoggi in oratione dinanzi laltare dela Madalena, mi uenne con tua imbasciata quella sollicita *et* antiqua donna.

PAR(MENO). Fernetica pur, Calisto, fernetica! Io credo fermamente, fratello, chel non sia christiano. Ueramente questhuomo e pazzo per man de ñotaio. Quello che la uecchia traditora con sue pestifere factuchiarie ha tramato *et* facto, dice che li sancti de Dio ne lan concesso *et* impetrato. *Et* co*n* questa fiducia uol romper le porte. *Et* non hara dạto il primo colpo chel sera sentito *et* preso per li serui de suo patre de Melibea, che dormeno li appresso.

SEN(PRONIO). [20] Non hauer paura, Parmeno, che assai discosti stamo. Come sentiremo rumore, il buon fuggir bisogna che ce aiuti. Lassàlo pur fare, che se mal fa, lui il pagara.

PAR(MENO). Ben parli, in mio cor stai. Or cosi facciamo, fugiamo la morte p*er* [21] siamo gioueni. Che non noler [22] morire ne manco occidere non e pusillanim*i*ta, saluo buon naturale. Questi scudieri de Pleberio son pazzi scatenati: non desiano tanto mangiare o dormire como far rumore e costione. Dunq*ue* piu pazia sarebbe la nostra che *s*petiamo d*e* co*m*batter con inimici, che non amano ta*n*to lauictoria o uincimento como fanno la co*n*tinoua guerra e contentione. O se me uedessi, fratello, nel modo chiosto, gran piacere haresti! Ho aperte le gambe a mezo lato, col pie mancino dauanti posto in fuga, le falde d*e*l saio ligate ala centura, la targa sottol braccio per che non me dia impaccio

---

[19] qua sta > M,15: questa; 35: qua questa
[20] M,35: Sempronio; V,15: Sem.
[21] M,V,15: per che; 35: perche
[22] M,V,15,35: uoler

DUODECIMO ACTO

quando curro. Che per Dio teiuro che io fuggeria come [23] un ceruo, tanta e la paura che ho de star qui!

SEM(PRONIO). Meglio sto io, che ho ligato il brocchierri *et* la spada co*n* le corregie per che non me casche quando fuggo, *et* ho messa la celata nel cappuccio dela cappa.

PAR(MENO). E le pietre che portaui in esso?

SEM(PRONIO). Tutte le gettai per a*n*dar piu ligiero. Che assai fatiga ho a portar q*ue*sta corazza che mhai facta uestir per importunita. Che assai fece per non portarla, per che me parea p*er* fugir*e* molto graue. Scolta, scolta! No*n* odi tu, Parmeno? Mal ua el facto nostro; morti simo! Ua uia presto, p*er* lamor di Dio, fugia*mo* uerso casa de Calisto prima che ce p*re*nda*no* la strada.

PAR(MENO). Fugge, fugge, che corri poco! O misero me, che ne agiongeranno. Lassa il brochierri *et* ogni cosa per lamor d*e* Dio, et fugge qua*n*to poi.

SEM(PRONIO). Credi tu che habia*no* morto nostro patrone?

PAR(MENO). Io no*n* so. No*n* me dir altro. Corre *et* tace, che il minimo p*en*sier chio habbia equesto.

SEM(PRONIO). Zitto, piano, piano, piano, Parmeno! Torna, no*n* hauer paura, chel cauaglieri e che passaua per laltra strada facen*do* rumore.

PAR(MENO). Guarda che sia cosi. Non te fidar de tuoi occhi, ehe [24] molte uolte pare una cosa per unaltra. Per mia fe, fratello, che non mera rimaseria [25] gotta di sangue in dosso. Gia me haueastrangolato lamorte, sempre me parea riceuer colpi in qneste [26] spalle. Non me ricordo in mia uita hauer si gran paura ne hauermi uisto in tanto periculo, anchora che io sia andato assai tempo per case de altrui *et* in luogi de assai fatiga. Che noue anni ho seruito ali frati d*e* Sancta Maria Noua, *et* mille uolte faceuamo ale pugna io insiemi co*n* altri. Ma mai hebe paura come q*ue*sta uolta.

SEM(PRONIO). *Et* io no*n* ho seruito il piouano di Sancto Michele *et* ancora alhoste dela Piazza de San Domenico *et* a Figatello lhortolano dil signore? *Et* similmente io hauea mie costioni con

---

[23] In R the letter "e" is printed upside down.
[24] M,V,15,35: che
[25] M,15: remasta; V,35: rimaso
[26] M,V,15,35: queste

quelli che tirauano pietre ali passari che sedeuano sopra dunolmo grande che uera, per che faceuano danno alherbe delhorto. Ma Dio te guardi di uederte con arme, che quello e il uero timore. Non se dice indarno: "Carigo di ferro et carigo de paura." Torna, torna, che il caualieri e certamente.

MELI(BEA). Signo[27] Calisto, che rumore e quello che sento nella strada? Me par sentir uoce de gente che uada in fuga. Per lamor de Dio, habbite ben cura, per che stai apericulo.

CAL(ISTO). Madonna, non hauer paura, che ben securo uengo. Li miei debbono essere, che son matti scathenati. Prendono et disarmano quanti passano. Serali fugito qualcuno et serali corsi drieto per disarmarlo.

MEL(IBEA). Son molti quelli che meni?

CAL(ISTO). Non son piu de doi, ma anchora che fussero sei loro contrarii, secondo loro sforzo, non hariano molta fatiga aprenderli, torli larme et farli fuggire. Huomini prouati son, madonua;[28] non pensar che io sia uenuto allume de paglie. Se non fusse per quelo che tocha alhonor tuo, mille pezzi farrian di queste fastidiose porte. Et se fussemo sentiti, te et me defenderiano de tutta la gente de tuo patre.

MEL(IBEA). Per lamor de Dio, signor, che non se commetta tal cosa! Ma molto me piace che de cosi fidel gente uenghi accompagnato. Benedecto sia il pane che cosi fideli seruitori mangiano. Per lamor mio, signore,[29] poi che tal gratia la naturali ha concessa, che siano date ben remunerati, acio che in ogni cosa te obserueno lealta. Et quando li corregerai lor ardimenti et commesse costioni, fa che insieme col castigo li messedi alchuna uolta fauore, per che li animi sforzati non siano con la repensione diminuiti et retracti nel usar alhor tempi lardire.

PAR(MENO). Ola, ola, signore! Leuati deli presto, che uiene molta gente con dopieri, et serai uisto et cognosciuto, che non ce luogo doue te possi nascondere.

CALI(STO). O suenturato me, e come me e forza, madonna, che io me parte de qui! Per certo, timor de morte non harebbe operato tanto in me quanto quello de tuo honore. E poi che cosi

---

[27] V,15,35: Signor
[28] M,V,15,35: madonna
[29] In R the letter "r" is printed upside down.

e, li angeli resteno in tua custodia. E mia uenuta sara per lhorto, come hai ordinato.

MELI(BEA).   E cosi sia. Ua, signor mio, che Dio taccompagni.
PLEB(ERIO).   Alisa, dormi tu, donna mia?
ALI(SA).   Signor, no.
PLEB(ERIO).   Non odi tu strepito nela camera de tua figlia?
ALI(SA).   Si odo. Uogliola chiamar. Melibea, Melibea!
MELI(BEA).   Madonna, che ui piace?
ALI(SA).   Chi camina et fa rumore in tua camera?
MEL(IBEA).   Madonna, Lucretia e che e uscita fuora per un bromzo daqua per me, che hauea sete.
ALI(SA).   Dorme, figlia mia, che io me pensai che fusse altro.
LU(CRETIA).   Poco strepito li sueglio. Con timore parlano.
MEL(IBEA).   Non ce si manzo animale che con amore o timore deli figlioli non se faccia brauo. Pensa che hariano facto si mia certa uscita sapesseno.

CALI(STO).   Figli, serate questa porta. Et tu, Parmeno, porta un doppieri e uigiliaremo di sopra.
SEM(PRONIO).   Tu die, signore, reposarte et dormire quel poco tempo che resta final giorno. Et lassa star il uigilare per tempo piu oportuno.
CALI(STO).   Piaceme, che ben me bisogna. E tu, Parmeno, che te pare dela uecchia che me biasmaui? Che opera te par che sia uscita de sua mano? Che se saria facto senza lei?
PAR(MENO).   Ne io sentiua tua gran pena ne mancho cognoscea la gentilezza et merito di Melibea, de modo che non ho culpa. Cognoscea Celestina et suoi falsi modi. Hauisauati como patrone et signore. Ma gia non mi par piu dessa. De ogni cosa se e mutata de male in bene.
CALI(STO).   Comomutata?
PAR(MENO).   Tanto che se io non lhauesse tochocon le mani, non lo harei mai creso. Ma tanto te aiuti Dio quanto a [30] la uerita.
CALI(STO).   Hauete udito uoi altri cio chio ho parlato con Melibea? Che faceuate? Haueuate paura?
SEM(PRONIO).   Paura, signore? Per certo che tutto il mondo non ce lhaueria messa, ne mancho ce harriano tolto un palmo de

---

[30] V,15,35: e

terreno. Tu hai apunto trouati li spaurosi! Li stessemo spectandote, ben apparecchiati con nostre arme ben in ordine.

Cali(sto). Hauete dormito nienre? [81]

Sem(pronio). Dormir, signore? Dormitori son li giouani! Mai non me misse a sedere ne mancho gionse li piedi insieme, guardando attento a tutte parte se sentiua rumore per posser saltar presto *et* far tutto quello che mie forze fusseno bastanti. E Parmeno, anchora che parea che non te seruisse de buona uoglia, cosi se prese piacere quando uide uenir quelli dele torce, como il lupo quando sente poluera de bestiame, pensando posser torse la fame, fin che da poi uide che erano molti.

Cali(sto). Non te far merauiglia, che procede de suo naturale essere ardito, *et* anchora che per mio respecto non fusse, el fa per che non possano li simili uenire contra lor uso: che anchora che la uolpe muta il pelo, non dispoglia sua naturale. Per certo che io disse a mia signoria [82] Melibea quello che in uoi altri era, e come io tenea secure le spalle mie con uostro aiuto *et* custodia. Fratelli, in grandissima obligatione ui sonno. Pregate Dio per sanita, che io ue remunerraro piu compiutamente uostro leal seruitio. *Et* andate conDio ariposarue.

Par(meno). Donde uogliamo noi andar, Sempronio? [83] In lecto adormire, ho in cocina a far colatione?

Sem(pronio). Ua pur doue uorrai, che prima che sia giorno uoglio andar da Celestina a recuperar mia parte dela cathena, per che la e una puttaua [84] uecchia. Non uoglio darli tempo che possa fabricare alchuna tristitia con la qual se excluda.

(Parmeno). [85] Ben hai detto. Gia mera uscito dimente. Audiamo [86] tutti doi, e se non fara il debito, spauentamola in modo che li incresca. Che sopra dinari non ce a mista.

Sem(pronio). Zitto, parla piano, che ella dorme appresso questa fenestra. Lassame chiamare ame. Tha, tha, tha; aprice, madonna Celestina.

Cel(estina). Chi chiama?

---

[81] M,V,15,35: niente
[82] V,15,35: signora
[83] In R the "S" is printed upside down.
[84] M,V,15,35: puttana
[85] M and 15 include the reference to Parmeno; V and 35 do not.
[86] V,15,35: Andiamo

DUODECIMO ACTO

Sem(pronio). Apri, che semo toi figli.

Cel(estina). Non ho io figli che uadano a questhora.

Sem(pronio). Aprice, che simo Parmeno *et* Sempronio, che uenimo a far colatione con teco.

Cel(estina). Ho, pazzi, scathenati! Intrate, intrate. Como uenite a questhora, che hormai se fa giorno? Che hauete uoi facto? Che ue intrauenuto? E anchora expedita la speranza de Calisto, ouiue tutta uia inessai, [37] ho como resta?

Sem(pronio). Como, matre? Se per noi altti [38] non fusse, gia lanima sua andaria cerchando allogiamento per sempre. Che se stimar se potesse quello che per questo ne resta obligato, non saria sua robba basteuole per satisfar il debito, si uero e cio che se dice, che la uita *et* persona e piu degna *et* de piu ualore che noo [39] e loro nele gemme ne altra cosa.

Cel(estina). Iesu! Che in cosi gran periculo ue siti uisti? Contamelo, per lamor de Dio.

Sem(pronio). Guarda quanto, che per mia fe, il sangue me bulle in corpo solamente apensarlo.

Cel(estina). Reposate, per Dio, *et* contamelo.

Par(meno). Longa cosa li domandi, de tal modo uenimo stracchi *et* alterati dela malenconia che hauemo hauuta. Meglio farresti de darce afar colatione a tutti dui, e forsi ne passera lalteratione che portamo. Certamente te giuro che io non uorria scontrare hoggi huomo che pace uolesse. Mia gloria sarrebbe adesso trouar con chi uendicar mia ira, che non potemmo con quelli che ne lhan causata per lor molto fugire.

Cel(estina). Angio me occida sio non mi spauento auederte si fiero! Credo che burli. Dimme adesso, per amor mio, che ue intrauenuto?

Sem(pronio). Per mia fe chio uengo desperato *et* senza ceruello; anchora che teco sia superchia cosa a non temperar la ira *et* fastidio, c.[40] monstrare altro sembiante che con li huomini. Mai non mostrai poter molto con quelli che poco possono. Porto, matre mia, tutte mie arme rotte *et* frachassate: il brocchierri senza

---

[37] M,V,15,35: in essa
[38] M,V,15,35: altri
[39] M,V,15,35: non
[40] M,V,15,35: e

cerchio, la spada come una sega; porto la celata nel cappuzo de la cappa tutta acciacchata *et* piena de botte. Che non ho con che possa uscir un passo afar compagnia a mio patrone quando bisogno mauerra. Che son restati da cordo ello *et* Melibea de andar questa sera che uiene a uederse per lhorto de Pleberio. E se io uolessi comprarle, porria cascar morto per un quatrino.

Cel(estina). Domandale tu, figliol mio, a tuo patrone, poi che tu lhai guaste in suo seruitio. Che ben sai tu che lui e huomo che subito lo fara, che non e de quelli che dicono: "Uiue meco, *et* cercha chi te mantengha." Lui e si liberale che te dara *per* questo e *per* piu.

Sem(pronio). Gnaffe si tu hai apunto trouata la chiauede larpa. Porta anchora Parmeno rotte *et* guaste le sue. A [41] questo modo in arme sp*en*deriamo tutta la robba de Calisto. Per che uoi tu, Celestina, che io li sia cosi importuno adomandarli piu che de sua propria uolunta ha facto? Ello ce ha dato le cento monete, ha ce dato da poi la cathena. A tre simile botte non li resterebbe cera nellorecchia. Chara li costerebbe questa rama. [42] Contentamose con le cose giuste, *et* non uogliamo perderlo tutto per uoler piu della ragione. Che chi molto abraccia, poco suole strengere.

Cel(estina). Gratioso me pare questasiño! Per mia uecchiezza, che se queste parole fussero state da po disnare, io diria che tutti haueuamo carigato ad orza. Dimme, Sempronio, sei fuora de ceruello o no? Che ha da fare tua remuneratione con mio salario, e tuo soldo con le gratie che a me son facte? Son io obligata da comprar uostre arme *et* supplir a uostre necessita? Baldamente, che io sia appicata se tu non te sei afferato ad una paroletta che io te disse laltro giorno uenendo per la strada, che in quanto io podesse con mie piccole forze mai non te saria manchata; *et* che se Dio me desse buona manderita con tuo patrone, che tu non perderesti cosa alcuna. Dunque ben sai, Sempronio, che queste offerte *et* queste parole de buono amore non liga*nn*o ne da*nn*o obligatio*ne*. No*n* ha da esser horo tutto q*ue*l che luce, *per* che a meglior mercato saria. Dimme, Sempro*n*jo, se io sto io [43] tuo core. *Et* uedrai, ancora chio sia uecchia, se indouino quello che tu poi

---

[41] V,15,35: sue. A
[42] V,15,35: trama
[43] V,15,35: in

pensare. Io ho, figliol mio, si gran stizza, che par me uoglio [44] uscir lanima de malinconia. Dette a questa matta de Elicia, como io uenne di casa de Calisto, la catenuza per che se prendesse piacer con essa, *et non* po recordarse doue se lhabbia messa. Che in tutta questa nocte *non* hauemo possuto dormir sognio, de malinconia. Non gia per il ualor dela cathena, che non era molto, ma per suo mal recapito di lei *et* per mia mala uentura. In quel tempo introrono certi cognosciuti *et* familiari mei qui; temo che non selhabiano portata, dicendo, "Se cogle, cogle, se non hauesti paura."

De sorte, figlioli mei, chio uoglio adesso parlar con tutti doi: che se cosa alcuna me ha dato uostro patrone, douete pensar che e mio; che dil gioppone di brochato che ello te dono, *non* te ho domandata parte, ne manco la uoglio. Seruamo tutti; che a tutti dara secondo uedera che il meritamo; [45] che se qualche cosa me ha dato, dueuolte ho messa per lui mia uita apericulo. Piu ferri ho guasti in suo seruitio che uoi altri, e piu materiali ho spesi: douete pensar, figlioli, che ogni cosa me costa danari, *et* anchora mio sapere, che non lho imparato gratandome la panza, ma con gran spesa *et* fatiga. Dela qual cosa la matre de Parmeno me saria buon testimonio, benedecta sia lanima sua, la doue sta.

Questo ho io guadagnato con mia industria; che de uostra fatica Calisto ue resta obligato. Questa tengo io per arte *et per* exercitio; *et* uoi altri, *per* dilecto *et* recreatione. Poi che cosi e, *non* douete hauere a equal merito sollazzando qual io penando. Ma anchora che tutto questo sia, son contenta, se mia cathena se troua, *de* darui un pa ro di calce di rosato per uno, che e habito che meglio neli giouani compare. *Et* se non se trouasse, prendete la buona uolunta, che io tacero con mia perdita. *Et* tutto questo faro de buono amore per che haueste piacere che io hauessi piu presto lutile *de* questi passi che unaltra. *Et* se *non* seriti contenti, sara uostro danno.

SEM(PRONIO). Non e questa la prima uolta che ho udito dire quanto regna neli uecchi questo uitio de cupidita. Quando era pouera, era liberale; e quando riccha, auara. De modo che aquistando cresce il desiderio, *et* la pouerta desiando. Ueruna cosa fa

---

[44] 15,35: uoglia
[45] 35: meritano; M,V: meritão

pouero lo auaro saluo la rrichezza. O Dio, e come cresce la necessita con lhabundantia! Chi hauesse udito dire a questa uecchia che io me portasse lutilita de questa materia, pensandosi che seria poco! Hora che uede che e assai, non ce uol dar niente, [46] per far uero il prouerbio deli mammoli, che dicono: "De lo poco auerai poco, et delo molto, niente."

PAR(MENO). Di ate [47] cio che ta [48] promesso, o prendiamoli ogni cosa per forza. Assai te diceua io le tristitie de questa uecchia ribalda, se tu me hauessi creso.

CEL(ESTINA). Se molta ira portate con uoi altri et con uostro patrone et arme, non la rompate sopra me. Che ben so io doue nasce questo errore, che ben in douino da qual pie zoppecate. Non gia dela necessita che habbiate de quel che domandate, ma che ue pensate che ue debbia tenere tutta uostra uita ligati et captiui con Elicia et Areusa et che io non ui uoglia cercar dele altre. Et per questo mi mouete queste m inace de danari et me fate questa paura dela partitione. Ma tacete, matti, che chi queste ui seppe dare, ue dara assai dele altre, adesso che ce maggior obligatione et ragione et piu meritato de uostra parte. E se io so mettere ad effecto cio che prometto insimile trame, digalo qui Parmeno. Dillo, dillo, non hauer paura a contarlo. Como ce interuenne quando a colei dolea la madre?

SEM(PRONIO). Io li dico che cacga et lei se alza la bracga; non dico io questo, Celestina, per quello che pensi. Non metter in zanze nostra domanda, che con questo le uorieri non pigliarai piu lepore, se io posso. Non usar meco queste lusenghe. A cane uechio non bisogna cus, cus. Dance le doi parte per conto de quanto da Calisto hai hauuto, et non uoler che se discopra chi tu sei. Ali altri, ali altri, uecchia, con queste parole.

CEL(ESTINA). Chi te credi chio sia, Sempronio? Harestime tu mai tolta dal burdello? Pon silentio a tua lingua, et non far manchamento a miei canuti. Che io son una uecchia qual Dio me sece, [49] non miga peggio de le altre. Uiuo de larte mia assai nectamente, come ciaschun arthesano dela sua. Chi non me uolenon

---

[46] M,V,15,35: niente
[47] Di ate > V: di a te; 15: dia a te; 35: diate
[48] 35: ha
[49] M,V,15,35: fece

lo cerco. In mia casa me uengono a trouare, in mia casa me pregano. Si bene o male uiuo, Dio e buon testimonio de mio core. *Et* non pensar mal tratarme con tua ira, che iustitia ce per tutti *et* a tutti e equale; cosi saro udita, anchora chio sia donna, como uui altri molto pectinati. Lassateme star in mia casa con mia fortuna. *Et* tu, Parmeno, non te pensar che io sia tua schiaua, per chetu sappi imei secreti *et* uita passata, e li casi che ce sonno intrauenuti ame *et* ala sfortunata de tua matre. Quantunque ella me tractaua in questo modo quando Dio uolea.

Par(meno). Non me gomfiar il naso con queste memorie; se non, presto te mandaro con nouelle allei, doue meglio te porrai lamentare.

Cel(estina). Elicia, Elicia! Leuate de quel lecto *et* damme presto il mio manto, che, per li sancti de Dio, ala iustitia uoglio andare bramando como una pazza. E che cosa po esser questa? Che uoglion dire queste simile minace in mia casa? Hauete mano *et* braueza con una pecora mansa? Con una gallina ligata? Con una uecchia de sectantanni? La, la, con li huomini como uoi altri, mostrate uostre ire con quelli che cengono spade, *et* non con mia fragile conocchia! Segno e de gran pusillanimita brauar contra iminori e quelli che poco possono. Per che le sozze *et* brutte mosche mai non mordono saluoli boui debili *et* magri; li cagnoli abaiatori alli poueri peregrini baiano *et* dan fastidio con magior impeto. Se quella che sta in quel lecto mauesse creso, mai di nocte non restaria questa casa senza huomo, ne dormiriamo allume de paglie; ma per respecto tuo *et* per esser te fideli, patimo questa solitudine. *Et* per che uoi altri cognoscete che noi simo donne, parlate *et et* per che uoi altri cognoscete che noi simo donne, parlate *et* [50] domandate superchiarie. Qual cosa non harreste facta se huomini hauesti sentiti. Che, come se dice, il duro aduersario indolcisce le ire *et* corrocci.

Sem(pronio). O uecchia auara *et* morta de sete per danari! Non sarai tu contenta dela terza parte del guadagno?

Cel(estina). Che terza parte? Ua uia de mia casa in tua malhora! Tu *et* questaltro, non me fate cridare; non fate che se

---

[50] M,V,15,35: om. repetition of "et per che ... parlate *et*"

radu*n*e il uicinato. No*n* me fate uscir di [51] ceruello. Non uogliate che escano in piazza le cose de Calisto *et* uostre.

SEM(PRONIO). Ho crida o tempesta, che tu ne attenderai cio che ne hai p*r*omesso, o hoggi finirai tuoi giorni.

ELI(CIA). Remetti, per Dio, la spada. Tienlo, Parme*n*o, tienlo, p*er* Dio, che no*n* lo amaci [52] questo impazzito.

CEL(ESTINA). Iustitia, iustitia, signori uicini! Iustitia, che me occideno questi roffia*n*i in mia casa!

SEM(PRONIO). Roffiani o che? Aspecta, uecchia falsa, factocchiare, [53] che io te faro andar con littere allinferno.

CEL(ESTINA). Oime, che mha morta! Oime, oime! Confessione, confessione! Misericordia!

PAR(MENO). Dalli, dalli, amazala, finiscila, poi che hai cominciato, acio che non ce sentano li uicini. Mora, mora! Che huomo morto non fa guerra.

CEL(ESTINA). Confessione!

ELI(CIA). O crudeli inimici! In mal poter *d*e iustitia ue possiate uedere! E per chi hauete hauute mano! Morta e mia matre *et* mio bene.

SEM(PRONIO). Fuggi, fuggi, Parmeno, che uiene molta gente. Guarda, guarda, che uiene il cauaglieri.

PAR(MENO). O, suenturato me! Che non ce luogo da fuggire, che gia e presa la porta. Saltamo per le fenestre. Non uogliamo morire in poter de iustitia.

SEM(PRONIO). Salta, che appresso te uengo.

---

[51] 15: dil
[52] lo amaci > M,V: la amaci; 15: la amazi; 35: lamazzi
[53] V: factochiara; 15: factocchiara; 35: fattochiara

ARGUMENTO DEL TERTIODECIMO ACTO

Suegliato Calisto, sta parlando infra se medesmo. Deli ad un poco chiamo Tristanico. Et poi se torno ad dormire. Tristanico sene ando abasso ala porta. Uide uenir Sosia piangendo. Tristanico li domanda la causa per che piangea. Sosia li conta lamorte de Sempronio et de Parmeno. Uanno insieme adir le noue a Calisto, el qual, sapendo la uerita, fa una gran lamentatione.

Calisto, Tristanico, Sosia

(CALISTO). O como ho ben dormito ad mio piacere dopo quel poco et dolce tempo, dopo quel angelico ragionamento. Gran refrigerio e ali afflicti la contentezza. Il reposo et quiete procedeno de mia allegrezza, o ha causata la corporal fatiga mio molto dormire o la gloria et quiete delanimo? Ma non mi meraueglio che luno et latro [1] se gionseno insieme aserare lepalpebre de miei occhi, poi che fatigai col corpo et persona e prese piacer la passata nocte con lo spirito e senso. Certa cosa e che la tristezza conduce pensieri, e molto pensar impedisse il sonno, come me intraueuuto [2] a me in questi passati giorni con la sconfidanza che io hauea dela maggior gloria che gia possedo. O signora et amor mio, Melibea! In che cosa pensi tu adesso? Se dormi o stai suegliata? Se pensi in me o in altrni? [3] O fortunato et bene andante Calisto! Che ben te poi chiamare auenturato se uero e che non sia sogno il passato! O lo io sognato ono? Fu fantasia o passo in uerita? Ma io non andai solo, che mei famegli me accompagnorno. Dui erano; se lor

---

[1] M,V,15,35: laltro
[2] M,V,15,35: intrauenuto (M: -n-)
[3] M,V,15,35: altrui

dicono che fu uero, io lo credero, che cosi uol ragione. Uoglio farli chiamare per maggir [4] confirmatione de mia gloria. Tristanico, ola! Serui! Tristanico! Leuate suso!

TRI(STANICO). Signor, leuato mi sonno.
CALI(STO). Corri presto, chiamame Sempronio *et* Parmeno.
TRI(STANICO). Adesso uo.
CALI(STO).

> Dorme *et* reposate, penato,
> Fin de hora,
> Poi che tama tua signora
> De sua uoglia.
> Uenzza il piacere al pensieri
> E non uea,
> Poi che ta facto suo priuato
> Melibea.

TRI(STANICO). Signor, non ce nisun fameglio in casa.
CALI(STO). Dunque apre queste fenestre e guarda che hora e.
TRI(STANICO). Giorno chiaro.
CALI(STO). Tornale a serare e lassame dormire finche sia hora de disnare.
TRI(STANICO). Uoglio andarmene dabasso per che dorma mio patrone, *et* a quanti il domandaranno diro che non ce, acio che non li diano impaccio. Ho che gran rumor sento nel mercato! Che cosa po esser questa? Alchuna iustitia si [5] fare, [6] o se son leuati a bonhora per correr tori. Io non so che me dire di si gran grida como sento. Dela uedo uenir Sosia, staffier de mio patrone. Lui me dirra che cosa po essere questa. Guarda como uene il poltrone. In qualche tauerne se sara imbriachato; ma se Calisto sene acorge, farali dar cento bastonate; che anchora che sia un poco pazo, la pena il fara esser sauio. Ma piangendo me par che uenga. Dimme, Sosia, per che piangi? Che uol dir questo? De donde uieni?

---

[4] M,V,35: maggior; 15: magior
[5] V,35: si ha a
[6] 15: face

TERTIODECIMO ACTO 201

So(sia). Ho sfortunato me! Ho che gran perdita! Ho gran dishonore dela casa de mio patrone! Ho che mala matina estata questa! Ho suenturati giouani!

Tri(stanico). Che cosa e? Che diauolhai? Per che te occidi? Che mal po esser questo?

So(sia). Sempronio *et* Parmeno!

Tri(stanico). Che di tu de Sempronio *et* de Parmeno? Che cosa po esser questa, matto? Dechiaramel piu auanti, che me turbi.

So(sia). Nostri compagni *et* nostri frate li.

Tri(stanico). Ho tu stai imbriacco, o hai perso el ceruelo, o qualche mala noua porti. Non me dirai che cosa e questa? Che uoi dir me di questi famigli?

So(sia). Che restano in piaza seannati. [7]

Tri(stanico). O mala fortuna la nostra se questo e uero! Ha li tu uisti certo? Hannote parlato?

So(sia). Gia andauáno senza sentimento; ma lun dessi, con assai difficulta, come me senti che con pianto il guardaua, me guardo fiso in uiso, alzando le mani al cielo, quasi rengratiando Dio e come lui me interrogasse *et* poi se recordasse dela morte. In segno de trista partita abasso la testa con le lachrime agliocchi, dandome ben dintendere che non douea uederme piu fin al di dil iudicio.

Tri(stanico). Tu nol comprendesti bene; che lui te uolea domandare se Calisto staua presente, con speranza che fusse uenuto per aiutarlo. *Et* poi che cosi chiari segni porti di questo dolore incomportabile, andiamo presto con le triste noue a nostro patrone.

So(sia). Signor, signore!

Cal(isto). Che cosa e questa, pazzi? Non ue ho commandato che non me date impaccio fin ahora di pranso?

So(sia). Suegliate *et* leuate, che se tu non aiuti li toi, tutti andiamo in ruina. Sempronio *et* Parmeno restanode capitati nela piazza dil merchato come publichi malfactori, con bando che manifestaua loro delicto.

Cal(isto). O glorioso Dio! E che cosa e questa che tu mai dicta? Io non so sime creda si acerba *et* trista noua. Haili tu uisti?

So(sia). Ben sai che io li o uisti.

---

[7] M,V,15,35: scannati (15: -*nn*-)

CAL(ISTO). Guardaben cio che ai dicto, che questa nocte son stati meco.

So(SIA). Se sonno stati teco, se son leuati habuon hora per morire.

CAL(ISTO). Ho mei leali serui! Ho mei fideli et secreti conseglieri! Po esser uera tal cosa? O male aduenturato Calisto, e come resti suergognato fin che uiuerai! Che sara dime, poi che ho persa tal copia de seruitori? Dimme, per lamor de Dio, Sosia, qual fu la causa di lor morte? Che cosa dicea il banditore? In che loco fuorono presi? Qual iustitia li ha de capitati?

So(SIA). Signore, la causa dilor morte publicaua ilcrudo boia agran uoci, dicendo: "Commanda la iustitia che morano li uiolenti occiditori."

CALI(STO). Chi hanno morto si presto? Che cosa po esser questa? Che non son ancora quattrhore che da me se son partiti. Come se chiamaua il morto?

So(SIA). E una donna che hauea nome Celestina.

CAL(ISTO). Che e quello che mhai ditto?

So(SIA). Cio che tu odi.

CAL(ISTO). Se questo e uero, occidi tume, chio te perdono; che piu mal ce che non pensi se quella cheano morta e Celestina dela coltellata.

So(SIA). Lei propria e, che de piu de trenta stocchate la uidi passata, stesa in sua casa, piangendola una sua creata.

CAL(ISTO). O sfortunati giouani! E como andauano? Hannote uisto? Parlonoti?

So(SIA). O signor mio! Che se gli hauessi uisti, te serebbe spezato il cor di dolore. Luno portaua tutto il ceruello fuor di testa, senza niun sentimento; laltro, rotti tutti doi li bracci et tutto lo mustaccio pesto. Tutti erano pieni di sangue, per che, fugendo dil caualieri, saltorno per certe fenestre alte; e cosi, mezi morti, fu loro tagliate le teste; credo che non lo sentisseno.

CAL(ISTO). Io ben sento mia uergogna. Uolesse Idio chio fusse loro et hauesse persa la uita, et non lhonore, nela speraza [8] de sequitare mio cominciato proposiro,[9] che e quello che piu in questo sfortunato caso sento. O mio tristo nome et fama, e como

---

[8] M,V,15,35: speranza (M: -er-; V: -n-)
[9] M,V,15,35: proposito

andate per li tauolieri de bocca in bocca! O mei secreti *et* piu che secreti, e come sarete publicati per le piazze *et* mercati! Che sia dime? Doue debbio andare? Che se io esco fora, acostoro che gia son morti non posso piu remediarli. Che io me stia in casa, parera chel faccia per pusillanimita. Che consiglio debbio prender che buono sia? Dimme, Sosia, qual fu la causa per che la occiseno?

So(SIA). Signore, quella sua creata, cridando *et* piangendo, publicaua la causa de sua morte a quanti odire la uoleano, dicendo che la occisero per che non uolse partire con loro una cathena doro che tu li desti.

CALI(STO). O giorno de grande affanno! O gran tribulatione! *Et* a che modo ua la robba mia de mano in mano *et* mio nome de lingua in lingua! Tutto sara publico, quanto con loro *et* lei parlaua, *et* quanto dimme sapeano, *et* la materia che io tramaua. Non me basta lanimo uscir piu doue gente sia. O peccatori giouani che hanno patito persi subito infortunio! O allegrezza mia, *et* come te uai diminuendo! Prouerbio anticho e, che de grande altura grande chadute sidanno. Molto haueua harsera [10] guadagnato; assai ho perso al presente. Rara e la bonaccia nel pelago. Io era in titulo de huomo alegro, se mia fortuna hauesse uolsuto tener fermi li tempestosi uenti de mia perditione. O fortuna, quanto *et* per quante parte mhai combattuto! Ma anchora che piu per segui mia habitatione *et* sia piu contraria a mia persona, non lassaro de exequire mio desio, per che le aduersita con equale animo se debbono asoffrire, *et* in esse se proua il cor forte o debile. Non ce il miglior paragon di lei per cognoscere il [11] caracti dela uirtuosa discretion che lhuomo ha. Ma per piu mal o danno che mi uenga, non lassaro de finire il commandamento de colei per chi tutto questo e causato. Che piu utile me nha sequitar il guadagno dela gloria chio aspecto, che dela perdita de quelli che son morti. Loro erano sforzati, arditi; adesso o in altro tempo doueano essere puniti. La uecchia era mala *et* falsa, secondo mostra che facesse tractato con loro, de modo che fecero costione sopra la cappa del iusto. Premission [12] diuina fu che cosi finisseno, in pagamento de molti adulterii che per loro commissione *et* causa

---

[10] V,15: hersera (V: her sera); 35: hiersera
[11] V,15,35: li
[12] V,15: permission

se son commessi. Uoglio fare mettere in ordine Sosia *et* Tristanico. Uerranno meco in questo desiato camino. Portaranno scale per che son alte le mura. Doman faro uista chio uenga di fuora. Se porro uendicar questi morti il faro, e seno, purgaro mia innocentia con mia fincta absentia, o fingero esser matto, per meglio posser goder questo saporoso dilecto dil mio dolce amore, come fece quel gran capitanio Ulise per euitar la bataglia troiana *et* prenderse piacer con Penelope sua donna.

ARGUMENTO DEL QUARTODECIMO ACTO

Stando Melibea molta afflicta, parlando con Lucretia dela tardanza de Calisto, quale haueua facto uoto de uenir ad uisitarla; la qual cosa messe ad effecto; con lui andorno Sosia *et* Tristanico. Da poi che hebbe lattento suo, se ritorno ad sua casa. Calisto se retrarsse in sua camera lamentandosi che si poco tempo era stato con Melibea. *Et* prega Phebo che serre presto soi razi, acio possa restaurar suo desio.

Melibea, Lucretia, Sosia, Tristanico, Calisto

(Melibea). Molto se tarda quel caualieri che nui aspectiamo. Dimme, Lucretia, hai alcuna suspition *per* sua tardanza?

Lu(cretia). Madonna, che ui ha giusto impedimento *et* che non e in sua possanza uenir piu presto.

Mel(ibea). Li gloriosi angeli siano in sua custodia; stia sua persona senza periculo, che de sua tardanza non patischo pena. Ma, o misera me, che io penso molti inconuenienti che de sua casa fin qui li porriano intrauenire. Chi sa se lui, con uolunta de uenire al luogo promesso, ne la forma che li simili giouani a thal hora soglono andare, e stato scontrato dali cauaglieri nocturni *et* lor, senza, cognoscerlo, lhabiano uolsuto prendere; *et* lui, per difendersi, li offese o estato da lor offeso? O forsi, per disgratia, li habaianti cani con lor crudi artigli, che nisuna differentia de persone far sanno, lhabiano crudelmenta [1] morso? O si le cascato in qualche ripa o fosso, doue qualche danno li sia intrauenuto? Ma, o suenturata, che questi inconuenienti son quel [2] chel

---

[1] M,V,15,35: crudelmente
[2] V,35: quelli

concepto amore mi pone dauanti, et li atribulati pensieri me portano. Non piaccia a Dio cheueruna de queste cose sia, piu presto se stia quanto a lui piacera senza uederme. Ma odi, odi, che passi son quelli che io sento per la strada? Et anchora me pare che parlano da questaltra banda dellhorto.

So(sia). Tristan,[3] appogia questa scala, che questo me par il miglior luogo, anchora che sia alto.

Tri(stanico). Sali, signore, et io uerro teco per che non possemo saper chi sta dentro, che parlando me par che stiano.

Cali(sto). Restatiui, uui altri matti, che io entraro solo, che mia signora e quella che parla.

Mel(ibea). E tua serua, e tua schiaua et quella che piu tua uita che la sua stima. O signor mio! Non saltar[4] cosi alto, che mi moro a uederlo. Abassa pian piano per la scala, non uenir tanto imprescia.

Cal(isto). Ho angelica figura! Ho preciosa gemma, dauanti la quale tutto il mondo e brutto! Ho signora et gloria mia! In mei bracci te uedo et non lo credo. Habita al presente in mia persona tanta turbatione de piacere che non me lassa sentir la millesima parte de la gloria chio possedo.

Mel(ibea). Signor mio, poi che io me son fidata in tue mano, e poi che ho uolsuto exequir tua uolunta, non sia di peggio conditione per essere io pietosa che se fusse stata schifa et senza misericordia; non me uoler perdere persi poco dilecto et in cosi poco spatio. Per che le cose mal facte, da poi che son commesse, piu presto se possono reprendere et a mendarle.[5] Gode de quel chio godo, che e uedere et appressarmi a tua persona. Non domandar ne prendere quello che, preso, non sara in tua mano apòsserlo tornare. Guarda, signor; non uoler guastare quel che con tutti li thesori del mondo non se potrebbe restaurare.

Cal(isto). Madonna, poi che tutta mia uita ho spesa per hauer questa gratia da te, gran pazzia seria la mia, hauendola, refutarla. Ne tu, madonna, mel commanderai, ne io dame medesimo potrei obtenerlo. Non mi domandar tal pusillanimita, che

---

[3] V,15,35: Tristanico
[4] 35: saltar de
[5] et a mendarle > 15: che a mendarle; 35: che emendarle

non e cosa da far ad alchuno che huomo sia, magiormente amdano [6] come io e notando [7] per questo fuogo de tuo desio tutta mia uita. Et hora non uoi chio me appogi al dolce porto a reposarme de mie passate fatiche?

Mel(ibea). Signor, se me ami, parla con la lingua cio che uorrai, et non adoperar con le mano quanto poi. Sta fermo, signore; de sta ficto, per amor mio. Basteti, poi che son tua, godere delo exteriore, de questo che e proprio fructo deli amanti, e non uoler robarme il maggior dono che la natura me ha dato. Guarda che e costume de buon pastore tosare sue pecora et bestiame, ma non destruerlo ne dissiparlo.

Cal(isto). Per che uoi, madonna, chio stia ficto? Per che non abbia accessare mia passione? Per farme penar de nouo? Per tornar il gioco da principio? Perdona a mie suergognate mano, che mai non pensorno toccar tue ueste con loro indignita et poco merito; et adesso godeno de arriuar ad tuo corpo, gentili et nobili et delicate carne.

Mel(ibea). Scansate in la, Lucretia.

Cal(isto). Per che, madonna mia? Io mio [8] prendo piacere che stiano presenti simili testimonii di mia gloria.

Mel(ibea). Et io non del mio errore. Et se hauesse pensato che cosi senza discretione te hauesse portato meco, non harei fidata mia persona de tua crudel conuersatione.

So(sia). Tristanico, ben odi cio che dicono. Ben uedi in che termine ua la materia.

Tri(stanico). Io odo et uedo tanto che [9] iudico mio patrone il piu ben auenturato huomo che nascessi. Et per mia fe te giuro che, anchora che sia garzone, daria cosi buon conto dimme como mio patrone.

So(sia). Con simile zoia, qual si uoglia harrebbe mani, ma buon pro li faccia, che ben charo li costa: che doi famegli son intrati in la salsa de questo amore.

Tri(stanico). Gia li ha dismenticati. Lassatiue morire per ingrati, et fate pazzie con confidanza di sua de [10] defenssione, et

---

[6] M,V,15,35: amando (M: -n-)
[7] M,15: natando
[8] V,15,35: mi
[9] V,35: che certo
[10] M,V,15,35: om.

uederte quello che ue intrauerra. Stando col conte, che non amazzassi lhuomo, me daua mia matre per conseglio. Guarda loro alegri *et* abrazzati, *et* soi seruitori, con assai uergogna, scanati.

MELI(BEA). Ho uita mia *et* mio signore! E como ha [11] uolsuto che io perda il nome *et* corona de uergine per cosi breue dilecto? O misera te, mia matre, e se tal cosa sapessi, *et* come prenderesti de tua uolunta la morte *et* mela darresti ad mi per forza! O come saresti crudel boia de tuo proprio sangue, e como seria io fine de tuoi dolorosi giorni! O mio honorato patre, e come ho facto manchamento ha tua fama, da*n*do causa e luogo de corrumpere tua casa! O traditora me, *et* p*er* che no*n* guardai prima il grande errore che se exequia de tua intrata, e il gra*n* pericolo che io spectaua?

SO(SIA). Prima te harrebbe io uolsuto udir questi miracoli! Tutte sapete questa benedecta oratione, da poi che il facto non po tornar indrieto. Fate mille miracoli. *Et* quel matto de Calisto la sta ascoltando!

CAL(ISTO). Gia si uol sar [12] giorno. Che cosa e questa? Non par che siamo stati un hora qui; [13] da il relogio le tre.

MEL(IBEA). Signore, per lamor de Dio te prego, poi che gia ogni cosa e tuo, [14] poi [15] gia son tua serua, poi [16] gia non poi negare il mio amore, non me negar tua uista. Almancho lesere, che ordinarai tua uenuta per questo secreto luogo ala medesima hora, p*er* che sempre te stia aspectando, apparecchiata del gaudio co*n* che me lassi, col desio dele uegne*n*t i nocti. *Et* per il *pr*esente, ua con Dio, che non saria [17] uisto, per che fa molto obscuro; ne io in casa sentita, che anchora non si mostra laurora.

CAL(ISTO). Serui, acconciate lascala.

TRI(STANICO). Signore, eccola qui. Descende piano.

MEL(IBEA). Lucretia, uien qui, che son sola. Che quel signor mio sene andato. Con meco lassa suo core; seco ne porta il mio. Haice tu in te si? [18]

---

[11] 15,35: hai
[12] V,15,35: far
[13] M,V,15,35: qui e
[14] 35: tua
[15] V,15,35: poi che (V: -e)
[16] V,15,35: poi che (V: -e)
[17] V: sara; 15: sarra; 35: sarai
[18] 15,35: in te si > intesi

Lu(cretia). Madonna, non, che semper [19] ho dormito.

So(sia). Trsstano, [20] douemo andar pian piano et senza rumore, per che sogliono leuarse a questhora glihuomini ricchi, li cupidi de temporali beni, li deuoti de templi e monasterii et e [21] chiese, li innamorati como nostro patrone, li lauoratori de campi, et li pastori che in questo tempomenano le pecore a precoio per mungerle. Se noi andamo parlando, potrebbessere che sentisseno alchuna parola per la quale lhonor de Calisto et quel de Melibea se per turbasse.

Tri(stanico). Ho simplice striglia caualli! Tu di che non parliamo, et tu nomini il nome suo et dilei! Tu se apunto buon gouernatore et guida de nocte con gente christiana interra de mori. De-modo che, prohibendo, fai; coprendo, scopri; asecurando, offendi; tacendo, cridi et bandisci; interrogando, respondi. Ma poi che cosi sottile di ingegno sei, non me dira quante para fan trebuoi [22] e in che mese uien Sancta Maria de Agosto, per che sappiamo sice assai paglia in casa, acio che non te manche da mangiar questanno.

Cal(isto). Mei pensieri et li uostri non tutti una cosa. Intrate tacendo et piano, che non ce sentano in casa. Serate questa porta, et andiamoce ad reposare. Uoglio andar solo in mia camera. Et da me medesmo me desarmaro. Andateue uoi altri in uostri lecti.

O meschinome! E quanto me e graue di mio naturale la sollicitudinesilentio, [23] et tenebre! Non so sel causa che me e uenuto nela memoria il tradimento che io feci apartirme da quella signora che io tanto amo fin che fusse stato piu chiaro il giorno, o uer lo causa il dolor delhonor mio et la morte di miei serui. Oime, oime, che questo e. Questa e la ferita chio sento, adesso che son refredato, ora che se gelato il sangue, che eri bullea, ora che io uedo il manchamento de mia casa e fallo di mio seruitio, la perditione di mio patrimonio, la infamia che ha mia persona della morte che amiei serui e exequita. Che cosa ho facto io? Per che me son detenuto? Como me son possuto sofferire? Per che non me mostrai

---

[19] M,V,15,35: sempre
[20] M,V,15: Tristano; 35: Tristanico
[21] V,35: om.
[22] V,35: tre buoui
[23] M,V,35: sollicitudine silentio; 15: solitudine silentio

subito presente como huomo iniuriato, uendicator superbo e scelerato dala manifesta iniustitia che me fu facta? O misera suauita de questa breuissima uita! Chi e colui dite si cupido che non uoglia piu tosto subito morire, che godere un anno de uita suergognato ho prolongarla con deshonore, corrompendo la buona fama deli suoi antecessori? Magiormente che in questo seculo non ce hora certa ne limitata ne mancho un solo momento. Tutti simo senza tempo debitori; continuo simo obligati apagar subito. Per qual causa non sonno uscito al mancho ad inuestigare la uerita dela secreta causa de mia manifesta perditione? O breue dilecto mondano! Come duri poco et costano molto tue dolceze! Non si compra si caro il pentirse da sezo. O misero me! Et quando se restaurara mia gran perdita? Che faro io? Qual conseglio debbio prendere? Achi discopriro mio manchamento? Per qual cagione nol dico aglialtri mei seruitori et parenti? Son tusato nel coseglio [24] e non se sa in mia casa. Io uoglio uscire; ma se io esco et dico che son stato presente, e tarde; se io dico absente, e troppo presto. Et per uoler proueder de amici, seruitori, parenti et congiunti, bisogna hauer tempo, et ancora per cercar arme et altri apparecchi de uendetta.

O crudel iudice! E che mal pagamento mai dato del pan che de mio patre mangiasti! Io pensaua con tuo fauore hauer possuto amazzar mille huomini senza timor de castigo. Ho iniquo falsario, persequitor de uerita, huomo di bassa conditione! Ben e uscito uero il prouerbio inte, che fosti iudice per manchamento de huomini buoni. Hauessi almancho guardato che tu et quelli che occidesti erate seruitori di mei antecessori et a me erauate compagni; ma quando lhuomo uile e riccho non ha parente ne amico. Chi hauesse mai pensato che tu me hauessi adestruere et discipare? Certamente non ce piu nociuole cosa che lo in cogitato inimico. Per qual causa uolesti che se dicesse per te: "Dil bosco esse con che il bosco se arde," et che, "Creai coruo che poi me cacciassi locchio?" Tu sei publico delinquente et occidesti quelli che son priuati. Ma sappi che minor delitto e il priuato che il publico, et minor sua utilita, secondo le legge de Athene dispongono. Le quale non son scripte con sangue; anzi monstrano che e mancho errore non condamnar li malfactori che punir li innocenti. O come

---

[24] M,15: conseglio; V,35: consiglio

e periculosa cosa sequitar giusta causa dauanti iniusto iudice! Magiormente questo excesso di mei seruitori, che non manchaua di colpa. Ma guarda, che se hai facto male, che e sindicato in cielo *et* in terra; de modo che aDio *et* al re sarai reo, *et* a me capital inimico. Che luno pecco *per* quello che fece laltro, che *per* solo esser suo compagno li amazasti tutti doi.

Ma che dico io? Con chi sto parlando? Sto io in mio ceruello? Che po esser questo, Calisto? Sognaui, dormi o uegi? Stai in pie o colegato? Guarda che stai in tua camera. No*n* guardi tu che loffenditor no*n* e *p*resente? Con chi lhai? Torna inte. Guarda che mai li absenti fuoron trouati iusti. Odi tutte doi leparti se tu uoi dar uera *et* iusta sententia. No*n* uedi tu, Calisto, che lui, per exequir la iustitia, non douea guardare ne amicitia, debito ne parentela? Non sai tu che le leggi debbono esser commune *et* equale ad ogni huomo? Guarda che Romulo, primo fundator de Roma, amazzo suo proprio fratello per che uolse transferire le ordinate leggi. Prendi exemplo da Tito Ma*n*lio Torquato che fe occidere suo proprio figliolo *p*er che uolse excedere la tribunitia constitutione. *Et* altri assai feceron il simile. Considera, Calisto, che sel iudice fusse *p*resente, responderebbe in sua disculpa dicendo che agenti *et* co*n*sentienti meritaua*n*o equal pena; quantu*n*q*ue* habbia occisi tutti doi per quello che luno pecco. *Et* che se lui non hebbe alhora remissione, fu per che era crimine notorio, per la qual cosa non erano necessarie multe proue, per che forono presi in acto del homicidio; *et* che gia luno era morto per essere saltato gio dale fenestre. *Et* anchora se de credere che quella piangetrice giouane che Celestina teneua in sua casa li dette forte presa con suo pianto, *et* lui, per no*n* fare quel caso ad ognuno palese *et* per non disfamare lhonor mio, non uolse spectare che la gente se leuasse, per che non sentisseno il bando, del quale grandissima infamia me assequia, per questo li fe iusticiare cosi abuonhora, poi che era sforzato il boia banditore farlo, como e de nostra usanza p*er* la executio*n*e del delicto *et* disculpa sua. La q*u*al cosa, se cosi come credo e facta, piu presto li debbio esser obligato che lamentarme de lui, non gia come seruo *et* alleuo de mio patre, ma como uero *et* fidel fratello. *Et* posto caso che cosi no*n* fusse, o che io no*n* uolessi pre*n*der in q*u*esto la miglior parte, ricordate, Calisto, del gran gaudio passato, ricordate de tua signora, in cui co*n*siste ogni tuo bene. *Et* poi che tu la propria uita in suo seruitio non estimi, tu non dei estimare la morte de alcuno, poi che nisun dolore se po aguagliar col receuuto piacere.

O signora *et* uita mia Melibea! Mai non pensai offenderte *in* absentia. E par chio habbia apoca stima la gratia che mai facta. Non uoglio piu *pen*sar in cose fastidiose, *non* uoglio hauer piu amicitia *con* la tristeza. O ben senza *com*paratione! O in satiabile *con*tenteza! Quando harebbe io piu domandato aDio *per* remuneratione *de* miei meriti, se alcuni ce sonno in *qu*esta uita *pre*sente? *Per* qual causa non mi *con*tento *con* la gratia che ho receuuta? *Et* poi che cosi e, non e rason chio sia ingrato a chi tanto ben me ha facto. Uoglio du*nqu*erecognoscerlo, non uoglio con fastidio *per*der mio ceruello, acio che *per*dendolo io non cada *de* si alto dono qual possedo. Non uoglio altro honor, non altra gloria ne altre riccheze, non altro patre ne matre, non altri amici ne parenti. De giorno staro in mia camera, *de* nocte in *qu*el dolce paradiso, in quel dolce uerzieri, tra *qu*elle suaue piante *et* fresca uerdura. O nocte de mio reposo, e se fussi giauenuta! O lucido Phebo, da *pre*scia al tuo costumato camino! O lucide stelle, mostratiue prima del uostro costumato ordine! O piegro relogio, arder te possa ueder in uiue fia*m*me damore! Che se tua spectassi quel chio aspecto con uolunta che soni le dodici, mai staresti a uolunta o commando del maestro che te compose. O uui, inuernali mesi, che al presente site ascosti, per che non tornate a cambiare con questi prolixi giorni uostre assai longhe nocte? Gia me par un anno chio non ho uisto quel suauissimo riposo, quel dileteuole refrigerio de mie fatiche. Ma che cosa e quella chio dimando? Io uoglio, pazzo senza ceruello, quello che gia mai non fu ne sarra. Che non imparano li corsi naturali ad uolger senza ordine, per che tutti hanno un equal corso *et* un medesimo spatio *et* per morte *et* uita un limitato termine; *et* li secreti mouimenti del alto firmamento celestiale, deli pianeti *et* tramontana *et* lo cresimento et manchamento dela menstrua luna. Ogni cosa se rege con freno equale, ogni cosa camina *per* suo corso naturale: cielo, terra, mare, fuogo, uento, caldo e fredo — tutto *per* simel ordine se gouerna. Che utile me fa che dia dodece hore il relogio de ferro se non le ha date quello del cielo? *Et* per molto chio me leui abonhora, non se fara giorno piu presto.

Ma tu, o dolce imaginatio*ne*, tu che me poi dar socorso, porta a mia fantasia la presentia angelica de quella lucida figura; fa uenir amie orechie el suaue suono desue parole; quel non uoler senza uoglia; quel modo con che lei diceua, "Fate in la, signor mio; non ta costare ami," quel dirme, "Non esser scortese," che con soi rubicundi labri sentiua dire, quel dirme, "Non uoler mia perditione," che de hora in hora proponeua; quelli amorosi abracci tra parola e parola; quello lassarme et prenderme; quel fugir et accostarmese; quelli dolci basi. Quella final salutatione con la qual prese licentia ogni mio passato affanno, o con quanta pena usci de sua bocca! Et con quanti sospiri et lachrime, che pareano grani de perle, che senza sentirle li stilsauauo [25] de quelli chiari et resplendenti occhi.

So(SIA). Tristan,[26] che te par del bon dormire che ha facto nostro patrone, che gia e uespero et anchora non ce ha chiamati, ne manco hadisnato?

TRI(STANICO). Tace, chel dormire non uol prescia. Et ancora, per una parte ha malinconia et tristezza deli suoi seruitori, per laltra lo alegra il gran piacere dela gratia che Melibea li ha facta. De modo che, doue staranno allogiati doi si forti contrarii, uederai como te acconciarano un debile subiecto.

So(SIA). Pensi tu che lui se cure molto de quelli che son morti? Se non penasse piu a [27] colei che de questa fenestra uedo andar per la strada, non portarebbe li ueli negri corrocciosi come porta.

TRI(STANICO). Chi e, fratello?

So(SIA). Uien qua et uedraila prima che suolti la strada. Uedi tu colei uestita de corrotto che se netta adesso le lachrime deli occhi? Quella e Elicia, creata de Celestina et amica de Sempronio. Et [28] una piaceuole giouene et assai buona robba, ancora che adesso resta la poutereta abandonato,[29] per che teneua Celestina in luogo de matre et Sempronio per il principal deli suoi amici. Et in quella casa doue intra habita una bellissima donna, assai

---

[25] V: strisauano; 15,35: stillauano
[26] V,15,35: Tristanico
[27] V,35: om.
[28] 15: E
[29] M,V,15,35: abandonata

gratiosa *et* fresca, mezza cortesana: *et* e ben auenturato huomo colui che la po hauere *per* amica, *et* fasi ben pagar*e*, *et* ha nome Areusa. P*er* la qual io so che q*ue*l mal auenturato di Parme*n*o hebbe piu *de* tre male nocti, *et* baldamente, che non fu lei conte*n*ta *de* sua morte.

ARGUMENTO DEL DECIMO QUINTO[1] ACTO

Areusa sta in sua casa dicendo parole iniuriose ad un ruffiano chiamato Centurion, il qual prende licentia de lei per la uenuta de Elicia. La dicta Elicia conta ad Areusa li homicidii che per causa de Calisto et Melibea erano commessi. Danno ordine insieme chel ruffian Centurio faccia uendetta deli tre sopra Calisto et Melibea. Ultimamente Elicia prende licentia da Areusa, non uolendo consentire a soi prieghi, per non perdere il bon tempo chaueua stando in sua consueta casa.

Areusa, Centurione roffiano, Elicia

(ELICIA). Che uol dir questo cridar de mia cusina? Se ha forse sentite le triste noue cheio li porto, non hauero il beueraggio de dolore che per simile imbasciate se sogliono guadagnare. Pianga, pianga, uerse lachrime, poi che non se trouano simili amici per ogni cantone. Assai me piace che cosi se senta. Tire soi[2] capilli come io, trista, ho facto; sappia che cosa e perdere uita deleteuole: piu faticha e che la propria morte. O quanto piu lamo che per fin qui non lamaua, per lo gran sentimento che mostra!

AREU(SÀ). Ua uia de mia casa, ruffian, manegoldo, busardo et zanzatore, che memeni ingannata et paza con tue uane offerte! Con tue lusenghe et carezze mai robbato cio che io haueua. Io tho dato, poltron, saio et cappa, spada et brocchieri, camise a due a due lauorate ali mille miracoli; io te dette arme et cauallo, io tacconciai con un signore che tu non meritaui scalzarlo. Adesso

---

[1] M,15: Quintodecimo
[2] Tire soi > V: Tireli; 35: Tirili

una cosa che io ti domando che facci per amor mio, mela neghi *et* mettimi mille in conuenienti.

CEN(TURIONE). Sorella mia, co*m*mandame tu che io me occida con diece huomini i*n* tuo seruitio, *et* no*n* me far caminar un miglio apiede.

ELI(CIA).[8] E tu, *per* che giocasti il cauallo, baractieri, poltron? Che se io non fussi, gia saresti impiccato. Tre uolte tho sca*m*pato dala iustitia, quatro uolte tho spegnato dale baratterie. Per che fo io questo? Per qual causa credo a sue lusenghe? *Per* che so*n*no io cosi paza? *Per* che ho fede co*n* questo pusillanimo? *Per* che credo a sue busie? *Per* che co*n*sento che lui e*n*tre i*n* casa mia? Che diauolo ha de buon ne bello? Ha li capelli crespi *et* il uiso frappato *et* pie*n de* cortellate; estato doiuolte scopato *et* e stropiato dela ma*n*o dela spada; ha trenta do*n*ne i*n* bordello. Ua subito fuora *de* mia casa, ruffian, manegoldo! Fa che io no*n* te ueda piu imprese*n*tia mia! No*n* parlar ne dir che me cognosci, che *per* lossa del patre che me fece *et* dela matre che me parturi, mille basto*n*nate te faro dare in q*u*elle spalle *de* molinaro. Che ben sai tu cbe[4] no*n* me ma*n*ca chil sappia fare, *et* da poi che sia facto, te restarai col da*n*no.

CEN(TURIONE). Pazzeggia, fraschetta, pazzeggia! Ma se io mi scorroccio, alcu*n*a piangera. Io me uoglio a*n*dar*e* e co*m*portarte, che no*n* so chi e che i*n*tra da basso, e ma*n*co uoglio dar causa che se senta il uicinato.

ELI(CIA). Uoglio intrare, che non me par che sia suon de buon pianto doue son minace *et* uillanie.

AREU(SA). Oime, trista la uita mia! Sei tu, la mia Elicia? Domine aiutame, che io nol posso cred*ere*. Che cosa e q*u*esta? Chi me tha cop*er*ta cosi presto *de* dolore? Che manto *de* tristeza e questo? Guarda, sorella mia, che me spaue*n*ti. Dimme *p*resto che cosa e, che io sto senza ceruello; no*n* mai lassata gozza *de* sangue in corpo.

ELI(CIA). E gran dolore *et* p*er*dita! Poco e quello che io mostro con q*u*ello che io sento *et* cuopr*o*; piu negro porto mio core che questo manto, piu linteriore che mei ueli. Oime, sorella,

---

[8] M,15: Are.; 35: Areu.
[4] M,V,15,35: che

DECIMO QUINTO ACTO

sorella, che io non posso fauellare! Non posso, de arrogata, cacciar la uoce dil pecto.

Areu(sa). Oime, trista, che me thien suspessa! Dimmelo, et non tirar tuoi capilli, non te stracciar tuo uiso. E dime sele commun de tutti doi questo male? Et se metoca ame?

Eli(cia). Aime, cusina et amor mio, Parmeno et Sempronio non uiueno piu, gia son fuora de questo mondo. Gia lanime loro purgano loro errore. Gia son libere de questa trista uita.

Areu(sa). Che me conti? Non me lo dire, che me farrai cader morta.

Eli(cia). Ancora ce piu mal che non sona. Odi la trista, che te contara piu guai. Celestina, quella che tu ben cognoscesti, quella chio tenea per matre, quella che me facea tante carezze, colei che recopriua tutti ifalli mei, quella per la qual io era fra mie[5] equale honorata, colei per chi io era cognosciuta per tutta la cita et borghi, gia sta dando conto de soi falli aDio. Mille cortellate li foron date dauanti gliocchi mei; in mei bracci me fu occisa.

Areu(sa). O forte tribulatione! O dolorose noue, digne di mortal pianto! O in curabile perdita! E como presto auoltata sua rotta la fortuna? Dimme, chi fu colui che li ha amazati? Chio sto attonita, senza ceruello, como chi cosa impossibile ode. Non sono anchora octo giorni che li ho uisti uiui, e adesso potemo dire: perdonali Dio. Contame, amica mia, in che modo e intrauenuto si sfortunato caso.

Eli(cia). Io tel diro. Gia credo, sorella, che tu habbi inteso lo amore de Calisto et de quella pazza de Melibea. Ben uedesti come Celestina haueua tolta quella impresa, per intercessione de Sempronio, ad esser mezana, remunerandoli sua faticha. La qual uso tanta sollicitudine et diligentia che alla secunda botta caccio aqua. E como Calisto uide cosi buon principio et conclusione de suo desiato fine, insieme con certe altre cose, dette alla sfortunata de mia tia una chatena doro. E come sia quel metallo de tal qualita che, quanto piu ne beuemo desso, maggior sette ce dona, con sacrilega fame, quando se uide cosi riccha, alzosse col guadagno et non uolse dar parte dessa a Sempronio ne a Parmeno, come gia insieme serano concordati de partire cio che Calisto li

---
[5] M,15,35: mei

desse. *Et* uenendo lor stracchi una matina de far compagnia tutta la nocte allor patrone, *et* molto adirati per certe costione che dissero hauer hauute, domandorno lor parte del guadagno a Celestina. Lei se misse a negare la promessa *et* conuentione, con dir che tutto il guadagno era il suo, *et* anchora scoprendo altre cose *et* secreti de importantia. De sorte che loro, molto adirati, per una parte li constrengea la necessita, la qual priua tutto amore; per laltra parte il gra*n* fastidio *et* la stracchezza che portauano li daua causa dalteratione; per laltra, uedeano la fede rotta de loro magior speranza. Non sapendo che farsi, steteno cosi un gran pezzo a parole. Al fin, uedendola si cupida, perseuerando in suo negare, misero mano allor spade e donaroli mille ferite.

Areu(sa). O sfortunata donna! In questo douea finire sua uecchiezza? De Parmeno *et* Sempronio che me conti? Qual fo lor fine?

Eli(cia). Loro, como hebbeno facto il delicto, per fuggire dala iustitia, che a caso passo per li, saltorno per le fenestre, *et* quasi morti foron presi *et*, senza dilatione, de capitati.

Areu(sa). O amor mio, Parmeno! E qua*n*to dolor sento *d*e tua morte! Incresceme dil gra*n*de amore che con lui in si poco tempo misse, poi che cosi presto se douea perder*e*. Ma poi che gia questo inrecuperabile facto, poi che questa desgratia e intrauenuta, poi che non se po con lachrime recuperarli, non te affaticar tanto, che accecarai piangendo. E ueramente credo che poco auantagio me porti in dolore, e guarda con quanta patie*n*tia el soffro.

Eli(cia). Oime, che arrabbio! Oime, misera, chio esco fora di ceruello! Oime, chio no*n* trouo achi doglia come ame! Niun perde quello che io perdo. O como saria*n*o state meglio *et* piu honeste mie lachrime in passione daltrui che ne la mia propria! Doue andaro, che perdo patre *et* matre, manto et recuuero; perdo amico, e tale che mai man caua de mio marito? O Celestina sauia, honorata, auctorizata, e quanti falli merecopriui con tuo buon ceruello! Tu te affaticaui, *et* io mi prendeua piaceri; tu esciui fora, *et* io staua in casa; tu staui rotta, *et* io uestita; tu intraui continuo in casa cargga come le ape, *et* io dessipaua, che altro non sapeua fare. O ben *et* gaudio mondano, che mentre sei posseduto mancho sei estimato, *et* mai te lassi cognoscere fin che thabbiamo perso! O Calisto *et* Melibea, causatori de tanti homicidii! Mal fin possa far uostro amore, in amaro sapore seconuertano uostri dolci piaceri! Conuertase in pianto uostra gloria *et* in faticha uostro riposo. Lherbe deleteuole doue pre*n*dete uostri piaceri se conuertano tutti in serpenti, il canto ue torni in pianto, li arbori umbrosi dellhorto se sechino con uostra uista, lor odoriferi fiori se conuertano in negro colore.

AREU(SA). Tace, per Dio, sorella, pon silentio a tuo lamento, necta tue amene [6] lachrime, torna sopra tua uita. Che quando una porta se serra, unaltra suole aprire la fortuna, *et* questo male, anchora che sia duro, se saldara. *Et* molte cose se posson uendicare che e impossibile remediarle, *et* questo a il remedio dubbioso e la uendetta nelle mano.

ELI(CIA). De chi douemmo uindicarse, per che la morta *et* li occiditori insieme son causa de mia pena? Che non me da mancho faticha la punitione delli delinquenti che lo errore commesso. Che uoi che io faccia, che tutta la soma pende sopra me? Fusse piacciuto aDio che io fusse stata morta insieme con loro *et* non fussi rimasta per piangerli tutti. E quello che piu mi pena *et* maggior dolor sento e ueder che per questo non lassa quel uile de poco sentimento de uedersi *et* sollazarse ogni nocte col suo sterco di Melibea; *et* lei e assai altera adueder sangue uersato in suo seruitio.

AREU(SA). Se questo e uero, de chi se po prendere uendetta meglio che de lui? De modo che chi mangio, paghi lo scotto. Lassa pur far ame, che se io posso hauer inditio quando se uanno a uisitare, como e doue *et* a che hora, non me tener tu figliola dela pastiziara uecchia che tu ben cognoscesti, se non li fo costar caro lor amore. *Et* se io meto in q*ue*sta impresa colui col q*ua*l tu uedesti che io facea costio*n*e quando tu intrasti, se lui no*n* e peggior boia p*er* Calisto che Sempronio p*er* Celestina, uoglio che me tosino. [7] O che piacere prenderia lui adesso che io li doma*n*dasse alcu*n* seruitio, che lui sene a*n*do assai de mala uoglia p*er* chio lo tractaua si male! Lui uederia li celi ap*er*ti che io li tornasse aparlare *et* comma*n*dare. P*er* tanto, sorella, dimme tu da chi posso sap*er* questa trama come passa, che io li faro armare una trappola con la quale Melibea piangera quanto al presente gode.

---

[6] M,15: amare
[7] 35: sia tagliato i capelli

ELI(CIA). Io cognosco, sorella, unaltro compagno de Parmeno, famiglio di stalla, che se chiama Sosia, il quale fa compagnia ogni nocte a Calisto. Uoglio affaticharme per cacciarli de bocca tutto il secreto, e questa sera buona uia per uenir a lo effecto de quello che tu hai dicto.

AREU(SA). Famme questo piacer, sorella, che tu me facci uenir qui questo Sosia. Et io gli faro assai carezze, et darogli mille lusenghe, et farogli molte offerte, fin che io gli haro cauato de bocca cio che hanno facto et ordiato [8] da fare. Et da poi a lui et al patron suo faro uomitar il mangiato piacere. Et tu, Elicia, anima mia, non receuer pena ne malinconia. Porta tutta tua robba et massaricie in mia casa et uiene astar meco in compagnia, che ho gran compassione de uederte si sola, per che la tristezza e amica dela sollicitudine. [9] Et con nouo amore te desmenticarai dil passato. Un figlio che nasca restaura il mancamento de tre morti; con un nouo successore se perde la alegra memoria et piaceri persi dil passato. Et de un pan che io habia, tu ne harai lamita. Che magior compassion ho de tua fatica che de quelli che ne son causa. Uero e che dole piu la perdita de quel che lhomo tene, che non da piacer la speranza dunaltro simile, ancora che sia certo. Et li morti sonno irrecuperabili, et come dicono, morano et uiuamo et con sanita li sepelliamo. De Calisto et Melibea lassa il pensier ame, chiogli daro si amaro sciroppo abeuere qual loro lan dato a te. O cusina, cusina, e [10] come so io, quando me corroccio, far simile trame, anchora chio sia giouane! Daltra cosa me uendiche Dio, che de Calisto Centurione me uendicera. [11]

ELI(CIA). Guarda chio credo che, ancor chio faccia uenir qua Sosia, non hauera effecto cio che tu uoi, per che la pena de quelli che morsero per hauer discoperto il secreto dara exempio a lui. De quello che tu mai dicto che uenga a tua casa, io terengratio assai. Dio te mantenga et alegre in tue necessita, che ben dimostri che il parentato et fratellanza non seruono diuento, anzi fanno utile nele aduersita. Ma ancora chio uoglia, per goder tua dolce compagnia, nol porrei fare per lo danno che me uerria. La

---

[8] M,V,15,35: ordinato (M: -n-)
[9] 15: sollitudine; 35: solitudine
[10] M,15: om.
[11] M,V,15,35: uendicara (M: -n-)

causa non fa bisogno dirtela, poi chio parlo con chi mintende: per che sōrella, [12] io son li cognosciuta, son li parocchiana. Mai perdera quella casa il nome de Celestina, qual Dio per sua sancta misericordia receua in sua beata gloria. Sempre uengono li giouane cognosciute, mezze parente de quelle che lei creo. Et li fanno ifacti loro, doue alchun utile me porra exequire. Et ancora quelli pochi amici che me restano non me sanno altra habitatione. Magiormente che tu sai como e dura cosa lassare la usanza, e la mutatione deli costumi e aparo della morte, et la pietra che spesso se moue mai [13] la cuopre. Li uoglio stare, se per altro non fusse saluo per che la peson dela casa e pagata per questo anno. De modo che, ancora che ogni cosa da perse non bastasse, insieme fanno utile et aiuto. Gia me par che sia hora de andarmene. De quel che habian parlato, lassa il pensier ame. Et Dio reste teco, chio meuo.

ARE(USA). *Et* lui sia tua guida.

---

[12] M,V,15,35: sorella
[13] 35: mai la neue

ARGUMENTO DEL DECIMO SEXTO [1] ACTO

Credendo Pleberio *et* Alisa hauer conseruata Melibea sua figliola nel dono dela uirginita, la qual, secondo appare, e in contrario, stando ragionando insieme de uolerla maritare; la qual receue si gra*nde* alteratione dele parole che da suo patre ode, che fece andar Lucretia per dirro*m*pere le parole nel preposito che parlana. [2]

Pleberio, Alisa, Lucretia, Melibea

(PLEBERIO). Alisa, donna mia, suegliamo nostre anime adormite *et* co*n*templiamo come fugge la uita etuien la morte, che non pensamo. Il tempo fugge, che noi non ce accorgemo. Fuggono li giorni come le corrente aque de fiumi. No*n* ce cosa che piu legiermente fugga che la uita. *Et* la morte ce sequita sempre e, come tu uedi, noi a sue bandere ne apressamo, secondo la natura. Questo uedemo p*er* experie*n*tia se pone*m*o me*n*te intorno no*s*tri fratelli *et* pare*n*ti. Gia seli mangia la terra, *et* tutti son tornati aloro habitationi p*er*petue. *Et* poi che simo incerti quando douemo esser chiamati, uedendo cosi chiari signi, douemo stare attenti *et* apparecchiar n*os*tri fardelli p*er* che co*n* manco timore possiamo andare p*er* questo forzoso uiaggio; non ce lassiamo prendere allimprouiso ne subito a [3] quella crudel uoce [4] dela morte. Ac co*n*ciamo co*n* tempo n*os*tre anime, che meglio e preuenire che esser preuenuti. Donamo n*os*tra robba adolce successore, acom-

---

[1] M: SextoDecimo; 15: Sexto Decimo
[2] V,15: parlaua; 35: parlauano
[3] 15: da
[4] In R the "e" is printed upside down.

pagna*m*o n*os*tra unica figliola *con* marito quale a n*os*tro stato se rechiede, acio che andiamo reposati *et* senza dolor *de* questo mondo. E questo con molta dili*gen*tia douemo mettere al presente in opera, *et* quello che altre uolte in q*ue*sto caso haue*m*o principiato, donamoli adesso executio*ne*. No*n* resti *per* nostra negli*gen*tia n*os*tra figlia in mano de tutori, poi che lei e *de* tal eta che meglio parera in sua *pro*pria casa che no*n* fa nela nostra. E leuaremola in questo modo *de*le lingue del uulgo, *per* che nisuna uirtu e si *per*fecta che no*n* habbia uitup*er*atori *et* maldicenti. No*n* ce cosa che piu cons*er*ue la fama ne le uergine chel maritarle per tempo. Chi seria colui in questa cita che refutasse nostro parentato? Chi non se trouaria ben aduenturato aprendere simel gioia incompagnia? Nela qual sonno le quattro cose principale che neli matrimonii se domanda*n*o: prima, discretione, honesta, uirginita; secondario, belleza; tertio, lalta origine de n*os*tri parenti; quarta *et* ultima, riccheza. De tutto questo la doto natura. Co*m*piuta et ben fornita daua*n*taggio.

Ali(sa). Dio la cons*er*ui, signor mio Pleberio, acio che *in* nostra uita uediamo compiuti nostri desiderii. Che piu presto credo che mancara huomo equale a nostra figlia, secondo tua uirtu *et* nobil sangue, che non credo che auanzeno molti che la debiano meritare. Ma co*m*e q*ue*sto sia officio de patre *et* molto alieno ale donne, del modo che tu lordinerai saro cotenta, [5] *et* nostra figlia obedira, secondo sua castita humile *et* honesta uita.

Lu(cretia). Ma se tu sapessi il tutto scoppiaresti! Si, si! Aponto che uoi sete per la uia. Gia il meglio e *per*so. Malanno ue saparecchia in uostra uecchiezza. Calisto se a portato il fiore. Non ce piu chi raccon*c*ie le uerginita, che gia e morta Celestina. Tardi ue siti suegliati! Piu abonhora ui doueuate leuare. Ola! Madonna Melibea, scolta, scolta!

Meli(bea). Che fai tu li nascosta, pazza?

Lu(cretia). Uien qua, madonna. Odirai tuo patre *et* tua matre la prescia che mena*n*o per maritarte.

Meli(bea). Tace, per lamor de Dio, che te odiranno. Lassali pur parlare *et* ferneticare. Un mese fa che altra cosa no*n* fanno. Par che il cor li dica il grande amor chio porto a Calisto. Non so se hanno hauuto indicio dela pratica che un mese fa ho hauuta

---

[5] M,V,15,35: contenta (M,V: -*en*-)

con lui, non so cio che sia che piu prescia li da mo questo pensieri che infino adesso habbia facto. Ma faticheno pur alor posta in uano, che superchia me pare la cithera nel molino. Chi sara colui che meleui mia gloria? Chi me leuera miei piaceri? Calisto e lanima mia, mia uita *et* mio signore, in cui ho messa tutta mia speranza. Cognosco de lui che io non uiuo ingannata. *Et* poi che lui me ama, con qual altra cosa lo posso pagare, saluo che con uero amore? Tutti li debbiti del mondo receueno compensatione in diuersi modi; lo amore non admitte saluo uero amore impagamento. Solo apensare in lui me reallegro, auederlo godo, uedendolo me glorifico. Con esso uoglio andare. Faccia dime a sua uolunta. Se passar uorra [6] il mare o andar per tutto il mondo, menime seco, che mai lo habandonaro. Si ben mi uolessi uendere interra de turchi, mai usciro de sua uolunta. Lassime mio patre godere lui se loro uoglione godere dime. Non penseno in queste uanita ne in questi matrimonii: che meglio e essere uera *et* buona innamorata che mal maritata. *Et* sel contrario faranno, presto porranno apparecchiare mia perditione *et* lor sepultura. Non ho altro dolore saluo del tempo che ho perso per che non lo goduto necognosciuto *et* poi che ame medesima me so cognoscere. Non uoglio marito, ne uoglio imbrattare li nodi dil matrimonio, ne uoglio repestare le matrimoniale peste de altrui huomo, como trouo molte neli antichi libri che io leggo. O che cose fecero alchune che erano piu sauie dime *et* in maggiore stato che io non sonno. Le quale alchune erano tenute deli gentili per dee, como fu Uenere, matre de Aenea *et* de Cupido, che essendo maritata, corrupe la maritale fede promessa. *Et* anchora alchune, accese de maggior fuoco de amore, commisseno nephandissioni [7] *et* brutti errori, como fece Mirra con suo patre, Semiramis con suo figliolo, Canace con suo fratello, *et* anchora la sforzata Tamar, figlia del re Dauid. *Et* altri anchora che piu crudelmente trapassorno le leggi de natura, come fe Pasiphe col thoro, moglie del re Minos. *Et* queste regine erano *et* grande madonne, sotto le cui culpe la conueneuole mia porra passare senza uergogna. Mio amore fu rechiesto con iusta causa. Sonnomi facta schiaua de suo merito, sollicitandome si astuta maestra come era Celestina *et* seruita

---

[6] V: uorria; 35: uolesse
[7] M,15: nephandissimi; V,35: nefandissimi

persi periculose uisitationi, prima che uolessi concedere nel amor suo. Et da poi un mese fa, como tu hai uisto, mai e manchata nocte che nostro horto non sia stato scalato come fortezza, e molte uolte e uenuto indarno, et sempre lo trouato piu costante. Morsero per mio rispecto suoi seruitori, perdendose sua robba. Finse absentia con tutti quelli dela cita, stando renchiuso tutti li giorni in casa, con speranza de uederme la sera. Fuora, fuora, ingratitudine, fuora, fuora, lusenghe et inganni con cosi uero amante, che ne io uoglio marito ne manco patre ne parenti. Manchandomi Calisto, me mancha la uita, la qual me piace per che lui gode dessa.

PLE(BERIO). Dunque, che te pare, Alisa, donna mia? Uogliam nui parlare con nostra figlia? Douemoli fare intendere de quanti e domandata, acio che de sua uolunta dica quel che piu li piace?

ALI(SA). Che e quello che io todo? In che cosa perdi il tempo? Chi sara colui che li uada adire si gran nouita a Melibea che non la spauenti? Come pensi tu che sappia lei che cosa siano huomini, ne mancho che cosa si [8] maritarsi, et che dela coniuntione de donna et marito procedano figlioli? Pensi tu che sua simplice uerginita li mene brutto desiderio de quello che non cognosce ne mai ha saputo che cosa sia? Pensi tu che lei sappia errar solamente col pensieri? Nol credere, signore mio Pleberio, che se alto o basso de sangue, brutto o bello li commandaremo che prenda, quello sara suo piacere, quello pigliara per buono. Che ben so io come ho alleuata mia honesta figliola.

MELI(BEA). Lucretia, Lucretia, corre presto, intra per luscio dela sala et rompili loro ragionamento con alchuna finta imbasciata, se tu non uoi che io uada cridando communa matta, de tal sorte io sonno adirata delinganeuole concepto che hanno de mia ignorantia.

LU(CRETIA). Adesso uo.

---

[8] V,15,35: sia

ARGUMENTO DEL DECIMO SEPTIMO [1] ACTO

Manchando Elicia dela castimonia de Penelope, de termina dar licentia al dolore *et* corrotto che per causa deli morti portaua, lo dando il consiglio de Areusa su questo preposito; la qual ua ad casa de Areusa, doue li uenne Sosia; al quale Areusa, con parole ficte, da lui sa tutto il secrero [2] che e tra Calisto e Melibea.

Elicia, Areusa, Sosia

(ELICIA). Male me ua con questo corropto. Poco e uisitata mia casa, poco è spassegiata mia strada. Gia non uedo piu le musiche ne mattinate, ne uedo piu le cortellate ne costioni che per mia causa se faceano, *et* quello che piu me incresce *et* duole e che io non uedo intrare per mia porta quatrino ne presento. [3] De tutto questo io sola ne ho la culpa, che si hauesse presso il consiglio de quella che ben mi uole quando laltro di li portai le noue del tristo dolore qual e suto causa di questo mio mancamento, non me uederei adesso infra doi nuui [4] sola come io me uedo, che dangoscia non ce nisuno che mi uoglia uedere. Il diauolo me fa hauer dolore per chi, se io fusse stata morta, non so se lauesse hauuto per me. Baldamente che Areusa me disse la uerita; lei me disse: "Non mo strar mai, sorella, piu pena per male o morte daltrui che lui hauesse facto per te." Se ben fussio stata morta, Sempronio non haria lassato per questo de prendersi piacere, *et* per qual causa io, pazza, me prendo fastidio per lui scannato? E

---

[1] M,15: Septimodecimo
[2] M,V,15,35: secreto
[3] M,V,15,35: presente
[4] 35: nudi; 15: doi nuui > doimuri

che so io se lui mehauesse occisa, per che era huomo scelerato *et* pazzo, come fece a quella uecchia che io tenea *per* matre? Uoglio in ogni cosa prendere il *con*siglio *de* Areusa, che sa piu che io del mo*n*do, [5] uisitando la spesso, *per* hauer materia *de* imparare come [6] debbi ouiuere. [7] O che suaue co*n*uersatio*ne* ela sua. No*n* se dice in uano che uale piu un giorno *de* co*n*uersatione *con* un sauio che centanni che lhuomo pratiche con un ignorante e simplice. Du*n*que uoglio mettere giu il corrotto *et* lassar tristezza edar licentia a mie lachrime che i*n*sino adesso si apparecchiate sonno state. Ma co*m*e sia il *pr*imo officio *com*e nascemo il pia*n*gere, no*n* mi meraueglio che sia si leggiero dicominciare *et* dilassar piu duro. Ma in questo si cognosce il buon ceruello delhuomo, uedendo la perdita ali ochi, uedendo che li ornamenti fanno bella la donna, *et* ancor che no*n* [8] sia, la fanno deuentar de uecchia giouene *et* de giouene piu. [9] No*n* e altra cosa il belletto alle donne che afferante uischo col q*ua*l son *pr*esi glihomini. Alatrapola uada, du*nque*, mio spe chio *et* belletti atorno, *per* che ho guasto mio uiso *per* troppo piangere; escano mei bianchi ueli, mei gorgiere recamate, le mie ueste *de* [10] piace*re*. Uoglio far lessia per miei capelli, che gia *per*deua*n*o loro biondo colore; *et* poi che io haro facto questo, contaro mie galline, faro mio lecto, *per* che la nectezza *et* pulitia reallegra ilcore, scoparo daua*n*ti mia porta *per* che quelli che passera*n*no ueda*n*o che ho data licentia al dolore. Ma p rima uoglio a*n*dar a uisitare mia cusina *per* domandarla se Sosia e andato la *et* cio che con lui ha facto, che no*n* lo uisto da poi che io li disse che Areusa li uolea parlare. Dio uoglia che io la troui sola, che mai sole stare scompagnata *de* galanti, [11] co*m*e la buona tauerna dimbriachi.

Serrata sta la porta. No*n* ce deue essere alcu*n*o. Uoglio chiamare. Tha, tha.

AREU(SA). Chie la?

---

[5] 35: che io del mondo > del mondo che non facio io
[6] 35: come io
[7] debbi ouiuere > V,15: debbio uiuere; 35: debbia uiuere
[8] 35: non lo
[9] 35: de giouene piu > parere piu giouene. Che
[10] 35: de andare a
[11] 35: galanti innamorati

Eli(cia). Aprime orella [12] mia, che io son Elicia.

Areu(sa). Intra, cusina, tu sia la ben uenuta. Dio te uisite, che per mia fe, gran piacere mai facto a uenire. O come me piace che tu hai mutato lhabito de tristeza. Adesso goderimo insieme, ormo te uisitaro, ogni di ce uederemo in mia casa o in la tua. Forsi che fu per ben de tutti dui la morte de Celestina, per che io sento gia la meglioranza piu che prima. Per questo se dice che li morti apreno liocchi a queli che uiuono: ad alcuni con roba, ad altri con liberta, como ha facto ate.

Eli(cia). A tua porta sento piccare. Poco tempo ce annodato da parlare, che io te uolea domandare se Sosia era uenuto.

Areu(sa). Ancora non ce stato; spectame, che da poi parlaremo. O che botte da! Uoglioli andar ad aprire, che o e pazzo o fauorito colui che chiama.

So(sia). Apri, madonna, che io son Sosia, seruo de Calisto.

Areu(sa). Perli sancti de Dio, che il lupo e nela fabula. A scondite, sorella, de drieto a la cortina de questo lecto, et uederai come tel conzo pien di uento et de lusenghe, che pense, quando se parta da mi, che sia lui e altri non. Et caueroli de bocca con carezze quel che sa et quel che non sa, cosi come lui caua la poluere con la striglia ali cauali.

E il mio Sosia, e mio secreto amico? Lui che amo ancor che quelo nol sappia? Colui che desio cognoscer per sua buona fama? Colui che e fidele a suo patrone? Il buon amico de suoi compagni? Abrazzarte uoglio, amor mio, che adesso che te uedo, credo siano in te piu uiriu [13] chaltri non man dicto. Uien qua, anima mia, andamo in camera asedere, che io mi prendo gran piacere a uedette, [14] che tu me representi la figura de quelo sfortunato Parmeno. O per questo fa oggi si chiaro il giorno, per che tu doueui uenirme auedere. Dimme, amor mio, cognosceuime tu prima?

So(sia). La fama de tua gentileza, madonna, de tua gratia et sapere uola si alto per questa cita che non te dei merauegliare si sei da piu cognosciuta che cognoscente, per che nisun parla in laude de belle che prima non se ricorde dite che de quante sonno.

---

[12] M,V,15,35: sorella
[13] M,V,15,35: uirtu
[14] a uedette > V: a uederte; 35: auederte

Eli(cia). O figlio dela trista el peliccione, e *come* se dessassina! Guarda chil uedesse andare abeuerare, soi cauagli adesdosso, *con* suo saio longo a quattro quarti *et* a *ga*mbe nude, *et* ora che si uede con calze *et* cappa, gliesseno ale *et* lingua.

Areu(sa). Io prenderei tue parole alusenghe se alcuno stesse daua*n*te odendo *come* te burli dime; ma *come* tutti glihuomini portate´ prouedute queste parole, queste commu*n*e *et* inganeuole laude facte asta*m*pa p*er* tutte noi altre, p*er* questo non uoglio spaue*n*tarme dite. Ma io te fo certo, Sosia, che tu non hai de queste parole necessita, che senza che tu me lodi, tamo,[15] *et* senza che d*e* nouo me guadagni, mai guadagnata. La causa per che te mandai adire che me uegnissi auisitare son due cose, le quale, senza piu lusengha o inganno inte cognosco, te lassaro de dire, anchora che siano p*er* lutile tuo.

So(sia). Non consenta Dio, madonna, che io te faccia cautele, che assai securo son uen*u*to[16] d*e* la *gra*tia che me pe*n*si fare *et* fai. Io no*n* mi se*n*to deg*n*o p*er* discalzarte. Guida tu mia lingua, respo*n*di p*er* me a tue p*ar*ole,[17] che og*n*i cosa haro p*er* rato *et* fermo.

Areu(sa). Tu dei sap*er,* amor mio, quanto io amaua li[18] sfortunato Parmeno, e como dicono: chi ben uol aBeltran, tutte sue cose ama. Tutti suoi amici me piaceno; lutile *et* seruitio d*e* Calisto, *come* il mio proprio desiderio. Come io uedea il danno de suo patrone, subito lo remediaua. *Et* come tutto questo sia uerita, ho preso partito adirtelo. Prima, p*er* che cognoschi il grande amor che io ti porto *et* quanto con tua *p*rese*n*tia *et* uisitatione continua me reallegrarai, *et* de questo non ne p*er*derai cosa alcuna, se io porro, anzi ne harai utile. Secundario, che poi che io pongo miei occhi, mia uolu*n*ta *et* mio amore inte, uoglio auisarte che te guardi da pericoli, *et* anchora che tu no*n* discopri a nisuno tuo secreto; che ben hai uisto quanto danno e uenuto a Sempronio *et* Parmeno de quello che seppe Celestina. P*er* che non uorrei uederte morire d*e* morte uiolenta como li co*m*pagni tuoi. Assai me basta hauer pianto luno. Io te fo intendere che una

---

[15] 35: te amo de buon cuore
[16] 35: uenuto a uisitarti
[17] 35: parole *et* tue rasoni
[18] V,35: il

persona e uenuta dame e me disse che tu li haueui discoperto lo amore de Calisto et Melibea, et del modo che lui la hauuta, et come tu andaui ogni sera a farli compagnia, et ancora altre cose assai ma dicto, che de tutte non te saprei far relatione. Guarda, amico mio, che non potere tener secreto e proprio [19] cosa de donne, ma non gia de tutte, saluo dele matte, et dele mamole. Guarda, amico Sosia, che di questo te po uenir gran danno. Che per questo ta dato Dio dui occhi, due orecchie, et non piu de una lingua, per che sia doppio quanto uederai et odirai, ma non gia il parlare. Guarda non te fidare chetuo amico te debbia tener secreto cio che li dirai, poi che ate medesimo nol sai tenere. Et quando tu andarai con tuo patrone Calisto a casa de Melibea, non far strepito, fa che non te senta la terra, che anchora certi altri mhanno dicto che tu uai ogni nocte cridando come un pazo dallegreza.

So(sIA). O como son persone senza ceruello, senza sentimento et poca ragione quelli che simile nouelle te portano! Colui che ta dicto che de mia bocca la inteso non dice uerita. Et quelli che dicono che me sentiuano cridare, e per che io uo la sera con la luna abeuerar miei cauagli, cantando et prendendome piacere per desmenticarme la fatica, e questo fo prima che sia meza nocte et per o prendeno cattiua suspitione; et del suspecto fanno certeza, et affirmano quello che se pensano. Non creder, madonna mia, che Calisto sia si pazzo che a simel hora andasse in luogo de tanta importanza, senza uoler aspectar che la gente se fosse ripossata et che ognihuomo stesse nela dolceza del primo fonno. [20] Et non pensar che lui uada ogni nocte, per che quello officio non patisce cotidiana uisitatione. Et se tu uoi ueder, madonna, piu chiara lor falsita, et como si prendono piu presto li busardi che li zoppi, sapi non simo andati octo uolte in un mese, et li falsarii carichi de zizania dicono chenui andiamo ogni nocte, et tu odi adesso il contrario.

AREU(SA). Dunque, se tu me ami, amor mio, acio che li possa accusare et prendere nel lazo de falsita, lassame nela memoria le nocte che hauete ordinate dandare, et se loro erraranno, [21] saro

---

[19] 35: propria
[20] M,V,15: sonno; 35: sono
[21] M: erranno; 15: errano

certa de tuo secreto *et* chiara de loro falsita. Per che quando non sia uero cio che loro me diranno, saro certa che tua persona sera fūcra [22] di pericolo. Per che ho speranza prenderme piacere dite longamente.

So(sia). Madonna, non slo*n*gamo li termini. Per questa sera a meza nocte hanno ordinato uisitarse per lhorto. *Et* domane domandarai loro cio che haranno saputo, dela qual cosa, se nisun te dara ueri segni, uoglio che mi tosino [23] in croce.

Areu(sa). E per qual parte, anima mia? Dimmelo acio che oi [24] il possa meglio co*n*tradir se loro a*n*dasseno errati uacillando.

So(sia). Per la strada del uicario grasso, a le spalle de sua casa.

Eli(cia). Tento sei, straccio, da nettar pignate. Non bisogna piu, che sapemo cio che uolea*mo*. Maledetto sia colui che in simile mulacteratiose confida. Guarda como e uenuto al fisco il barbaianni.

Areu(sa). Fratello Sosia, cio che habbia*n* parlato basta, p*er* che io prendero accarico tua innocentia *et* la malignita deli aduersarii tuoi. *Et* al presente ua con Dio, p*er* che son occupata inaltre facende, [25] *et* me son troppo detenuta teco.

Eli(cia). O sauia donna! O proprio spediente qual merita lasino, che cosi legiermente ha uacuato suo secreto.

So(sia). Gratiosa *et* suaue madonna, perdoname se to dato fastidio con mia tardanza. *Et* mentre prenderai piacere di commandarme, mai trouarai nisuno che piu uolentieri metta sua uita apericolo in tuo seruitio. Che io al p*r*esente me uo co*n*Dio. Li angeli resteno in tua guardia.

Areu(sa). E loro taccompagneno. La andarai facchimaccio! [26] Che molto uai altiero. Ma prendi per tuoi occhi, poltrone, *et* p*er*doname se io tela fo per le spalle. Ola! Achi dico io? Sorella, esci fuora. Como te pare che io lhabbia acconcio? A questo modo tracto tutti li simili parso, [27] in questa guisa escono lasini de mie mano, carchi de legname como costui; *et* li discreti, spauentati;

---

[22] V,15: fuora; 35: fora
[23] 35: taglie li capelli
[24] M,V,15,35: io
[25] 15: inaltre facende > inaltra facenda
[26] M: facchi maccio; V: facchinaccio; 15,35: fachinaccio
[27] V: par so; 15: par soi; 35: par suoi

li deuoti, alterati; *et* li casti, infiammati. Impara, cusina mia,[28] che altra arte e questa che quella de Celestina, ancora che lei me tenesse per donna ignorante. Era per che io me uolea esserlo. *Et* poi che gia de questo facto sapemo la certeza, andiamo a casa di quel uiso dimpiccato, colui che giouedi cacciai de casa[29] in tua presentia. *Et* tu farrai sembiante che ce uoi fare amici *et* che tu mai pregata che andasse a uisitarlo. Et andiamo adesso.

---

[28] V,35: mia cara
[29] V,35: casa mia

ARGUMENTO DEL DECIMO OCTAUO ACTO

Elicia de termino far la pace fra Centurione ruffiano et Areusa per prececto de Areusa. Uano insieme a casa de Centurione, et lor lo pregano che uoglia far uendetta de li morti sopra Calisto [1] Melibea. Et lui promesse farlo in lor presentia. E como sia naturale a questi simili non attendere cosa che prometteno, da poi trouo sua scusa come nel processe [2] compare.

Elicia, Centurio Ruffiano, Areusa

(ELICIA). O dela casa?

CEN(TURIO). Corre, ragazo, guarda a chi basta lanima [3] intrare senza licentia in casa. Torna, rorna, [4] che gia uedo chi e. Non te coprir col manto, madonna, che gia non te poi piu ascondere, che come io uidi che intro prima Elicia, cognobbi che non potea menar seco trista compagnia ne noue de malinconia, ma che doueano darme piacere.

AREU(SA). Se tumi uoi ben, sorella, non intramo piu dentro, che gia se distende lo impiccato, credendo che io lo uenga a pregare. Piu piacere se haria lui preso con la uista daltre simile a lui che con la nostra. Tornamoce indrieto, per la mor de Dio, che io mi moro a uedere si brutta figura. Parte, sorella, che tu mai menata per bone stationi, noi tornamo da uespero et semo uenuti a uedere un scortica uisi che qui sta?

---

[1] V,35: Calisto e
[2] V,35: processo
[3] V,15,35: lanimo
[4] M,V,15,35: torna

Eli(cia). No*n* andar uia, torna per amor mio, sorella, o tu lassarai mezzo il ma*n*to in mie ma*n*o.

Cen(turio). Thien la, mado*n*na mia, thienla, p*er* amor mio, che no*n* te scappe.

Eli(cia). Io mi meraueglio, cusina, de tuo buon ceruello. E qualhuomo e si pazo e fuora dil [5] sentime*n*to che no*n* se prenda piacere ad esser uisitato, magiormente da donne? Uien qua, misser Ce*n*turion, che per mia fe, io faro che per forza te abrazara, *et* io uoglio poi pagare la coletione.

Areu(sa). Prima lo possa io uedere impoter de iustitia *et* per le mano de linimici suoi morire, che io faccia tal cosa. Basta, basta, lui mea apu*n*to chiarita, facto ha meco per tutta sua uita! *Et* per qual soma dacqua che lui m abbia donata lo debbio io uedere ne abrazare questo inimico? P*er* che lo p*r*egai laltro giorno che a*n*dasse una giornata fuora di qui p*er* una cosa che minmportaua la uira, [6] e disseme di non.

Cen(turio). Comma*n*dame tu, mado*n*na, cosa che io sappia fare, cosa che sia de larte mia, como e sfidare tre huomini insiemi, *et* se piu uenisseno, io non fuggirei, per tuo seruitio. O amazare un huomo, o tagliare un brazzo o una ga*m*ba, o frappare il mustazzio dalchuna che se sia uolsuta aguagliare con tue pianelle; queste simile cose piu presto saranno facte che incominciate. Non mi commandare che io camine a piedi ne mancho che io te dia danari, che ben sai tu che non durano meco: tre salti posso dare che non me cadera un quatrino. Nesuno da cio che non ha. Habito in una casa, qual tu uedi, che uoltara un tagliere per tutta essa senza trouare cosa doue in toppe. Le massaricie che ho sonno un boccale sboccato, un spito senza punta; il lecto doue io dormo e armato sopra cerchi de brocchieri de queli che horotti combattendo; la tela di mei matarazzi e tutta de maglia fina che mha lassata mia spada ali piedi quando me son trouato nele forte battaglie; ho una saccocia de dadi e carte per guaciale. [7] Che, anchora che io uolesse darue da far coletione, non ho cosa alchuna da impignare saluo questa cappa frappata *et* piena di cortellate che porto adosso.

---

[5] V,35: di
[6] M,V,15,35: uita
[7] 15,35: guanciale

Eli(cia). Cosi Dio maiuti, come sue parole me contentano grandamente. Lui parla como un sancto, como un angelo sta obediente, a tutta ragione sappressa. Che cosa uoi piu dalui? Per amor mio, sorella, che tu li parli *et* uogli perder malinconia con esso, poi che cosi liberalmente se offerisce con sua persona.

Cen(turio). Che io me offerisco, di tu, madonna? Io te giuro per il sancto martilogio, de A fin a R*um*, che il brazo me trema de cio che io penso far per lei; continuo penso modo per tenerla contenta, et mai affronto. La notte passata mi sognaua che io faceua arme con quattro huomini che lei ben cognosce, in suo seruitio. Luno amazai; li altri tre che fugirono, quello che piu sano usci dela brigame lasso ali piedi il brazo mancino. Meglio il faro suegliato *et* digiorno, quando alchuno hauesse prosumtione de toccar sue pianelle.

Areu(sa). Or qui te uoglio, a tempo simo. Io te p*er*dono *con* conditio*ne* che tu me uindiche dun caualieri che anome Calisto, il q*ua*l ce ha facto despiacere a mia cusina et a me.

Cen(turio). O renego la conditione! Dimme subito sel se confessato.

Areu(sa). No*n* hauer tu pensieri de lanima sua.

Cen(turio). Sia come tu uoi. Ma*n*damolo a ma*n*giare alinferno senza confessione.

Areu(sa). Scolta, no*n* tagliar mie parole. Se tu uoi, q*ue*sta nocte potrai farlo.

Cen(turio). No*n* mi dir piu auanti, che gia io son al fin dogni cosa. Tutta la trama so d*e* loro i*n*namoramento *et* q*ue*lli che p*er* causa sua son morti, cio che auoi altre toccaua; *et* so a*n*cora per q*ua*l uia ua. Ma dimme, qua*n*ti son q*ue*l[8] che lo acco*m*pagnano?

Areu(sa). Doi famegli.

Cen(turio). Piccola p*r*esa e q*ue*sta. Poco cibo hauera mia spada. Meglio se saria satiata in unaltro luogo che haueua*m*o[9] ordinato q*ue*sta sera.

Areu(sa). Tu lo fai p*er* scusarte. Aunaltro cane darai questosso, che no*n* e gia p*er* me questa dilatione. Qui uoglio uedere se dire *et* fare mangiano insieme a tua tauola.

---

[8] V,35: quelli (V: -*ue*-)
[9] 15: haueuano

CEN(TURIO). Se mia spada dicesse cio che fa, tempo li mancharia per parlare. Chi popula piu cimiterii et fa ricchi li cirusgici de questa terra saluo lei? Chi da continuo da fare agliarmeroli et frachassa la piu fina maglia saluo essa? Chi speza li brochieri de Barzellona et taglia le celate milanese saluo mia spada? Et le celate de monitione, cosi le sfende come se fosseno di meloni. Uinti anni fa che lei me da da mangiare. Per essa son temuto daglhuomini et amato dalle donne, saluo date. Per lei fu dato Centurio per nome a mio auolo, et Ceturio [10] sechiamo mio patre, et Centurione me chiamo io.

ELI(CIA). Che cosa fece tua [11] spada per la quale tuo auolo guadagno questo nome? Dimme, fu capitanio de cento huomini per essa?

CEN(TURIO). Non gia; ma fu ben roffiano di cento donne.

AREU(SA). Non curiamo de nationi ne mancho de nouelle uecchie. E [12] dimme se uoi far quelo che io tho dicto; determinal subito senza dilatione, perche uolemo andar uia.

CEN(TURIO). Piu desidero la nocte per tenerte contenta che tu per uederte uindicata. Et per che se faccia ogni cosa piu a tua uolunta, guarda che morte uoi tu che io li dia. Li te mostraro un registro doue sonno scripte settecento et sectanta specie de morte; capa qual piu te piace, che quela li daro.

ELI(CIA). Per amor mio, Areusa, che non se metta questo facto in mano de cosi fiero homo como costui. Meglio sera che non se faccia e non diamo causa de far scandalizar la cita, acio che non ce uenga piu danno del passato.

AREU(SA). Tace, sorella, faciamoce dir alchuna che non sia de troppo strepito.

CEN(TURIO). Le morte che uso dar al presente et piu manesche porto sonno piatonate senza sangue, o botte col pomo dela spada, reuersi maneschi; ad alchuni, pertuso le persone como un criuello con le pugna, fotaglio largo, tiro stoccata timorosa, et fotracto mortale. Et alchun giorno do bastonate per lassar riposar mia spada.

ELI(CIA). Non passe piu auante, per lo amor de Dio. Diali bastonate, acio che reste castigato et non morto.

---

[10] M,V,15: Centurio (V: -n-); 35: Centurione
[11] V,35: sua
[12] V,35: om.

DECIMO OCTAUO ACTO

Cen(turio). Io giuro prr [13] lo corpo sancto dela letania che tanto e al mio brazo deritto dar bastonate senza occidere che alsole lassar de dar uolte al cielo.

Areu(sa). Sorella, non siamo noi altri compassioneuoli. Lassiamolo far a suo modo, occidalo come li piace. Pianga Melibea como hai facto tu. Et andiamoce conDio. Et tu, Centurio, da buon cuonto de quanto thabbiamo ricommandato. Dequal si uoglia morte che tu lo amazzi, haueremo piacere. E guarda che non te scampasse senza alchun pagamento delo errore suo.

Cen(turio). Dio il perdone se per gambe non me fugge. Assai resto alegro, madonna mia, che se sia offerto caso, quantunque picolo, nel qual cognoscerai il desiderio che io ho deseruirte et cio che io so far per tuo amore.

Areu(sa). Dio te dia buona man deritta, et alui taricommando, che ce nandiamo.

Cen(turio). Et lui sia tua guida et te dia piu patientia con li tuoi.

La àndarete, puttane, col gran diauolo, gonfie de parole. Adesso uoglio pensare como me debbio scusare de cio che ho promesso, de modo che loro pensino che io ho messa diligentia a quel che io restai dacordo con esse, et non negligentia per non metterme apericolo. Uoglio fingerme infermo, ma che utile sara? Che non restaranno de sollicitarme como sia guarito. Et se io diro loro che andai la e che li ho facti fuggire, domandarannome chi erano, et quanti andauano, et in qual luogo li trouai, et che uestiano; io nol sapero dire. Eccote qui ogni cosa persa! Dunque, che consiglio debbio prendere che io attenda a mia securta et loro petitione? Uoglio mandare achiamare aTrasso il Zoppo et doi suoi compagni, e gli diro che, per che io sto occupato questa lsera [14] in altre cose, et per che me fu pregato, che io fesse paura acerti giouani che praticauano in un certo luogo, che uogli andar per amor mio in quella strada a fare un poco de rumore de spada et brochieri a modo di leuata. Et che tutti questi saran passi securi doue non li potra uenire danno, saluo farli fuggire et tornarse a dormire.

---

[13] M,V,15,35: per (V: -er)
[14] M,V,15,35: sera

ARGUMENTO DEL DECIMO NONO ACTO

Andando Calisto con Sosia *et* Tristan [1] alhorto de Pleberio per uisitar Melibea, la qual lo aspectaua in compagnia de Lucretia, Sosia contar [2] a Tristan quello che con Areusa gliera intrauenuto. Stando Calisto ne lhorto con Melibea, uenne Trasso [3] con doi compagni, per commissione di Centurio, [4] per exequir la promessa che hauea facta ad Elicia *et* Areusa. Con li quali saffronto Sosia; odendo Calisto dalhorto doue staua con Melibea lo rumore, uolse ussir fuora per dar soccorso alli soi; laquale uscita fu causa *et* fine *de* suoi giorni, per che li simili questo dono receuono in remuneratione, per la qual cosa li amanti deno imparar adisamare.

Sosia, Tristan, Calisto, Melibea, Lucretia

(Sosia). Pian, piano, acio che non siamo sentiti, finche ariui:amo [5] alhorto de Pleberio, te uoglio contar, fratello Tristan, quello che me interuenuto ogi con Areusa, de la qual cosa sonno lo piu allegro huomo del mondo. Sappi che lei, per le buone noue che dime ha intese, e preso [6] del mio amore *et* mandomme Elicia per mezana, pregandome che io la uisitasse. Ella sando [7] in disparte molte ragione de buon conseglio che insieme parlassemo, mostra al presente esser tanto mia quanto un tempo fu *de* Parmeno..Pregomme che io la uisitasse spesso, per che lei dicea uoler

---

[1] V,15,35: Tristanico (*passim*, unless otherwise noted)
[2] V,35: conta; 15: contara (V: -n-)
[3] M,15,35: Attrasso
[4] 15,35: Centurione
[5] M,15: ariuamo; V: ariuiamo; 35: arriuiamo
[6] 15: presa
[7] 35: E lassando

prenderse piacer de mio amor longamente. Ma io te giuro, fratello, per lo camino pericoloso doue noi andiamo, et cossi possio godere de mi medesimo, che io stetti dui o tre uolte perauentarmegli adosso, ma la uergogna me daua impaccio de uederla si adorna et bella, et io me uedea con una cappa uecchia stracciata. Como lei si missidaua, gittaua un singularissimo hodore de zibbetto, et io puzzaua di stabbio che portaua dentro le scarpe. Haueua bianche le mano como un fiocco di neue, che quando le cacciaua dhora in hora diunguanto,[8] parea che se uersasse aqua lampha per casa. Cosi per questo, como per che lei anchora haueua un po dafare, laudatia mia se resto per unaltro giorno. Et ancora per che ne la prima uisitatione le cose non son ben tractabile che quanto piu son conuersate, meglio executione se da in loro participatione.

TRI(STAN). Sosia amico, piu maturo ceruello del mio et piu sperimentato saria necessario per darte oonseglio[9] in questa meteria.[10] Ma quel che mia tenera eta et mediocre natural comprende, te uoglio dir al presente. Questa donna, secundo mhai dicto, e una astuta puttana; tu dei credere che cio che con lei te intrauenuto none senza inganno. Tutte sue offerte son false. Che se lei te uolesse amare per che tu si bello et gentile, quanti creditu che lei nhabia desmessi de piu sufficentia dite! Et sella lo fesse per che tu sei riccho, ben sai tu che non hai saluo la poluere che te se apicca con la striglia. Et se pur el fesse per che tu sei huomo de buon parentato, gia lei sapia che hai nomme Sosia et tuo patre fo chiamato Sosia, nato et alleuato in uillai,[11] rompendo terra con un aratro, per la qual arte tu sei piu disposto che per esser innamorato. Guarda, Sosia, et aricordate bene se lei te uolse cauar alcun ponto de secreto de questo camino doue adesso andiamo, et poi come lo hauesse saputo, mettere[12] discordia[13] Calisto et Pleberio per inuidia de Melibea. Sapp i che la inuidia e una incurabile infirmita li doue habita; e hospite che da fatica al suo allogiamento; in luogo de remuneratione, sempre gode de laltrui

---

[8] M,V,15,35: di un guanto (M: -nto)
[9] M,V,15: conseglio (V: con-); 35: consiglio
[10] M,15: materia; V,35: matteria
[11] M,V,15,35: uilla
[12] 15: mettere in
[13] 35: discordia tra

male. Et se questo e uerita a,[14] o come credo che te uol ingannare quella mala femina con sua mala astutia, dela quale tutte se adornano. Con suo uenenoso uitio uorria condannar lanima per dar fine a suo maluagio appetito, uorria metter discordia insimile casate per contentar sua maluagia uolunta. O arofianata donna, e con che bianco pane te uorria dar a mangiare occulto ueneno! Uorria uendere sua persona acambio de briga. Odimi, Sosia, e se tu credi che sia come io te dico, armali un tracto doppio al modo che io te diro, per che chi inganna linganatore...; non te dico piu per che tu mintendi. Et se molte malitie sa la uolpe, molte piu ne sa colui che la prende. Uoglio che tu li contamini li suoi tristi pensieri, gabbarai suoi tristitie quando ella sara piu secura et poi cantarai in tua stalla: una pensa el baio,[15] laltra colui che lo insella.

So(sia). Tristan, giouane discreto! Molto piu hai ditto che tua e ta non commanda. Tumhai[16] posta astuta suspitione, et ueramente credo che sia come tu hai dicto, ma per che gia ariuamo alhorto et nostro patrone ce aiunge, lassiamo questo ragionamento, per che e troppo longo, per unaltro giono.[17]

Cali(sto). Serui, accostate questa scala inquesta parte et non parlate, per che me par odir dentro mia signora. Io saliro sopra il muro, et deli ascoltaro se poro sentire alcun buon segno de mio amore inabsentia.

Mel(ibea). Canta pian piano, per amor mio, Lucretia, in quel mezo che mio signor uiene, per che mi prendo gran piacere dascoltarte infra queste uerde herbette, che noi non saremo sentute da queli che passano per la strada.

Lu(cretia).

> O chio fussi contadina
> Deste si uezzosi fiori,
> Per pigliarne ogni matina
> Alpartir di tanti amori.
>
> Uestansi nuoui colori
> Tutti igigli con le rose,

---

[14] V,35: om.
[15] V,35: baio e
[16] M,V,15: commanda. Tu mhai; 35: comanda. Tu me hai
[17] M,V,15,35: giorno

DECIMO NONO ACTO

Fuor gitando freschi odori
Du [18] Calisto seripose.

MELI(BEA). O come me dolce tuo canto! De alegreza me disfo. Lucretia, non cessar, per amor mio.
LU(CRETIA).

Alegro e quel fonte chiaro
A chi con gran sete bea;
Ma piu dolce il uiso caro
De Calisto *et* Melibea.

E ben che piu notte sea,
Di sua uista godera.
E quando saltar louea
O che basi li dara!

Salti pien di gran dilecti
Da quel lupo cha predato;
Con le zine, li capreti;
Nelibea [19] con suo amato.

Mai non fu piu disyato
Amatore dala sua amica
Ne piu horto uisitato
Ne dimen notte fatica.

MEL(IBEA). Amica Lucretia, dauanti aliocchi me si representa cio che hai dicto. Procede, per amor mio, che io te aiutaro.
(MELIBEA, LUCRETIA).

O dolci arborscegli unbrosi,
Quando uengan honorate
Quelli belli occhi gratiosi
De chi tanto desiate.

---

[18] M: de; V: do; 15,35: doue
[19] M,V,15,35: Melibea

E uoi stesse [20] che alumate
Tuttel cielo di bellezza,
De per che non lo suigliate
Se dormisse mia alegrezza.

MELI(BEA). Ascolta, per amor mio, Lucretia, che io cantaro sola.

Papa gali *et* russignoli
Che ca ntare [21] su laurora,
Date noua in uostri uoli
A quel chel mio cor adora;

Che gia passa il punto e lora,
E non so per che non uiene,
Forsi caltra amante il thiene.

CAL(ISTO). Uinto mha il tuono de tuo suaue canto; non posso piu soffrire tuo desiato spectare. O madouna [22] mia *et* mio bene! E qual donna naqque mai al mondo che diminuisse tuo gran merito? O dolce melodia! O cor mio! Per che non podesti piu tempo soffrirte? Per che hai interrupta tua alegrezza? Che harresti finito il desio de tutti doi.

MEL(IBEA). O saporoso tradimento! O dolce prenderme alimprouiso! E il mio signor *et* mio core? E lui? Nol posso credere. *Et* doue staui, lucido sole? In che luogo mhaueui tuo splendor ascosto? Sei stato gran pezzo ad ascoltarme? Per che me lassaui gittare parole senza ceruello al uento con mia arocata [23] uoce de cigno? Grande alegrezza prende questhorto con tua uenuta. Guarda come se mostra chiara la luna; guarda como fuggono le nuuole; scolta la corrente aqua de questo fonte, quanto piu suaue murmureo porta, correndo adagio tra le fresche herbette. Scolta li alti cypressi, come se dan pace lun ramo con laltro, per intercessione dun suaue uento che li moue. Guarda sue quiete ombre, come son obscure, [24] apparecchiate aricoprire nostro dilecto. Che cosa

---

[20] 15,35: stelle
[21] ca ntare > M: cantare; V,15,35: cantate
[22] M,V,15,35: madonna (V,15: -*n*-)
[23] M: afocata; 15: sfocata; 35: arrocata
[24] 35: oscure e

fai, amica Lucretia? Sei douentata pazza de piacere? Lassalonon [25] mel toccare; non melo stracciare; non li straccar soi membri con toi greui abbracci. Lassame godere quel che e mio. Non uoler occupar mio piacere.

CALI(STO). Madonna et gloria mia, se tu ami mia uita, non cesse tuo suauecanto. Non sia de peggior conditione mia presentia, conlaqual te alegri, che mia absentia, che te da fatica.

MEL(IBEA). Per che uoi tu che io cante, signor mio? Come cantaro, che tuo desio era quello che gouernaua mio tuono et facea sonar mio canto? Consecuta tua uista, se sparse el desio, et [26] subito se scordo el tuono de mia uoce. Et poi che tu, signor mio, sei il proprio paragon de cortesia et buon costumi, per che commandi a mia lingua che canti et non a tue brazza che stiano ficte? Per che non te dismentichi tuoi modi? Commanda a tue mano che stian ferme et lasseno suo fastidioso uso et conuersatione in comportabile. Guarda, signor mio, che come me grata tua reposata uista, cosi me son noiose tue rigorose forze. Tuo honesto scrizare me da piacere; tue dishoneste mano me dan fatica quando uogliono passare li limiti dela ragione. Lassa li panni mei nel suo loco, et se tu uoi uedere selabito che o di sopra e de seta o de panno, per qual cagione me tocchi la camisa? Sappi che la e di tela. Diamoce piacere et burlamo daltri mile modi che io ti mostraro. Non me stracciare ne rompere come suoli, che non te fa alcun utile guastar mie ueste.

CAL(ISTO). Madonna, colui che uol mangiar la starna, prima leua le penne.

LU(CRETIA). Mala peste me occida se piu li ascolto! Uita e questa? Che io patisco, che mestia consumando come la neue al sole, et ella schifandose per farse pregare. Si, si, in questo deuano finire le nuuole. Pacificata ela costione: non hebeno bisogno de gente che li spartisseno. Altro tanto me farrebbe io, se questi suoi ignoranti famigli me parlasseno il giorno; ma forsi credono che io uada atrouarli.

MEL(IBEA). Signor mio, uoi tu che io dica a Lucretia che porte alcuna cosa da far coletione?

---

[25] M,V,15,35: lassalo. Non (V,M: -n)
[26] 15: om.

CAL(ISTO). Io non so la meglior colatione per me che tener tuo corpo et bellezza in mio potere. Mangiar et beuere, per danari se troua inogni luogo, in ogni tempo se po comprare, ognihomo lo po hauere; ma quello che e inuendibille, quello che da lumpolo a laltro non ce sua equale saluo in questorto, come commandi che passi nisun momento che io non te goda?

LU(CRETIA). Ami me duole gia la testa dascoltarli, et allor non di parlare, ne li brazzi scrizare, nelle bocche de basarse. Patientia, che gia taceno. A tre uale [27] me par che uada la uencita.

CALI(STO). Io non uorria, madonna mia, che mai se fesse giorno, secondo la gloria et riposo che mio senso riceue dela nobile conuersatione de tuoi delicati membri.

MEL(IBEA). Io son, signore mio, quella che gode [28] et quella che guadagno; tu sei quello che me fai summa gratia con tua uisitatione.

SO(SIA). A questo modo, poltroni, roffiani, erate uenuti ad far paura a quelli che non ui temono? Ma io ue giuro che se haueste aspectato, io ue harrei facto andare come uoi meritauate.

CALI(STO). Scolta! Che Sosia mepar colui che grida. Lassame andar ad aiutarlo, che non lo amazino; che non ce con lui saluo un ragaz. Damme presto mia cappa che tu hai sotto.

MELI(BEA). O trista la uita mia! Non andar la senza tua coraza. Torna, per amor mio, che io thaiutaro ad armare.

CAL(ISTO). Madonna, quello che non fa spada, cappa et core, non lo farra coraza, celata ne timore.

SO(SIA). Ancora tornate, manegoldi, roffiani? Spectatemi un poco, che forsi uenite per lana et andarete tosi.

CAL(ISTO). La same andare, per amor mio, madonna, che acconcia sta la scala.

MEL(IBEA). O sfortunata me! Et come uai imprescia, furioso et disarmato, ad metterte intra quelli che non cognosci? Lucretia, uien qua presto, che Calisto e andato ad una questione. Gettamoli sua coraza per il muro, che la lassata qui.

---

[27] 15: uolte
[28] M,15: godo

Tri(stan). Fa piano, signore, non descendere, che gia son fuggiti et Sosia se ritorna; che Traso [29] il Zoppo era che passaua facendo strepito. Thiente, tiente forte, per lamor de Dio, signore, con le mano ala scala.

Cali(sto). O gloriosa uergine Maria et tu me aiuta, che io son morto! Confessione!

Tri(stan). Uien qua presto, Sosia, che il mal auenturato patrone nostro e cascato dilascala et non se moue ne parla.

So(sia). Signore, signore! Aproposito tanto e come gridar al muro. Ello e piu morto che mio bisauo, che son centanni che mori.

Lu(cretia). Scolta, scolta, madonna! Gran male e questo!

Meli(bea). Trista me meschina, e che cosa e quella che io odo?

Tri(stan). O mio signor et mio bene, morto sei senza confessione. Raduna, Sosia, queste ceruella delo sfortunato de nostro patrone. O subito et amaro fine!

Meli(bea). Osconsolata [30] me, et che cosa po esser questa? Che po esser si subito pianto come io odo? Aiutame, Lucretia, assalire per queste mure per ueder mio dolore, o io profundaro con pianto la casa de mio patre. Tutto mio bene et piacere e gito infumo! Tutta mia alegrezza e persa! Finita e mia gloria!

Lu(cretia). Tristan, [31] che cosa di tu, amor mio? Per qual cagione piangi cosi smesuratamente?

Tri(stan). Piango i guai miei et mio gran male. E cascato mio signor Calisto dela scala et e morto. Sua testa e frascassata intre parte. Senza confessione e perito. Dillo ala trista et noua amante che non aspecte piu suo nouo amatore. Prendi tu, Sosia, per li piedi, et io per le braccie, et portamo nostro [32] patrone in luogo che non patisca detrimento lhonor suo, anchora che sia morto in questo luogo. Et uenga con noi altri il pianto, accompagnice sollicitudine, seguace sconsolatione, copraci dolor et corropto.

Meli(bea). Ho piu dele triste trista! E come ho poco tempo posseduto il piacere, et come e uenuto presto il dolore!

---

[29] 35: Attrasso
[30] In R the first "s" is a capital letter printed upside down.
[31] M,15: Tristan; V,35: Tristanico (V: -n-)
[32] V,35: nostro caro

Lu(CRETIA). Madonna, non graffiare tuo uiso ne tirar tuoi capelli poi che a cosi arduo caso non ce remedio. O che poco core e questo che mostri! Leuate su, per lamor de Dio, che tu non sia trouata da tuo patre in luogo cosi suspectoso; non far queste cose, che serai sentita. Madonna, madonna, non me odi? Non te smortire, per lamor de Dio. Habbi forza per patir il dolore, poi che hauesti ardire per commetere lo errore.

MELI(BEA). Non odi cio che quelli famegli uan parlando? Non odi lor triste lamenti? Con pianto et dolore se portano tutto mio bene! Morta portano tutta mia alegrezza! Non e piu tempo che io uiua poi che me tolto el piu poter godere dela gloria che io godea. O como stimai poco il bene che in mie mano hebbi? O ingrati mortali, che mai cognoscete li uostri beni per finche non ui mancano.

Lu(CRETIA). Sforzate, sforza, che maggior mancamento sara lesser trouata nelhorto che non fu il piacere che de lauenuta de Calisto receueui, ne pena che senti de sua morte. Intramo in tua camera, et intrarai in lecto. Et io chiamaro tuo patre; fingeremo che tu hai altro male, poi che questo e impossibile recoprirlo.

ARGUMENTO DEL UIGESIMO ACTO

Lucretia picchio alla porta de Pleberio. Lui la domando cio che uolea. Lucretia li da prescia che uada ad uedere sua figlia Melibea. Leuatosi Pleberio. Ua a la camera de sua figlia. Consolandola, li domanda del suo male. Lei finge hauet [1] doglia de core et prega suo patre che li cerchi alchun strumento et musici. Ella et Lucretia montorno sopra la torre. Melibea mando Lucretia a far un imbassata ad suo patre. Resto sola in la torre et serose dentro. Pleberio uiene ad pie de la torre per ueder cio che uole sua figlia. Melibea li discopre tntta [2] la trama come era passata. Ultimamente se lasso cascare giu dela torre.

Pleberio, Lucretia, Melibea

(PLEBERIO). Che uoi tu, Lucreria? [3] Che cosa domandi in contanta prescia et poco riposo? Che male e quello che sente mia figlia? Che caso si subito e, che io non habbia tempo per poterme uestire, ne manco me dai spatio che io me possa leuare?

Lu(CRETIA). Signore, spacciati presto se la uoi trouare uiua, che ne io cognosco suo male, tanto e grande, ne manco lei, che gia e disfigurata.

PLE(BERIO). Andiamo presto, uala, passa auanti, alza questa portira et apri ben queste fenestre, per che la possa ueder nel uiso con lume. Che cosa e questa, figlia mia? Che dolor et mal po esser il tuo? Che nouita e questa? Che poco sforzo e questo che mostri? Guardame, che io son tuo patre. Parla me, per lamor

---

[1] M,V,15,35: hauer
[2] M,V,15,35: tutta
[3] M,V,15,35: Lucretia

de Dio, dimme la cagione del tuo dolore, acio che presto possa remediarlo. Non uoler cosi presto finire miei ultimi giorni con tristezza, che gia sai che io non ho altro ben saluo te. Apri questocchi alegri et guardame.

Meli(bea). Aime, et che gran dolore!

Ple(berio). Che dolore po esser che se aguaglie col mio a uederte de tal sorte? Tua matre resta senza ceruello per hauer inteso tuo male. Per grandissima per turbatione non e possuta uenir ad uisitarte. Da animo a tua forza, uiuifica tuo core, sforzate de modo che possiamo andar insieme auisitarla. Et dimme, anima mia, la causa del tuo dolore.

Mel(ibea). Perito e mio remedio!

Ple(berio). Figlia mia amata et ben uolsuta dal uecchio patre, per Dio, non prendere desperatione del crudo tormento de tua infirmita et passione, per che il dolore afligge li debili cori. Se tu me conti tuo male, subito sara remediato. Che non mancharanno medici, ne medicine, ne seruitori per cerchar tua salute, ora che consista in herbe, ora in pietre, ora inparole, se ben stesse secreta in corpo danimali. Dunque non mi dar piu fatica, non mi dar piu tormento, non me dar causa che io esca del mio ceruello, et dimme cio che tu senti.

Mel(ibea). Una mortal piaga in mezzo alcore, che non consente che io parle. Non e equale aglialtri mali; bisogna cauarlo fuora per curarla, per che sta nella piu secreta parte desso.

Pleberio. A buona hora hai recuperati li sentimenti dela uecchiezza, per che la giouentu sempre suole essere piacere et alegrezza, nemica de fastidio. Leuati de questo lecto, et andaremo auedere laria frescha dela marina, prenderaite piacere con tua matre, et darai riposo a tua pena. Guarda, figlia mia, che se tu fuggi el piacere, non e cosa piu contraria per tuo male.

Mel(ibea). Andiamo, signor mio, doue uorrai. Et se a te pare, montano[4] alla logia alta de la torre per che deli godero della deleteuole uista deli nauilii; et forse per uentura allentara qualche poco mio dolore.

Ple(berio). Andiamo, et Lucretia uerra con noi.

Mel(ibea). Ma, se te piacesse, patre, far uenire alchunistrumenti de corde con che io potesse spassare mio affanno sonando

---

[4] 15,35: montamo; V: montão

o cantando; de modo che, anchora che me stringa per una parte la forza de suo accidente, lo mitigara per laltra li dolci soni e alegra armonia.

PLE(BERIO). Subito sera facto, figliá mia. Uoglio andar ad farlo apparecchiare.

MEL(IBEA). Lucretia amica, molto alto me par che siamo. Gia merincresce hauer lassata la compagnia de mio patre. Ua abasso da lui edigli che uenga apie dela torre, che uoglio dirli una parola che me scordai che dicesse amia matre.

LU(CRETIA). Adesso uo.

MEL(IBEA). Ognihuomo mha lassata sola. Bene o accomodato el modo del mio morire. Alcun reposo sento auedere che cosi presto sero insieme col mio desiato *et* amato Calisto. Uoglio serar la porta, che nisun uenga a darme impaccio a mia morte, acio che non impediscano mia partita *et* non mi p endano [5] la uia per la qual in breue tempo porro uisitare in questo giorno colui che me uisito la passata nocte. Ogni cosa se e acconcia *et* facta a mia uolunta. Ben haro tempo per contare a mio patre la causa de mio desiato fine. Grande ingiuria fu a suoi canuti, gran offesa fu a sua uecchieza, grande faticha li apparechio con mio fallire, in gran sollicitudine li lasso. *Et* posto caso che per mio morire a mei amati padri se diminuiscano lor giorni, chi dubbita che altri figlioli non siano stati piu crudeli uerso lor patre *et* matre che non sonno io? Bursiare de Bitina, [6] senza alchuna ragione, non constrengendolo pena come me, amazo suo proprio patre; Phtolomeo, re de Egypto, uccise suo patre *et* matre, fratelli *et* donna, per posser godere de sua concubina; Oreste amazo sua matre Clitemnestra. Lo crudel imperatore Nerone, sua matre Agrippina, solo *per* suo piacere, la fece occidere. Questi son degni de culpa, questi son ueri paricide, *et* non io, che con mia pena *et* morte purgo la culpa che me se po attribuire de suo dolore. Altri assai ne furono piu crudeli che occiseno figli *et* fratelli, sotto quali errori lo mio non parra gia grande. Philippo, re *de* Macedonia; Herodes, re *de* Iudea; Co*n*stantino, imp*er*ator di Roma; Laodice, regina de Cappadocia; et Medea, incantatrice. Tutti questi hanno morti loro figlioli senza alcuna ragione, restando salue lor persone.

---

[5] M,V,15,35: p endano > prendano
[6] V,35: Bursiare de Bitina > Bursia, re de Bitinia

Finalmente, me occutre [7] quella grande crudelta de Phrates, re deli Parthi, che amazzo Horode, [8] suo uecchio patre, acio che non restasse successor doppo lui, *et* il suo unico figliolo *et* trenta suoi fratelli. Questi fuorono dilicti degni de culpeuole culpa, che guardando lor persone de pericoli, occisono lor maggiori descendenti et fratelli. Ma ben e uero che, tutto che questo [9] sia, non douea io assomigliarmi aquelli in cio che mal ferno, ma non e piu in mia possanza. E tu, Signor, che de mie parole sei testimonio, *et* comprendi *et* cognosci mio poco potere, *et* uedi come ho subiecta mia liberta, *et* uedi como son pressi miei sensi del potente amor del morto caualieri, qual priua quelo che ho deli uiui patri.

PLE(BERIO). Figlia mia Melibea, che cosa uotu dire? Che cosa fai sola? Uoi tu che io uenga di sopra?

MELI(BEA). Patre mio, non pugnare ne te affaticare per uenir doue io sto, per che guastaresti il presente ragionamento che io uo dirti. Breuemente sarai punto di dolore con tua unica figlia. Giunto e mio fine, giunto e mio riposso *et* tua passione, mia allegrezza e giunta insieme con tua pena, giunta e mia hora accompagnata *et* tuo tempo de solitudine. [10] Non harai bisogno, honorato patre, de instrumenti per aplacar mio dolore, saluo de campane per sepelir mio corpo. E se tu mascoltarai senza lachrime, odirai la disperata causa de mia sforzata *et* allegra partita. Non la interrumpere con pianto ne con parole; per che resterai piu mal contento de non hauer sapputa la causa de mia morte, che non sarai doloroso uedendome morta. Non mi domandare cosa alcuna ne respondere piu che de mia uolunta te uorro dire. Per che quando il core e occupato de passione, le orecchie son serrate al conseglio, *et* in simile tempo fructuose parole, in luogo de pacificar il corrucio, agumentano la ira. Odi, uecchio patre, mie ultime parole, *et* se tu le riceui como io penso, non darai culpa a lo error mio.

Ben uedi *et* odi questo tristo lamento che fa tutta la cita. Ben odi questa exclamatione de campane, questo grande strido de gente, il continuo abaiar de cani *et* lo grandissimo strepito darme che tu odi. De tutto questo sonno io stata causa. Io ho coperto de

---

[7] V,15: occutre; 35: occorre
[8] 15,35: Herode
[9] 35: tutto che questo > anchora che tutto questo
[10] V,35: sollicitudine

corropto la maggior parte deli caualiari *et* gentilhuomini *de* questa terra, io ho lassati assai seruitori orphani de signori, io son stata causa *de* leuare assai elemosine ad molti poueri uergognosi, io son stata causa che li morti hauessino *com*pagnia del piu *com*pito huomo in uirtu che mai nascesse, io ho tolto ali uiui il parago*n* *de* gentilezza *et de* galanti inuentioni, legiadro nel uestire, ornato in sua loquela, gratioso nel caminare, magnanimo in cortesia, *de* uirtu senza paro. Io fui causa che la terra godesse senza tempo il piu nobile corpo *et* piu fresca giouentu che al *m*ondo in nostra eta fusse creato. Et *per* che forsi tu starai spauentato col suono dele miei non costumati errori, te uoglio meglio chiarirte la causa *de* mia perditio*n*e.

Molti giorni son passati, patre mio, che ardea *de* mio amore un caualieri che hauea nome Calisto, q*ual* tu ben cognoscesti. Cognoscesti suo patre et madre, et ancora sei certo *de* sua nobile e chiara pr*o*genie; sue uirtu *et* bonta ad ogni huomo erano manifeste. Era si grande sua passio*n*e *et* pena de amore *et* si poco luogo *et com*modita *per* parlarme, che discoperse sua passione ad una astuta *et* sagace uecchia che hauea nome Celestina, qual uenne a me *de* sua parte. Caccio mio secreto amor de mio pecto. Discoperse a lei quello che amia amata matre recopriua. Costei hebbe modo *com*e guadagno mia uolu*n*ta, dette ordine come el desiderio *de* Calisto *et* mio hauesse effecto. *Et* se lui me amaua, non uiuea ingannato. Ordino il tristo ordino dela dolce *et* suenrurata [11] executione *de* sua uolunta. *Et* io, uinta del suo amore, li dette uia per la quale intro in tua casa. Corro*m*pendo con scale le mura delhorto tuo, corruppe mio casto proposito, *et* persi mia uirginita. Di quello dilectoso errore de amore godessmo [12] quasi un mese. *Et com*e q*u*esta passata nocte uenisse, cusi come era accostumato, a la retornata *de* sua uenuta, come dala fortuna fosse disposto *et* otdinato [13] secondo suo in conueneuole costume, come le mure erano alte *et* la nocte obscura, *et* la scala fosse sottile, *et* li serui che lui menaua non destri insimile modo de seruitio, *et* lui uolesse abbassare imprescia per uedere certa costione che soi famigli faceano nela strada, per limpeto che ello menaua per andar piu

---

[11] M,V,15,35: suenturata (V: -*n*-)
[12] M,15: godessimo; V,35: godessemo (V: -*m*-)
[13] M,V,15,35: ordinato

presto, non uide ben li passi dela scala, misse il pie in fallo et casco. Et dela trista caduta le sue pni [14] ascoste ceruella restorno sparse per le pietre et mure. Cosi fini senza confessione sua uita, alhor fu persa mia speranza, alhor fu petsa [15] mia gloria, alhor persi tutto mio bene et compagnia. Dunque, che crudelta seria, patre mio, che morendo lui precipitato, douessi io uiuer penata! Sua morte in uita la mia, in uita me et e forza che io il seguite presto senza dilatione. La ragione me mostra che io debbia morire precipitata per seguitarlo in ogni cosa, acio che per me non se diche: "Li morti e li andati presto son dismenticati." Et cosi, il contentaro in morte, poi che non hebbi tempo in uita. O signor et amor mio Calisto! Aspectame, che io uengo. Fermati, non tincresca seme aspecti; non me accusare dela tradanze [16] che io fo, dando questo ultimo conto a mio uecchio pia, [17] poi che de molto piu li son debitrice.

O patre mio molto amato! Io te prego, se amore in questa passata et dolorosa uita mhai portato, che siano insieme nostre sepolture, et insieme siano facti nostre exequie. Alcune consolatorie parole te direi inanzi lultimo mio agratabile fine, collecte et tracte de quelli antiqui libri che per piu clarificare mio ingegno me faceui leggere; ma gia la damnata memoria me le ha facte dimenticare, et ancora per che io uedo tue lacrime mal sofferte descendere giu per tua arrugata faccia. Salutame, patre, lamia chara et amata matre, fa che sappia dite piu diffusamente la trista causa per la qual io moro. Gran piacer porto che io non la uedo presente. Prendi, patre mio, li doni de tua uecchezza, che in lunghi giorni lunghe tristeze se patiscono. Receui giu learre de tua antiqua senetu, receui la tua amata figliola. Gran dolor porto dime, maggior porto dite, molto piu maggior de mia uecchia matre. Dio reste in custodia de intrambedui uoi. Et a lui offerisco lanima mia. Pon tu ricapito alcorpo che giu descende.

---

[14] M,V,15,35: piu
[15] M,V,15,35: persa
[16] M: tardanze; V,15,35: tardanza
[17] M,V,15: patre; 35: padre

ARGUMENTO DEL UIGESIMO PRIMO ACTO

Tornando Pleberio a sua camera con grandissimo pianto, Alisa li domanda la causa de si subito male. Pleberio li conta lamorte de sua figliola Melibea *et* mostrali suo corpo in pezzi.[1] Facendo suo pianto, conclude.

Alisa, Pleberio

(ALISA). Che cosa e questa, signor mio Pleberio? Qual e la causa de tue triste strida? Io mera tramortita, senza ceruello, del dolor che io hebbi quando senti dire che hauea si gran dolor mia figlia. Adesso, odendo tuoi gemiti *et* alte strida, tue lamentationi *non* costumate, tuo pianto *et* affanno de cosi grande sentimento, in tal modo penetrorno lanimo mio, e de tal sorte trapassorno mio core, e cusi uiuificorno miei turbati sensi, che lo gia receuuto dolore scacciai dime. De modo che lun mal scaccio laltro. Dimme la causa de tuo lamento. Dimme, per che stai maldicendo tua honorata uecchiezza? Per qual causa domandi si souente la morte? Per che tiri tuoi bianchi capelli? Per che ferisci tuo honorato uiso? Dimme si le intrauenuto alcu*n* male a Melibea. Dimelo, per Dio, per che se lei pena, io *non* uoglio piu uiuere.

PLE(BERIO). Aime, aime, donna mia! Tutta nostra alegrezza e gita in fumo poi che tutto nostro bene e p*er*so. Non uogliamo piu uiuere. *Et* acio che il *non* pensato dolore te dia piu pena, insieme ogni cosa senza pe*n*sarla, *et* acio che piu presto uadi al sepulchro, *et* per che io solo *non* pianga la perdita de tutti dui, eccoteli colei che tu parturisti *et* io generai, fracassata, i*m*pezi. La

---

[1] V,35: pezzi *et*

causa seppi io da lei, *et* piu diffusamente da*que*sta sua trista serua. Aiutame, nobil donna, a piangere nostra ultima uecchiezza!

O gente che uenite ad mio dolore, o amici *et* gentilhomini, io ui *p*rego che mi aiutate ad piangere mio male! O figliola *et* anima mia! Che crudelta seria che io uiuesse senza te; piu degni erano mei sessanta a*n*ni *de* sepultura che li desdocto tuoi. Turbosse lordine *de*l morire col grande dolore che tel fece exequire. O canuti miei, ussiti *p*er hauer dolore! Meglio haria goduto de uoi altri la terra che de *qu*elli biondi capelli che io uedo. Duri *et* inco*m*portabili giorni me auanzano per uiuere. Io melamentaro dela morte *et* incusaro sua dilatione *per* quanto te*m*po mi lassara solo dopo te. Mancheme lauita, poi che me mancata tua dolce compagnia. Leuate, donna mia, di sopra lei, *et* se alchun poco *de* uita ti resta, guastala meco in doloroso pianto *et* amari suspiri. *Et* se per caso tuo spirito reposa col suo, *et* se hai gia lassata questa uita de dolore, per che hai uolsuto che io solo patischa ogni cosa?

In questo hauete auantaggio uoi altre femi*n*e aglihuomini, che un gran dolore ui po cacciare del mondo senza sentiruene, o almanco ui fa perdere il sentimento, che e pure assai parte de riposo. O duro core de padre! E per che no*n* te rompi de dolore, poi che tu sei restato senza tua amata herede? Per chi hai tu edificate torri? Per chi hai tu acquisiti honori? Per chi ho piantati arbori? Per chi ho fabricati nauilii? O dura terra! E [2] come me sustieni? Doue trouara riposo mia sconsolata uecchieza? O fortuna uariabile, ministra deli beni temporali! Per che non desti executione co*n* tua crudele ira e mutabili onde in q*u*ello che e subiecto ate? *Per* che no*n* hai tu destructo mio patrimonio? *Per* che no*n* hai tu dissolata mia habitatio*n*e? *Per* che non hai tu abrusati *et* destructi mei grandi poderi? *Et* hauessime lassata q*u*ella florida pianta doue no*n* haueui potesta; hauessime data, o fortuna fluctuosa, trista la giouentu co*n* uecchieza alegra, e non hauessi *p*reuertito lordine. Meglio harei sofferte le *p*ersecutio*n*i deglinganni tuoi nela forte *et* robusta eta, che no*n* fo adesso nela debile *et* ultima senectu.

O uita piena de affanno *et* de miserie accompagnata! O mondo, mondo! Multi molto dite hanno ditto, multi in tue qualita misero

---

[2] 35: om.

le mano. De diuerse cose de te fecero comparatione per odita; *et* io lo contaro per trista experientia come colui che fa le compre *et* uendite de tua trista fiera che prosperamente non li successoro, [8] come colui che fino adesso non ha dite tue triste *et* false proprieta, per non incendere con odio crudele tua ira, acio che senza tempo non mi secassi questo bello fiore, che nel presente giorno hai gittato de tuo potere; dunque adesso andaro senza timore como quel che non ha che perder, como colui acui tua compagnia e noiosa, *et* come lo pouero caminante, che senza timore dei maluasii assàssini ua cantando ad alta uoce. Io pensaua in mia piu tenera eta che tu eri *et* erano tuoi facti gouernati per alchun ordine. Adesso o uisto el pro, el contra de tue bone auenturanze, tu me assomigli a un laberinto de errori *et* unspauentoso diserto, habitatioe [4] de fiere *et* gioco dhuomini che uanno in ballo; sei 'lago pieno di fango, regione piena de spine, scogli grandissimi *et* aspri, campo pieno de saxi, prato pieno de serpenti, horto florido *et* senza fructo, fonte de pensieri, fiume de lachrime, mare de miserie, fatica senza utile, dolce ueneno, uana speranza, false alegreza, [5] uero dolore. Tu ce dai esca, mundo falso, col cibo de tuoi dilecti, *et* alo meglio sapore ce scopri lhamo; *et* nol possemo fugire, per che ce hai prese le uolunta. Assai prometti, *et* nulla attendi; tu ne scacci da te per che non ti possiamo domandare che ce attendi tue uane promesse. Corremo ad retine abandonate per li prati de tuoi uitiosi uitii, senza piu pensare; tu ce discopri laguato quando piu indrieto non possemo tornare. Molti te lassorno con timore delo sconueneuole tuo lassare; ben auenturati se potran chiamare quando uedranno la remuneratione che a me, misero uecchio, hai data per pagamento de cosi lungo seruitio. Tu ne rompi locchio, *et* poi ce ungi losso de consolatione. A tutti fai male, acio che alchuno afflicto non si troui solo nele aduersita, dicendo che e riposo ali miseri come io hauer compagni ala pena. Ma odisconsolato uecchio, che io son solo!

Io son stato ponto senza hauere compagno e quale de simile dolore, quantunque io piu reduca amia memoria li presenti *et* li

---

[8] M,V,15,35: successero
[4] M,V,15,35: habitatione (M,V: -n-)
[5] false alegreza > 15: falsa alegreza; V: false allegreze; 35: false allegrezze

passati. Che se quella seuerita *et* patientia de Paulo Emilio me uenisse aconsolare co*n* la p*er*dita de doi soi figlioli morti in-secti giorni, dicendo che co*n* lanimosita sua o pero che desse lui consolatione al populo romano *et* no*n* il populo alui; questo no*n* me co*n*sta, che dui altri li restaua*n*o dati in adoptione. Che com-pagnia metera in mio dolo*r*e quel Pericles, capitanio ateniense, nil forte Xenophon, poi che loro perdite furono de figlioli absenti de lor terre? Ne fu molto aluno non mutare sua fronte *et* tenerla serena, ne laltro che rispose acolui che li porto le triste noue dela morte de suo figliolo, che lui no*n* riceuesse pena, poi che esso non sentia dolore. Ma tutto questo ben e differente a mio male.

Dunque, mondo pieno de mali, manco potrai dire che fussemo simili nela perdita Anaxagora *et* io, ne che siamo equali nel dolo-re, ne che io rispo*n*da a mia amata figlia quelo che lui alunico suo figliolo, che disse: "Come io fusse mortale, sapea che douea morire cio che io generaua." Ma Melibea, dauanti miei occhi, succise se medesima de sua uolunta, col gra*n* dolore de amore che acio la sforzaua; *et* quelaltro fu morto in licita battaglia. O inco*m*parabile perdita! O uecchio po*n*to di dolore! Che qua*n*to piu cerco consolatione, manco ragione trouo p*er* consolarme. Che se il prop*h*eta *et* re Dauid pianse suo figliolo nel te*m*po che era infermo, *et* poi c*h*e fu morto no*n* lo uolse pia*n*gere, dicendo che era pazzia piangere lo irrecuperabile, altri assai li restauano co*n* li q*u*ali posseua saldar sua piaga. *Et* io misero no*n* pia*n*go lei che e morta, ma la disuenturata causa de*l* suo morire. Adesso p*er*-dero insieme con teco, malauenturata figlia, le paure *et* timori che ogni giorno me spaue*n*tauano; sola tua morte e quel*l*a che me fa securo de suspitione.

O misero sfortunato uecchio, che farro quando io intraro in mia casa *et* la trouaro sola? Che faro se tu non me respondi quan-do io te chiamaro? Chi me porra mai coprire il gran ma*n*chamento che tu me fai? Niun perse quel che el di dogi ho perso, ancora che *in* qualche cosa me parga conforme la grande animosita de Lan-bas, duca deli atheniensi, che con sue proprie brazze il suo figliolo ferito lanzo in mare. Ma tutte queste son morte che, se pure robano la uita, e sforzato satisfare con la fama. Ma chi sforzo amorire mia figlia saluo la forte forza de amore? Dunque, mondo pieno de dolce lusenghe, che remedia[6] darai ala fatichata mia uecchiezza? Come commandi che io resti in te, cognoscendo tue falsita *et* finte carezze, tue cathene e rete, con che ponderi nostre debile uolunta? Dimme, come mhai acconza mia figlia? Chi accompagnara mia scompagnata habitatione? Chi tera in carezze mei anni che caducano?

O amore amaro! Che non pensaua che haueui forza de occidere tuoi subiecti! Dite fui ferito in mia giouentu, per mezo de tue fiamme passai. Per qual cagione me campasti? Tu lo hai facto per darme questo pagamento dela uita in mia uecchiezza. Ben me credea esser libero de tuoi lacci quando arriuai ali quarantanni, quando fui contento con mia coniugale compagnia, quando io me uide col fructo che el di de hoggi mhai tagliato. Mhai harei pensato che prendessi nelli figli la uendetta deli patri. Io non so se ferisci con ferro o se abrusi con fuoco. Sani lassi li panni, *et* crudelmente ferisce el core. Fai che ameno brutto *et* bello gli parga. Dimme, chi thadata tanta potentia? Chi te amesso el nome che non te conuiene? Se tu fosti amore, amaresti li serui toi. Se tu gli amassi, non gli daresti pena. Se ufuesseno alegri, non se occiderebbeno, come al presente ha facto mia amata figlia. Che fine hanno facto tuoi serui *et* ministri? La falsa tabbachina Celestina mori per le mano deli piu fideli compagni che lei hauesse trouato per suo uenenoso seruitio. Lor morsero scannati; Calisto, precipitato. Mia dolorosa figlia uolse prendere la medesima morte delo amante suo per seguitarlo. O iniquo, che de tutto questo tu sei causa. Dolce nome te fu dato, *et* amari facti fai. Tu non dai equal merito. Iniqua e la legge che a tutti non[7] equale. Tua uoce alegra, tuoi modi dan tristezza. Ben auenturati son quelli che tu non hai cognosciuiti o de color che non hai facta stima. Alchuni te chiamano dio, io non so quale error *et* poco iudicio li mena. Guarda che io[8] amaza quelli che creo, *et* cu[9] occidi quelli che te sequeno. Se inimico dogni ragione, a quelli che mancho te seruono dai maggior doni, finche tu gli hai messi nela danza de tue tribulationi. Tu sei inimico damici *et* amico

---

[6] V,15,35: remedio
[7] V,15,35: non e (V,15: -n)
[8] 15,35: Dio
[9] V,35: tu

de inimici, *et* questo e per che tu te gouerni senza ordine. Cieco te depingono, giouene *et* pouero. Pongonte unarco in mano col qual tiri alla uentura; ma piu ciechi son gli ministri tuoi, che mhai odono ne sentono la dolorosa remuneratione che de tuo seruitio esse. El fuoco tuo e de ardente fulgure, che mhai fa segno doue arriua. Le legne che tua fiamma consuma, sonno anime *et* uite de humane creature, de quali ce si gran copia che appena me occurre da chi debbia comenciar. Che non solamente de christiani, ma de gentili *et* de iudei, *et* tutto questo dai impagamento de buon seruitii. Che me dirai de quel Macias de nostro te*m*po, in che modo fini amando, de cui tristo fine tu fusti causa? Cio che fecero perte Paris *et* Helena; cio che fece Aegisto *et* Hipermestra, a tutto il mondo e notorio. A Sapho *et* Leandro *et* Adriana, a questi che pagamento gli desti? *Et* anchora Dauid *et* Salamone no*n* uolesti lassarli [10] senza pena. Per rispecto de tua amista, Sanson pago quelo che merito, p*er* che crese a chi tu lo sforzasti dar la fede. *Et* molti altri che io taccio, p*er* che ho assai che co*n*tar nel mio male.

Del mondo *m*ilame*n*to per che in se me creo; per che non haue*n*dome data uita, no*n* harei generata in esso Melibea; *et* non essendo lei nata, non harebbe amato; non amando, non saria mio lamento in mia sconsolata *et* ultima uecchiezza. O mia dolce compagnia, o figlia frascassata! *Et* per che non uolesti che io euitasse tua morte? Per che no*n* hauesti pieta de tua uecchia *et* amata matre? *P*er che te mostrasti si crudele contra tuo uecchio patre? Per che mhai tu lassato in questa dolorosa pena? Per che me lassasti tristo disconsolato *et* in hac lacrimarum ualle?

FINIS [11]

---

[10] 15: lassar
[11] V,35: om.

Impressum Rome In Campo Flore per magistrum Eucharium Silber alias Franck. Anno M ccccc vi. Die uigesimanona Ianuarii. [1]

[1] M: Impresso In Millano Per Zanotto da Castione ad Instantia de Domino Io Iacobo *et* fratelli da Legnano. A di xxiii de zugno Del Anno del M ccccc xiiii.

15: Mediolani In Officina Libraria Minutiana Mense Ianuario M.D.XV. Impensis Uenerabilis Presbyteri Nicolai de Gorgonzola. ABCDEFGHIKLM-NOPQR. Omnes sunt quaternium preter R qui est duernium.

In V the following colophon is placed at the very end of the text, after the author's sonnet: Finisse la tragicomedia intitolata Calisto *et* Melibea: tradocta de lingua spagnola in italiano idioma: nouamente correcta *et* da ogni error castigata. Agiontoui tutto quello li manchaua: *et* adornada de molte bellissime figure: alli acti *et* materie conueniente. Impressa *con* gran diligentia in Uenetia per Cesaro Arriuabeno Uenitiano nelli anni del nostro signore mille cinquecento e-disinuoue a di diexe decembrio. Registro. Tutti sono quatterni. ABCDEFGHIKLMNOPQ

In 35 the colophon is also the last element of the text; it reads: FINIS ABCDEFGHIKLMNO Tutti quaderni. Finisse la Tragicomedia intitolata Calisto *et* Melibea, tradotta de lingua spagnola in italiano idioma nouamente coretta, stampata per Pietro de Nicolini da Sabio M.D.XXX V. Del mese di Luio.

Poi che e seguito il fin tristo acostoro
E che hanno mal guidato lalor danza,
Drizzamo nostra mente al diuin choro
E in lui poniamo ogni hor nostra speranza;
Che per dilecto humano o per lauoro
Altro che e terna morte non fauanza, [1]
Mentre, sian dunque nel corporeo manto,
Cerchiamo dacquistare il regno sancto.

Non dubbitar pero, lector astuto,
Che se ben leggi quiui error non fai,
Per che leggendo con lingegno acuto,
Intra lespine rose coglerai;
Qui coresto [2] parlar, qui far il muto,
Aplauder condiruero impararai,
E che cosa e lamante — maschio e femina,
E como el male el ben tra lor si semina.

Dunque non mi chiamar per cio in humano,
Se questopra finii meza composta,
Che se ben stendi inanzi la tua mano
Trouerai medicina ate nascosta.
Pur che lassila paglia e prenda el grano,
Poi che prender la poi e non ti gosta;
Ma se te piace pur seguir gli errori,
Non riprender chi legge ne gliautori.

Se Orpheo con la sua cetra e melodia
Forzaua sassi e monti ase uenire,

---
[1] M,V,15,35: sauanza
[2] M,15: coresto; 35: corretto

Ei fiumi adrieto repigliar la uia
Ela cuncha infernal tutta adolcire;
Se ogni arbor hogni fera alarmonia,
Atento facea far el suon seguire,
Dunquenon ti admirar sel nostro autore
A chi lobserua da maggior uigore.

Per che questopra ha si gentil natura
Che amar e disamar alhuomo insegna,
Echiunqne[3] hauesse el cor qual pietra dura
Forza e che lei leggendo mole uegna.
Quiui simpara ad uiso e coniectura
Come si spera saccharezza esdegna,
Come se finge lira e la legrezza,
E come se desia quel che si sprezza.

Non disegno giamai la diua mano
Di Plauto e Neuio a gli huomini prudenti
Si ben linganni dogni seruo strano
Ne de linstabil donne fraudolenti
Quanto il comico nostro castegliano;
Che gliantiqui e moderni auntrato haspenti,
Si che greco e latini[4] lingegnio sprona,
Che ne porta diSpagna la corona.

Como credo che sappi, o bon lectore,
Afar attento ognun al tuo Calisto,
Bisogna a tempo legger con furore,
E forte e pian, tradenti, e chiaro e misto,
Spesso con allegrezza e con dolore,
Con tema or con disio e far il tristo,
Tal uolta ancor con speme, cridi e canto,
E arte e motti e beffe e riso e pianto.

El debito non uol nela ragione
Chel nome delautor se scriua chiaro,

---

[3] M,15: Echiunque; V,35: E chiunque
[4] V,15,35: latin

Pero che esso ne e stato in suo sermone
Un poco rispescto so,[5] un poco auaro.
Ma pur per dar dilui cognitinne[6]
Inele prime stance te limparo,
Giu per li capi uersi breuemente
Con la sua dignita, natione e gente.

Nel mille cinquecento cinque apunto
Despagnolo in idioman[7] italiano
E stato questo opuscul transunto
Dame, Alphonso de Hordognez, nato hispano,
Aistantia di colei cha inse rasunto
Ogni bel modo *et* ornamento humano:
Gentil Felrria[8] Fregosa, honesta e degna,
In cui uera uirtu triumpha e regna.

---

[5] rispescto so > M: rispecto so; V,15: rispectoso; 35: rispetto
[6] M,V,15,35: cognitione
[7] V,35: idioma
[8] M,V,15,35: Feltria

APPENDIX

Citations from the Italian translation are limited to my edition of Rome, 1506 (R) unless a divergent reading suggests that some later edition may have consulted a different Spanish text. References to Burgos?, 1499? (A); Seville, 1501 (B); and Seville, 1502 (C) are from Criado de Val's edition. Cej indicates Cejador's Clásicos Castellanos edition (3rd ed., 1943; rpt. 1963). F represents Brault's edition of the 1527 French translation.

In every case the passage from R will be noted first with sufficient context for the reader to locate it on the page in my text which is referred to. Citations from the Spanish and the French will be limited to the key word or phrase, again with page (and for Cejador, volume) numbers for reference. Those variants similar to the Italian will be placed in the left-hand column; those different, in the right-hand column.

Whenever the French translation paraphrases some section in such a way that its rendering is irrelevant to a particular variant, the notation will be F* followed by a page number. When principles of French grammar obscure the significance of some variant (for example, when the variant depends on the inclusion or omission of a subject pronoun), the French reading will be placed in parentheses. When a passage is printed in italics in Cejador's edition the reference will read Cej* plus the volume and page number. When Criado and Cejador agree, I reproduce Criado's spelling.

Additions to the primitive *Comedia* text (A) are listed in the appendix when they are relatively short. When these interpolations are made by both B and the *Tragicomedia*, I list variants relevant to the Italian translation. When they are made only by the *Tragicomedia*, I note differences between C and Cej. In either case I also record F's reading whenever it is pertinent. Major differences which are not listed as variants on the following pages can be summarized as follows:

A omits the title page, the dedicatory letter, the preliminary stanzas, the prologue, the incipit, the "Argumento General," the "Tractado de Centurio," and the closing stanzas;

B omits the prologue, the "Tractado de Centurio," and the first three of the closing stanzas;

F omits the dedicatory letter and the preliminary and closing stanzas.

R omits the headings which introduce the preliminary and the closing stanzas. It (like B and C) lacks the extra octave from the Valencia, 1514 edition which Cejador (II, 217) prints immediately before the last closing stanza (see Criado, p. 306, n. 11).

R33: loro sottile artificio
    BC3: su sotil
    Cej* I 5: sotil
    AF: om.

R33: tornarlo a leggere
    B4, Cej* I 5: releerlo
    C4: leerlo
    AF: om.

R34: auctore, ... Roderico Cotta.
    C4, Cej* I 5-6: auctor, ... Rodrigo Cota
    B4: auctor, y era la causa que estaua por acabar
    AF: om.

R34: per timore
    B4, Cej* I 6: con temor
    C4: con el temor
    AF: om.

R34: uolse celare e coprire
    C4, Cej* I 6: quiso celar y encobrir
    B4: celo
    AF: om.

R34: ragioni, presi partito ... "Fratelli mei." Vale.
    C4-5, Cej* I 7-8: razones, acorde ... "Hermanos Mios ...", etc. Vale.
    B5: razones, y acaban las del antiguo autor, en la margen hallareys vna cruz; y es el fin de la primera cena. Vale.
    AF: om.

APPENDIX

R35: A quel che uuol parlar
    B7: al que
    C7, Cej* I 9: A quien
    AF: om.

R35: Come formica
    C7, Cej* I 9: Como hormiga
    B7: Como la hormiga
    AF: om.

R35: Rapina e
    C7: es
    B7, Cej* I 9: es ya
    AF: om.

R35: O io scriuendo
    B8: O yo aqui escriuiendo
    Cej* I 10: O yo de screuir; C8: Y yo de escreuir
    AF: om.

R36: Se ben ueder uolete
    C8, Cej* I 10: quereys ver
    B8: discerneys
    AF: om.

R36: Come linfermo
    C9, Cej* I 11: el doliente
    B9: al doliente
    AF: om.

R36: O laschifa
    C9, Cej* I 11: O la recela
    B9: O huye o recela
    AF: om.

R36: Essendo auuolto in pensiero e in martoro
    C9, Cej* I 11: Estando cercado de dudas y antojos
    B9: Este mi desseo, cargado de antojos
    AF: om.

R36: Composi el fin
    C9: Compuse la fin
    Cej* I 11: Compuse tal fin
    B9: Compuso tal fin
    AF: om.

R36: composta da prudente
    C10: inuentarla persona prudente
    Cej* I 12: imitar la persona prudente
    B10: que oy su inuentor ser sciente
    AF: om.

R39: Eraclito
    Cej* I 15: Eraclito
    C13: Eraclio
    F19: Eraclius
    AB: om.

R39: *et contendeno con loro ogni cosa*
    C14: cada vno
    F19: chascun
    Cej* I 17: vno a vno
    AB: om.

R40: *et* ella resta morta
    C14: queda muerta
    Cej* I 20: muerta queda
    F*20
    AB: om.

R41: falconi
    Cej* I 21: halcones
    F21: faulcons
R41: uita ne peruene
    C16: prouiene

C15: grifos
AB: om.

Cej* I 22: prouienen
F21: previennent
AB: om.

R42: li rodeno lossa
    Cej I 24: les roen

C16: roen
F21: rongent
AB: om.

R42: Lo primo auctore li uolse dare
    Cej* I 25: quiso darle

C17: quiso dar
F22: a voulu bailler
AB: om.

R42: In modo che uedendo queste dissentioni
    Cej* I 26: contiendas
    F22: extremes discordes

C17: conquistas
AB: om.

R42: la maggior parte se accostaua
    Cej* I 26: acostaua

C17: acostauan
F*22
AB: om.

R43: Tragicocomedia
    C18, Cej* I 27: Comedia o Tragicomedia
    F23: Tragicomedie

B18: Comedia
A: om.

R47: inuno horto
    BC21, Cej I 31: en una
    F25: en ung

A21: en

R47: Parlo con un suo seruitore
    AB21, Cej I 31: Hablo

C21: Y fablo
F25: Et parla

R48: a Dio offerto.
    C23: offrecido.
    F25: offert.

AB23, Cej I 32: offrecido. Ni otro poder mi voluntad humana puede complir.

R48: tue parole e suto.
    C24: palabras
    F26: parolles

AB24, Cej I 33: palabras, Calisto

R48: ingrado in comparabile
    AB26: incomparable

C24, Cej I 35: incomparablemente
F*26

R49: Creato et Galieno
    C25: Crato y Galieno
    F26: Crates et Galien

Cej I 35: Hipocrates é Galeno
V,35: Hipocrate et Galieno
AB25: Eras y Crato

R49: celestiale
    C25: celestial
    F26: celeste

AB25, Cej I 36: de silencio

R49: de mia rabiosa morte
    AB25, Cej I 37: de mi rabiosa

    C25: de rabiosa
    F26: om.

R50: Piangeano piccoli
    AC27, Cej I 40: gritos dan
    F28: crient

B27: gritos dauan

R50: de cui adesso dico
    C27, Cej I 40: de quien

AB27: de quien yo
F28: (d'une que je)

R51: quella che amazza
    AB27, Cej* I 40: mata [1]

C27: quema
F28: brusle

R51: corpi abruscia
    AB27, Cej I 40: quema
    F28: brusle

C27: quemo

R52: adrieto rimangano
    C28: quedan

AB28, Cej I 42: queda
F29: demeure

R52: madre; adesso
    AB28, Cej I 43: madre
    F29: mere

C28: madre y

R52: mentire colui che
    C29, Cej I 43: el que

AB29: al que
F30: à celluy qui

R54: doue dice: "Questa e ... *et* cetera?" [2]
    C31: do dize: "Esta es ... etc.?
    F31: là où il est dit: "C'est icy ... Prophete."

AB31, Cej I 50: do dize: "Las mujeres y el vino hazen los (B: a los) hombres renegar." Do dize: "Esta es...", etc.

R54: Cose fanno
    C31: hazen? Cosas
    F32: font choses

AB31, Cej I 51: fazen? Cosa

R55-56: sera de lo scoperto
    AB33, Cej I 53: sera
    F33: sera [3]

C33: sea

R56: uedere non pote
    AB34, Cej I 56: pude

C34: puedo
F34: puis

---

[1] Cejador mistakenly prints the following in italics: "en vn dia passa, y mayor la que mata vn ánima, que la que."

[2] R actually reads "cerera."

[3] F actually reads "fera."

R57: tutto questo sia uerita
  B34: todo esto sea verdad
  F34: tout cela... soit vray
R57: Con che occhi [4]
  AC35, Cej I 57: ojos
  F34: yeulx
R57: e per molti piu
  AB35, Cej I 58: muchos
  F34: autres choses
R58: aluxuria se uolesse
  C35: quisiere

R58: Gia uo.
  C36, Cej I 59: voy

R59: Che hai
  AB37, Cej I 61: has (B: as)
  F36: as tu
R59: Tre di fa che
  BC37, Cej I 61: ha que
  F36: Il y a ... que
R59: amore et fuoco
  C37: y el fuego
  F36: et le feu
R59: chel la e
  AB37, Cej I 62: que ella es
  F36: (car elle est)
R60: la certezza.
  C39: lo cierto.
  F37: le vray à l'adventure.
R62: memoria quelo che la uecchiezza
  AB41, Cej I 70: vejez

R63: preti. A questi tali
  BC42, Cej I 71: abades. A
  F39: abbez. A
R63: loco et daualo
  C42: casas y daualo
  F39: dames et le bailloit.
R63: aqque odorifere
  AB43: aguas para oler
  F40: eaues pour sentir
R63: de uacca
  AC43, Cej I 77: de vaca
  F40: de vache

AC34, Cej I 56: sea todo esso verdad

B35: otros

C35: mucho

AB35, Cej I 59: quiere
F35: veut

AB36: vo (B: voy) yo
F35: (Je vois)

C37: es

A37: ha

AB37, Cej I 61: el fuego

C37: que es

AB39, Cej I 64: lo cierto. Y

C41: vieja
F39: vieille

A42: abades. Y a

AB42, Cej I 71: casas, daualo (B: daua)

C43, Cej I 76: agua para oler

B43: de vacas

---

[4] R actually reads "occohi."

R63: de cauallo
    B43: de cauallo   AC43, Cej I 77: de cauallos
                                              F40: om.

R64: depinta, certe
    C44, Cej I 79: pintada, unas   AB44: pintada
    F40: et dedans unes

R64 orfane errante
    ABC44: huerfanas y erradas   Cej I 80: huerfanas e cerradas
                                              F*40

R65: reduce la memoria
    AB45, Cej I 87: reduze   C45: reduze a
                                              F41: redonde à

R65: e, posto caso
    C45: y   AB45, Cej I 87: y que
                                              F*41

R65: loro; et in tal
    C45: en tal   AB45, Cej I 87: en la tal
    F41: En tel

R65: sopra bon
    AB45, Cej I 88: sobre buen   C45: sobre todo buen
                                              F41: sur tout bon

R66: innocentia nela
    AB46, Cej I 89: en la   C46: a la
                                              F42: à la

R66: per la mia intemerata
    AB46, Cej I 89: para la mi   C46: para mi
                                              F*42

R67: in reuerentia tua
    AB47, Cej I 91: en reuerencia tuya   C47: en tu reuerencia la
                                              F43: en ta reverence la
                                              35: in reuerentia tua la

R67: instructi nele cose
    AB48, Cej I 93: instrutos   C48: astutos
                                              F43: astutz

R68: amor de Melibea. E
    AC48, Cej I 94: amor quexoso. Y   B48: amor quexoso.
    F43: amour surprins. Et

R68: nation humana perpetuasse
    AB49, Cej I 95: perpetuasse   C49: se perpetuasse
                                              F44: se perpetuast

R68: per ignorante
    AC49, Cej I 96: por insipiente   B49: insipiente
    F44: pour ung jeune follet

R68: son da lui honorato
    AB49, Cej I 96: honrrado   C49: bien honrrado
    F44: honnoré

R68: pala e zappone
    A50, Cej I 96: pala y açadon   BC50: pala de açadon
                                                              F44: manche d'ung pic

R69: perduta la speranza
    AB50: la esperança   C50, Cej I 97: toda la esperança
                                                     F44: toute l'esperance

R69: Piangerai senza utile
    AB50, Cej I 97: lloraras   C50: lloras
                                           F44: pleures

R69: un po di tempo
    C51: vn poco de tiempo   AB51, Cej I 98: un mes
    F45: ung peu de temps

R69: Clandina
    AB51: Clandiana   C51, Cej I 98: Claudina
                                           F45: Claudine

R69: Accostate ame
    AB51, Cej I 98: Allegate   C51: Allegate aca
    F45: Approche toy

R70: piacciuto a colui [5]
    BC52: a aquel   A52, Cej I 100: aquel
    F46: à Celluy

R70: per tante bande
    AB52, Cej I 100: por tantas partes   C52: tantas partes
                                                                     F*46

R70: se po confirmare amicitia
    C52: pueden firmar   AB52, Cej I 101: no pueden firmar
                                           F46: (ils ne pevent asseoir)

R70: luoghi non
    AB52: cabos no   C52, Cej I 101: cabos
    F46: lieux n'

R71: harai nouo consiglio
    AB53, Cej I 101: hauer   C53: ver
       (B: auer)   F46: tu voyes

R71: procura cactiuamente
    B53: catiua y mezquinamente procura   C53, Cej I 102: catiua y mezquinamente procuran
    F47: captivement et chichement procure   A53: catiuan y mezquinamente procuran

R72: tu sei molto giouene
    F47: tu es trop jeune   AB54, Cej I 104: tu mucho eres moço
    C54: tu mucho moço eres

R72: aiuta la fortuna. Et
    AB54, Cej I 104: Y   C54: Que
    F47: Et

---

[5] R actually reads "acului."

R72: qu*e*sto, chi e
    C54, Cej I 104: quien es   AB54: quien
    F47: qui est
R73: colui che no*n* sa patir*e*
    AB55, Cej I 106: no poder sufrir   C55: suffrir
      (B: soffrir)
    F48: ne vouloir souffrir
R73: li e minor la fortuna
    AB56, Cej I 106: ay menor fortuna   C56: ay mayor fortuna
    F48: il y a moins de fortune
R73: trouamo alchuna galante [6] inuentione
    C56, Cej I 107: cantemos canciones, inuenciones   AB56: canten canciones, inuenciones
    F49: chantons chansons nouvelles
R73: Uolemo giostrare.
    AB56, Cej I 107: justemos   C56: y justemos
    F49: esbatons nous
R74: meglio lo fa*n*no
    BC57, Cej I 108: lo hazen   A57: hazen
    F49: le font
R74: maestri se po far
    C57: puede ser hecho   AB57, Cej I 109: no puede ser hecho
        F49: on ne peult rendre
        V,35: non se po far

R74: a colui chel castiga
    AB57, Cej I 109: le castiga   C57: castiga
    F50: le chastie
R75: rare uolte per
    AB58, Cej I 110: raras vezes por   C58: raras vezes
        F50: peu de fois
R75: d*e* suo naturale
    AB58, Cej I 110: natural   C58: natura
        F50: nature
R75: sedeueno dare
    AB58, Cej I 110: se deuen   C58: se deue
    F50: se doivent
R75: recognosce*n*tia
    AB58, Cej I 110: reconoscimiento   C58: conocimiento
      (A: recognoscimiento)   F50: congnoissance
R75: lauorato p*er* le [7] man del
    AB59, Cej I 111: del   C59: de
        F*51

---

[6] R actually reads "galate."
[7] R actually reads "la."

R75: monete doro
   AB59: de oro
   F51: d'or
   C59, Cej I 111: en oro

R76: torna e consola
   BC59, Cej I 112: ven y consuela
   F51: vien et console
   A59: ven consuela

R76: lamia, e presto
   AB59, Cej I 112: la mia y luego
   C59: la mia luego
   F51: la mienne incontinent

R76: mete guarde
   AB59, Cej I 112: te me guarde
   C59: te guarde
   F51: te gard

R78: questo e salario
   AB62, Cej I 113: esto
   C62: esta
   F*52

R78: e il donare
   AB62, Cej I 114: es el dar
   C62: es dar
   F52: est donner

R78: principio e stato buono
   AB63, Cej I 115: lleuo bueno
   C63: lleua bueno
   F53: va bien

R78: de mia infirmita
   AC63: de mi
   F53: de ma
   B63, Cej I 115: desta mi

R79: materia de tristezza, che
   AC64, Cej I 117: que
   F54: c'
   B64: o

R79: si lamentaua.
   A64, Cej I 118: quexaua
   BC64: quexa
   F54: plainct

R79: Nel contemplare sta
   AB64, Cej I 118: esta
   F54: est
   C64: esta es

R79: calci al muro
   AB64, Cej I 118: al aguijon
   C64: contra el aguijon
   F54: contre l'aguillon

R79: mena a suo comando
   C65: a su mandar
   F54: à son commandement
   AB65, Cej I 119: a si

R79: Gia le piangi
   AB65: las lloras
   C65, Cej I 120: lloras
   F54: pleures tu

R81: crederse essere sciente
   AB66, Cej I 122: creerse
   C66: creer
   F55: cuyder

APPENDIX

R81: nelo amor mio, sapendo
    C67: sabiendo   A67, Cej I 122: pues sabe
    F55: sachant   B67: pues sabete

R81: me patisco la fatiga de sua absentia
    C67: el trabajo de su ausencia   AB67, Cej I 123: su absencia
    F56: travail de son absence

R82: Io giuro aDio ... te cauaranno le penne maestre.
    C68, Cej* I 125: Por mi anima,...   AB68: om.
         te espulguen.
    F56: Par mon ame, ... te despouilleront bien.

R82: son chiamati discreti, e
    C68: discretos, y   AB68, Cej I 125: discretos
    F56: sages et

R82: Se io hauesse creduto
    AB68: Si yo   C68, Cej I 125: Si
    F56: (Si je)

R82: Mai piu
    AB68, Cej I 126: Nunca mas   C68: Mas nunca mas
                                                 F*57

R83: e alloro passione
    AB70, Cej I 128: les es   C70: le es
                                       F58: luy est

R83: nouelli amanti, che
    C70, Cej* I 128: nouicios amantes, que   AB70: nouicios, que
    F58: nouueaulx amoureux qui

R83: che ne possa uenire anoi altri
    C70: que nos pueda venir a nosotros   A70, Cej I 128: que nos puede venir a nosotros
                                                     B70: que a nosotros puede venir
                                                     F58: qu'il nous peult venir

R84: se non, laltro anno
    A71: otro año   BC71: a otro año
    F59: l'autre   Cej I 129: a otro

R84: Ogni cosa se smentica
    AC71, Cej I 132: todo se oluida   B71: om.
    F59: tout se oublie

R84: Per che lo longo costume ... fa manchare le cose de admiratione.
    C71, Cej* I 132: Que la costumbre luenga ... desmengua las marauillas.   AB71: om.

F59: Car la coustume longue ...
descroist les choses de admira-
tion.

R85: con sua lite
AB72, Cej I 133: con su pleyto   C72: con pleyto
                                   F59: avecques plait

R85: registro, e questo
C72, Cej* I 133: registro, y esto   AB72: registro
F59: registre, et cecy

R85: e questo fo per sapere
AB72, Cej I 133: para saber   C72: para que yo sepa
F59: pour sçavoir

R85: Che credi tu, Sempronio
C72, Cej* I 133: pensauas, Sem-   AB72: pensauas
pronio
F60: pensois tu, Sempronio

R86: Che mai niuna cosa ... in sua
taglia.
C73-74, Cej* I 135-36: Que ja-   AB73-74: om.
mas ... y andar adelante.
F60-61: Jamais ... en sa taille.

R86: ne la prima tauerna, e
Cej* I 136: tauerna y   C74: tauerna
F61: taverne et   AB74: om.

R86: che tal fosse adesso
C74, Cej* I 136: agora   AB74: om.
                          F*61

R87: pazzo e liberale; ne
AB74, Cej I 137: franco. Ni   C74: franco, y ni
                               F61: liberal. Et ne

R87: Guardano ale stelle, ... obscurisce el core.
C75, Cej* I 138: Requieren las   AB75: om.
cabrillas ... escurece el cora-
çon.
F61: Elles requierent le nort ...
trouble le cueur.

R87: quella dolcezza
AB75, Cej I 138: aquel dulçor   C75: el dulçor
                                  F62: la douleur

R87: nemiche del mezzo
C75, Cej I 139: enemigas   AB75: enemigas todas
                             F*62

R87-88: se una uolta dan licentia
AB75, Cej I 139: si al querer   C75: al querer
F62: si à l'aymer

R88: sollimato, aguchie
    C76: soliman, agujas
    AB76, Cej I 139: soliman, hasta agujas
    F62: acoustremens de teste, et aussi esguilles

R88: per guida serresti buono
    AB76: eres bueno
    F62: (Tu serois bon)
    C76, Cej I 140: eres tu bueno

R88: ueder concluso
    AB76, Cej I 141: ver
    F62: veoir
    C76: auer

R89: pezzo de fune
    AB77: pedaço de soga
    C77, Cej I 143: pedaço de la soga
    F63: bout de la corde

R89: cosa che serui
    AB77, Cej I 145: guardas
    C77: guardes
    F63: (gardes)

R89: Non me reprendere
    AB77, Cej I 146: castigues
    F63: enseigne
    C77: testigues

R89: in mia uecchiezza
    C77: en mi vejez
    F63: en ma vieillesse
    AB77, Cej I 146: a mi vejez

R89-90: ministro de le tre furie ... hydre
    C78, Cej* I 149-50: regidor ... ydras
    F64: gouverneur ... hydres
    AB78: om.

R90: del crudo amore
    C78: del crudo y fuerte amor
    F64: du cruel et fort amour
    AB78, Cej I 151: de crudo y fuerte amor

R90: a tua uolunta [8]
    AB78, Cej I 151: a tu voluntad
    C78: tu voluntad
    F64: ta volunté

R90: te sconiuro. E
    AB78, Cej I 152: conjuro. Y
    C78: conjuro.
    F64: reconjure.

R90: credo portarte in uolto.
    C78: creo te lleuo
    AB78, Cej I 152: creo te lleuo ya
    F*64

R91: saputo che era Celestina
    AB79, Cej I 153: sabido
    C79: sabiendo
    F65: sachant

R92: nouo inganno
    AB81, Cej I 155: nueuo
    C81: mucho
    F66: beaucoup de

---

[8] R actually reads "uou nta."

R92: fu contraria la fortuna.
  F66: fut ... contraire
  AB81, Cej I 156: desayudo
                                    C81: desayuda
R92: In maggior pericoli
  C81: en mayor affrentas
                                    AB81, Cej I 156: en mayores af-
                                        frentas
                                    F66: (en plus grant dangier)
R92: Sforza, sforza
  AC81, Cej I 156: Esfuerça, es-   B81: Esfuerça
      fuerça
  F66: Courage, courage
R92: mai manchano
  AB81, Cej I 156: nunca faltan   C81: nunca faltaron
  F66: jamais ne deffaillent
R92: pare che le pietrese scansano ...
      me saluta.
  C82, Cej* I 157-58: las piedras   AB82: om.
      ... me saludan
  F66: les pierres ... me saluent.
R92: stracca nel caminare
  C82: en el andar   Cej* I 158: en andar
                                    F*66
                                    AB82: om.
R93: cusina de Elicia
  C82: prima de   AB82, Cej I 158: prima es de
  F66: cousine de
R93: E te porto recomendationi
  C82: trayote   AB82, Cej I 159: traerte
                                    F67: et te apporter
R93: e tu de uenderlo
  A82, Cej I 159: y tu   BC82: tu
  F67: et toy
R93: uoi dar ad intender
  BC83: das a entender   A83, Cej I 160: das entender
  F67: donnes à entendre
R94: tu dei tenere
  C84: deues   AB84, Cej I 161: deues de
                                    F*68
R94: non tolle lo amore
  C84: el amor   AB84, Cej I 162: el querer
  F68: l'amour
R94: tutte laltre mie fatiche aduerse
  AB84, Cej I 162: mis fortunas   C84: mis fortunas aduersas. Y
      aduersas otras   tambien
  F68: toutes mes autres fortunes
      adverses

R95: Su, su, bon amico, ... dico io,
    fa che mhabbii intesa!
  C85, Cej* I 163: Ea ... a quien   AB85: om.
    digo.
  F68: Sus, ... A qui parle je?
    Hau!
R95: mio tempo. Ola
  C85: Ea   Cej* I 163: o nunca
  F68: ... Hau! [9]
R95: secondo che io seppe dal fami-
    glio [10]
  AB85, Cej I 163: segun del moço   C85: segun dize el moço
    supe   F69: selon que dit le serviteur
R95: Prega tu, uicina mia,
  AB85, Cej I 163: Ruega   C85: Ruega a Dios
                                 F69: (Prie Dieu)
R95: e tempo con che piu piacere
  C85: es tiempo   AB85, Cej I 164: es el tiempo
                             F69: c'est le temps
R96: gode e ueder desya?
  AB86, Cej I 165: gozar y ver   C86: gozar o ver
                             F69: joyr ou veoir
R96: peggior habito che de fame!
  A86: habito   BC86, Cej I 166: ahito
                             F69: mal
R96: cognosco che parli
  C86: hablas   AB86, Cej I 166: dize cada vno
  F70: tu parles
R96: secundo [11] te ua inessa.
  C86: te   AB86, Cej I 166: le
  F70: te
R96: cantarano li poueri.
  AB86, Cej I 166: cantaran   C86: diran
                             F70: diront
R96: fugge la gloria
  C87: la gloria   AB87, Cej I 166-67: la bienaven-
  F70: la gloire   turança, la gloria
R96-97: Colui e riccho ... in mano?
  C87, Cej* I 167-68: Aquel es   AB87: om.
    rico ... en sus manos

---

[9] Brault (p. 252, n. 69), who compares the French translation only with Cejador, is at a loss to explain this exclamation.

[10] Krapf (p. 406, n. 30) comments that this variant "es un indicio de que Ordóñez usaba un original más antiguo que la edición de Sevilla de 1502."

[11] R actually reads "sccundo."

F70: Celluy est riche ... en leurs mains.
R97: fu causa dela morte, a tutti robba
Cej* I 168: traxo ... quita

C87: traxeron ... quitan
F70: elles sont cause ... ostent
AB87: om.

R97: piacere *et* bon costumi;
C87: plazer y las
F70: plaisir et les

Cej* I 168: plazer e a las
15: piacere *et* a
AB87: om.

R97: costumi; nisuna cosa
Cej* I 168: costumbres

C87: costumbres y
F70: coustumes, et
AB87: om.

R97: dhauerlo sottoterra
C87: so tierra

AB87, Cej I 168: so la tierra
F70: soubz la terre

R97: Madre, gran penna hauerai
C87: Madre
F70: Mere

AB87, Cej I 168: Madre, pues que assi es

R97: Io son dessa fin
C88, Cej I 170: Hasta
F71: Tant

AB88: Señora, hasta

R98: li trauersa el naso
B88: le trauiessa
F71: luy traverse

AC88, Cej I 171: trauiessa

R98: la matre Celestina.
C89: la madre
F71: la mere

AB89, Cej I 171: la madre en tan poco tiempo en la filosomia de la cara. MEL: No es tan poco tiempo dos años; y mas, que la tiene arrugada.

R99: Sei uolte el giorno ... huomo indouino.
C90, Cej* I 174: Seys vezes ... moço garrido.
F72: Six fois ... beaulté de la personne.

AB90: om.

R99: che io la porti
AB90, Cej I 175: que le lleue

C90: que lleue
F72: que je porte

R100: e anchora che colui ... chel merita. E
C91: y mas que el ... que lo merece. Y
F73: Et encores plus, celluy ... qui le merite. Et

AB91, Cej I 175: y el que te (Cej: le) da, le (B: om.) recibe, quando a persona digna del le haze. Y demas desto, dizen que

R100: como ha facto a te. Ma
    F73: toy. Mais   AB91, Cej I 175: ti. Y pues
    C91: ti. Pues
R100: morire, e sia
    C91: morir, y sea   AB91, Cej I 175: morir, sea
    F73: mourir, et soit
R100: ne li quali anchora
    AB91, Cej I 176: en los quales   C91: en los quales
    avn   F73: entre lesquelles
R100: E lo cane ... depieta.
    C91, Cej* I 176: El perro ... de   AB91: om.
    piedad.
    F73: Le chien ... de pitié.
R100: chiamato Calisto. El pelicano
    rompe ... e ucelli, che deue
    fare aglhomini?[12]
    C91-92, Cej* I 176-77: gallinas   AB91-92: om.
    a comer dello. El pelicano
    rompe ... y aues.
    F73: gelynes de ce qu'il man-
    geut. Le pellican rompt ... et
    oyseaulx telle congnoissance.
    15: galline. El pelicano rompe
    ... e ucelli, che deue fare
    aglihomini?
R101: nemica dhonesta
    A92, Cej I 178: de onestad   C92: de la honestidad
    B92: de honestidad
    F74: d'honnesteté
R101: Su, buon amico ... perditioni.
    C93, Cej* I 178: Ce, hermano,   AB93: om.
    ... perder.
    F74: Sus, bon amy, ... perdition.
R102: che publicare suo ardire
    C94: su atreuimiento   AB94, Cej I 180: su grande atre-
    F75: sa hardiesse   uimiento
R102: chaltra risposta da me
    AB94, Cej I 180: de mi otra   C94: de mi
                                              F75: de moy
R103: non hai concluso, e
    C94: concluydo y   AB94, Cej I 181: concluydo
    F75: conclud. Et

---

[12] R, like Valencia, 1514, misplaces this interpolation, printing it after "llaman Calisto." Krapf (p. 409, n. 70) believes that this is further evidence that "la traducción italiana fué hecha no sobre la edición de Sevilla, sino sobre una de las primeras de Salamanca."

R103: Appollonia
    BC95, Cej I 181: Apolonia   A95: Polonia
    F75: Apolonie
R103: tutte le reliquie
    AB95, Cej I 181: todas las re-   C95: las reliquias
    liquias
    F75: toutes les relicques
R103: Ma ben sai tu, ... sempre.
    C95, Cej* I 182: Pero ya sabes   AB95: om.
    ... para siempre.
    F76: Toutesfois, tu scez ... à
    tousjours mais.
R103: per simile parole
    C95: por tales palabras   AB95, Cej I 182: en tan pocas
    F76: par telles parolles   palabras
R103: ancora che in qual si uoglia altre
    C95: en otras qualesquier   AB95, Cej I 182: en menos
    F76: en autres parolles diverses
R103: ala pura uerita
    B95: en la verdad   AC95, Cej I 182: la verdad
        F*76
R103: al principio serorno in mia bocca
    C95, Cej* I 182: al principio   AB95: om.
    F76: au commencement
R103: a li simili par soi.
    AB96, Cej I 183: a los semejan-   C96: a los semejantes. Y
    tes.
    F76: à telz.
R104: Apochi fo dispiacere ... ogni
    gran popul.
    C96, Cej* I 183-84: Vna sola soy   AB96: om.
    ... vn gran pueblo.[13]
    F76: Une seulle suis ... ung
    grant peuple.
R104: Per certo che tante e tale
    C96, Cej I 184: tantos y tales   AB96: tantos y tantos
    F76: tant et telles
R104: merano dicte de toi modi
    AB96: de tus mañas   C96, Cej* I 184: de tus falsas
        mañas
        F76: de tes faulses manieres
R104: farano confessare el uero
    F77: feront   AB96, Cej I 184: torcera a
    C96: hara

---

[13] Criado (p. 96, n. 295) mistakenly holds that the addition in the *Tragicomedia* does not begin until the words "vn solo."

R105: mai resta nocte e di de lamentarse
    A98, Cej I 186: cessa de quexar   C98: cessa quexar
    F77: cesse de se plaindre   B98: le cessa de aquexar
R106: che con mal ua questa trama
    C99: a mal va   AB99, Cej I 189: mal va
    F78: à mal yra
R107: Lu(CRETIA). Dio te dia ...
    CEL(ESTINA). ... lassame gire in pace.
    C100, Cej° I 190-91: LU: O Dios te de ... CEL: dexame yr en paz.   AB100: om.
    F79: LU: O Dieu te donne ... CEL: Laisse moy aller en paix.
R107: quello che se dice, che
    AB100, Cej I 191: se dize: que   C100: dizen
    F79: l'on dit, que
R107: E piu efficaci ragioni te direi
    BC100-01; Cej I 192: diria   A101: daria
    F80: dirois
R107: nel gran soffrimento
    C101: en el   AB101, Cej I 192: con el F°80

R109: O sauio ardire
    BC104: cuerda   A104, Cej I 193: cruda
    F81: sage
R109: patientia e suffrimento! E
    AB104, Cej I 192: suffrimiento (A: sofrimiento)! Y   C104: suffrimiento
    F81: souffrement! Et
R109: mia molta astutia
    AC104, Cej I 192: mi mucha   B104: mucha
    F81: ma grant
R109: cio che ti dimandai
    AC104, Cej I 193: te pedi   B104: pedi
    F81: t'ay demandé
R109: la mitta e facto
    C104: hecho [14]   AB104, Cej I 194: hecha
        F81: faicte
R109: in herbe ne in pietre
    AB104: ni en piedras   C104, Cej I 194: ni piedras
    F81: ne en pierres

---

[14] Criado corrects this to read "hecha."

R109: fugge lamorte
    Cej I 194: huye   AB104: huyo
    C104: huye
    F81: evite
R109: fugge lamorte al pauroso [15]
    AB104, Cej I 194: al couarde   C104: el couarde
                                       F*81
R110: sarebbe sfiorire
    AB106: Cej I 196: desflorar   C106: defloxar
                                       F82: gasté
R111: Femine dico ... ogni cosa se po
    intrare. [16]
    C106, Cej* I 197-98: Mocha-   AB106: om.
    chas ... entrar cada vno he-
    cho mostrenco, como dizen:
    en achaque de trama, etc.
    F83: Je dys ... chascun peult
    entrer en toute maison par
    ceste occasion.
R111: dico, madre Celestina
    C107: madre Celestina   AB107, Cej I 198: madre mia
    F83: mere Celestine
R112: in cento che uaga penando
    AB107: penando   C107, Cej I 199: penado
                                       F*83
R112: de nobile sangue
    C107: alto linaje   AB107, Cej I 199: alto mensaje
    F84: hault lignage
R112: como el mio proprio patrone
    AB108, Cej I 200: como mi   C108: como a mi
    F84: comme mon
R112: e quando se fermano ... a che
    fine.
    C108, Cej* I 200: y quando, ...   AB108: om.
    que sea.
    F84: et quant ... que ce peult
    estre.
R112: Uedili uenire, e
    AB108: venir y   C108, Cej I 200: venir
    F84: venir et
R112: Che cosi gran tempo
    C108, Cej I 200: tan grande   AB108: tanta
    F84: tant grande

---

[15] R actually reads "paurosa."
[16] Note that neither R nor F has the whole addition. 15 corrects "cosa" to read "casa."

R115: doue canta, deli ueste
  AB113, Cej I 205: de alli viste
    C113: de alli se ianta
    F86: (de l'autel veult vivre)
R115: Tutto questo e
  C113, Cej I 205: Todo esso es
    AB113: Y todo esso es
  F86: Est ce là tout
R116: se non hebbe bon fine
  C114: si no ouo
    AB114, Cej I 207: si houo
    F87: si ... a eu
R117: confessare el contrario
  AB115, Cej I 208: el contrario
    C115: al contrario
  F87: tout le contraire
R117: quello che uorriano
  AB115, Cej I 209: sienten
    C115: siente
    F87: veult
R117: PAR(MENO). Ho gloriosa madre ...
  CAL(ISTO). Sali, sali, sali e

  C116, Cej* I 209-10: PAR: O
    AB116: om.
    Sancta Maria ... CAL: sube,
    sube, sube y
  F88: PAR: O Saincte Marie ...
    CAL: Monte, monte, monte et
R118: Ho maledicente
  BC116: O maldiziente
    A116, Cej I 210: Maldeziente
  F88: O maldisant
R118: in suo luogo Melibea per
  AC117: Melibea para
    B117, Cej I 211: Melibea
    F89: Melibee
R118: sua molta diligentia
  AC117, Cej I 212: su
    B117: la
  F89: sa
R119: aggrauando mia audacia ... quel
  che io disse.
  C118-19, Cej* I 213-214: agra-
    AB118-19: Yo, que en este tiempo
    uando mi osadia ... lo di-
    no dexaua mis pensamientos
    cho.[17]
    vagos ni ociosos, viendo quan-
  F89-90: En aggravant mon har-
    to almazen gastaua su yra,
    diesse ... ce que j'avoys dit.
    agrauando mi osadia, llaman-
    dome hechizera, alcahueta,
    vieja falsa y otros muchos
    inominiosos nombres, con cu-
    yos titulos se asombran (B:

---

[17] Cej prints a combination of the *Comedia* and the *Tragicomedia*, italicizing "barbuda, malhechora" and "de cuna ... lo dicho."

	assombran) los niños, tuue (B: toue) lugar de saluar lo dicho.
R120: Hormai credo cio che se dice C119: se dize F90: l'on dit	AB119, Cej I 215: dizes
R120: quello deli huomini C119, Cej I 215: el de los varones F90: celluy des hommes	AB119: de los varones
R120: lo amore de Elisa AB119, Cej I 216: el amor	C119: al amor F90: à l'amour
R120: E gia sai che chi C120, Cej I 216: que quien F91: que qui	AB120: quien
R121: figlio mio Parmeno AB120, Cej I 217: Parmeno F91: Parmeno	C120: Parmenico
R121: Che te respose ala domanda AB120: Que te respondio a la	C120, Cej I 217: Que respondio a la F91: Que respondit elle à ta
R121: uoglia? O Dio mio AB120, Cej I 217: ¡O Dios mio F91: O mon Dieu!	C120: ¡Dios mio
R121: Che di tu de manto? Manto BC121: manto? Manto F91: robbe? Robbe	A121, Cej I 217: manto?
R122: Tutti li sensi se appressorno A122, Cej I 219: le llegaron	BC122: le llagaron F92: l'ont navré
R122: Alcibiades, che sogno C122: Alcibiades que F92: Alcibiades lequel	AB122, Cej I 219-20: Alcibiades o a Socrates, que el vno
R122: con suo manto. Ma C122: manto. Pero F92: manteau. Toutesfois,	AB122, Cej I 220: manto. El otro via (B: veya) que le llamauan por nombre, y murio dende a tres dias; pero
R123: che de miei proprii braci fossi stato tessuto, e non BC123: texido y no F93: tissu et faict et non	A123, Cej I 222: texido no
R126: maladicono loro uentura, lamentanse	

A127, Cej I 227: se maldizen, querellan   BC127: se maldizen y querellan
F96: se mauldissent et complaignent

R126: Lassalo pur dire
C127: Dexalo
F96: (Laisse le)

AB127, Cej I 228: Dexale

R126: cadera del suo asino e fornira
BC127: y acabara
F96: et alors achevera

A127, Cej I 228: ya acaba

R126: Solo un poco daqua
AB127, Cej I 228: solo vn poco
F96: (Seulement ung peu)

C127: sola vna poca

R126: Tace e non te disperare.
AB127, Cej I 228: Calla y
F96: Tais toy et

C127: Calla ya

R126: che, como sai, o bisogno de lui.
C128: porque, como sabes,
F96: car, come tu scés

AB128, Cej I 228: porque

R127: non ce stato tempo. E
AB128, Cej I 229: tiempo. Y
F97: tant .... Et

C128: tiempo.

R128: de modo che io me credea
C130: assi creya
F98: par ainsi je pensois

AB130, Cej I 231: assi

R128: douessi imitar al naturale
C130: al natural

AB130, Cej I 232: a natural
F*98

R128-29: tu sarai meglio ... capelli e uariatione [18]
C130, Cej* I 232: seras mejor ... cabello y variacion
F98: d'icy en avant tu seras meilleur ... variation des cheveulx

AB130: variaran tus costumbres variando el cabello

R129: Se tu hauessi hauuta memoria
AB131, Cej I 232: Si tu
F96: Si tu

C131: Si

R129: bon cortegiano, gratioso seruitore
AB131, Cej I 233: palanciano, buen seruidor, gracioso

C131: palanciano, seruidor gracioso
F99: courtisant et gracieux serviteur

---

[18] Cej mistakenly italicizes "que," which occurs in both the *Comedia* and the *Tragicomedia* immediately before the variant listed here. A few lines down on the same page, he mistakenly italicizes: "Nunca pensays que teneys ni haueys de tener necessidad dellos. Nunca pensays en enfermedades."

R129: Uole tua amista; ... tutti doi.
C131: amistad.... la mano.
F99: amytié.... faveur.

AB131, Cej I 233: amistad. ... la mano. Ni avn hauria (B: avria) mas priuados con vuestro amo que vosotros. Y

R129: aspectar dessere amato.
C132, Cej I 234: esperar de ser

AB132: esperar ser
F99: actendre estre

R129: Madre, mio secundo errore
C132: Madre
F99: Mere

AB132, Cej I 234: Madre, para contigo digo que

R130: la prima patientia me se scordata
AB132, Cej I 234: me oluidaua

C132: me oluidara
F99: se oubliera

R130: piu amata ne piu chara
C132: ni mas cara

AB132, Cej I 235: ni mas rara
F99: e dont il soit moins

R130: Guarda, figliol mio
BC132: fijo (B: hijo) mio
F100: mon filz

A132, Cej I 235: hijo

R130: ben guardato te sta
C132: te esta

AB132, Cej I 235: se te esta
F*100

R130: Ho figlio mio Parmenol
AB133, Cej I 236: hijo (A: fijo) mio
F100: mon filz

C133: fijo

R131: uera ricognoscentia
C134: conocimiento verdadero
F100: vraye congnoissance

AB134, Cej I 237: buen conocimiento (B: conoscimiento) y verdadero

R131: Che gia scappucciai
AC134, Cej I 237: Que ya tropece

B134: Que yo tropeçe
F*101

R132: crude crida
AB135, Cej I 240: crudas

C135: turbadas
F*101

R132: Cosi era cognosciuta
C135: Assi era

AB135, Cej I 240: Assi era ella
F101: (Elle estoit)

R132: Cosi laiuti Dio a questa
BC135, Cej I 240: a esta

A135: esta
F*101

R132: Quella gratia de mia commare non la
C135, Cej I 241: comadre no la

AB135: comadre no
F*102

R132: cosi de gentilhuomini como de
    preti
  C136: como de clerigos   AB136, Cej I 241: como clerigos
  F102: comme de prestres
R133: Ma tutto questo fu niente.
  C137: Pero no fue nada.   AB137, Cej I 243: Pero cosas son
  F103: Mais ce ne fut riens.   que pasan.
R133: loro uite *et* honore
  C137, Cej* I 243: y honrras   AB137: om.
  F103: et honneurs
R133: modi de chiesia, e quanto
  C137, Cej I 244: quanto   AB137: quando
                                          F*103

R133: consolare, li disse
  C138: le dixo   AB138, Cej I 244: dixo
  F103: luy dist
R134: persecutione per la iustitia, e
  BC138: justicia, y   A138, Cej I 244: justicia
  F103: justice et
R134: fo per mio bene
  C138, Cej I 245: por mi bien   AB138: por bien
                                          F*103

R134: tuo patre te lasso
  C138, Cej I 245: te dexo   AB138: dexo
                                          F 103: laissa

R134: ben guardato te sta.
  C138: lo tienes.   AB138, Cej I 245: lo tienes. PAR:
  F103: est gardé   Bien lo creo, madre. Pero que-
                                        rria saber que tanto es. CEL:
                                          No puede ser agora. Verna tu
                                          tiempo, como te dixe, para
                                          que lo sepas y lo oyas (B:
                                          ayas).

R134: li morti e le heredita
  C138: las herencias   AB138, Cej I 245: las herencias,
  F103: les heritaiges   que si poco me dexaron, poco
                                          hallare.

R135: tu me assomigli a una serena.
  C140: serena.   AB140, Cej I 248: serena. ARE:
  F105: syrene.   Bien me dizes, señora tia.
R136: Che ciascuna si tene sua matre
  C141: se tiene   AB141, Cej I 249: se tiene o ha
  F105: a   tenido
R136: come son li denari
  AB141, Cej I 250: como el di-   C141: como dinero
    nero
  F105: comme l'argent

R136: Matre, tu me dai parole
 AB141, Cej I 251: Alabame   C141: Alahe
                              F106: Voyre
R137: e che tristitia!
 B142: y que   AC142, Cej I 252: y que gran
                              F106: et quel grant
R137: questo mal de adesso
 C142: mal de agora   A142, Cej I 252: mal y dolor que
                               agora
                              B142: mal que agora tienes
                              F106: mal que tu as maintenant
R137: E se non credi ... duna sola
 compagnia.
 C142, Cej* I 252: Y si no crees   AB142: om.
  ... compañia.
 F106: Si tu ne veulx croire ...
  solicitude.
R137: in ogni luogo. Che
 C143: Porque   AB143, Cej I 253: Pero
                              F107: om.
R138: uogli cognoscerlo
 C143: lo conozcas   AB143, Cej I 253: le conozcas
                               (B: conoscas)
                              F107: (le vueilles congnoistre)
R138: il ceruello de tua cusina
 AC144, Cej I 254: prima   B144: prima Elicia
 F107: cousine
R138: E tu perdui che habbi te pensi
 AB144, Cej I 255: piensas   C144: temes
                              F108: crains
R139: mangiar sempre de un cibo ...
 presto la rompe
 C145, Cej* I 256: vn manjar AB145: mayormente en verano
  solo ... la envegece [19]
 F108: Manger une sorte de viande
  continuellement ... ne fait pas
  entiere foy.
R139: come tu hai dui orecchie ... re-
 cogli il guadagno.
 C145, Cej* I 256: como tienes AB145: y tal qual es este
  dos orejas ... la ganancia. [20]
 F108: si comme tu as deux au-
  reilles ... le prouffit.

---

[19] In Cej the interpolation is preceded by the reading from the *Comedia*.
[20] Cej prints the *Comedia* text followed by the interpolation.

R139: Che honor senza utile
    Cej° I 256: que honrra   C145: Honrra
                                                F108: Honneur
                                                AB145: om.

R139: Lassata da parte
    C145, Cej° I 257: aparte   AB145: om.
    F108: à part

R139: con che melhai conccesso
    C146, Cej I 257: concedido   AB146: concedido aparte
    F109: ottroyer

R140: seria ben facto.
    C146: tan honrrada   AB146, Cej I 258: tan honrrada y
    F109: tant honneste

R140: seria ben facto.
    C146: cabra bien.   AB146, Cej I 258: cabra bien. Y assimismo que, pues que esto por mi intercession se haze, que el me promete daqui (B: de aqui) adelante ser muy amigo de Sempronio, y venir en todo lo que quisiere contra su amo en vn negocio que traemos entre manos. ¿Es verdad, P a r m e n o ? ¿Prometeslo assi como digo? PAR: Si, prometo sin dubda. CEL: ¡Ha, don ruyn! ¡Palabra te tengo! ¡A buen tiempo te asi!
    F109: sera bien employé.

R140-41: AREU(SA). Oime, signor, ... CEL(ESTINA): ... per lauenire.
    C147, Cej° I 259-60: AREU: Ay señor ... CEL: ... para adelante.   AB147: om.
    F109-10: AREU: Ay! seigneur... CEL: ... pour une autre fois.

R141: senza experientia; e
    C147: y   Cej° I 260: o
    F110: et   AB147: om.

R141: che io me ne uo andare, solo
    C147, Cej° I 260: que voyme sola   AB147: voyme
    F110: Je m'en vois seullement

R141: che io uecchia sono
    AB148: vieja soy   C148, Cej I 260: vieja so, que
                           F110: suis vieille et

R141: Tha, tha
    AB148: Tha, tha   C148, Cej° I 260, F110: Tha, tha, tha

R141: questa, mia matre
   C148, Cej I 261: madre   AB148: om.
   F110: mere
R142: figlia, che chi in molti luochi
   C148, Cej I 261: hija, que quien   AB148: hija quien
   F111: fille, car qui
R142-43: Che uoglio io piu ... daltri, *et*
   C149-50, Cej° I 262-63: No   AB149-50: om.
      quiero ... agenos y
   F111: Je ne veulx ... d'aultruy
      et
R143: Che piu me ingrassara ... possede Venetia.
   C150, Cej° I 263: Que mas ...   AB150: om.
      ay en Venecia
   F111: Plus ... de Venise.
R144: e sen ua a Calisto
   F112: et s'en va   AB151, Cej II 7: va
   C151: y va
R145: Achi daro io parte
   C153: dare yo   AB153, Cej II 9: dare
   F113: (donneray je)
R146: *Et* io son pazzo ... seria pianto.
   C154, Cej° II 10: Y yo ... auria   AB154: om.
      bozes.
   F114: Et je ... y auroit ... cris
      et plains.
R146: pazzo sei
   C154: eres   AB154, Cej II 10: es
                                       F114: est
R146: Non me indignar ... *et* trapassi.
   C154-55, Cej° II 11: No me in-   AB154-55: om.
      dignes ... y traspasse.
   F114: Ne me indigne pas, ... et
      transperse ....
R146: Non dico mal
   AB155, Cej II 11: mal   C155: mas
                                       F°114
R147: Poi che dicono ... ne durabile.
   C155, Cej° II 11: Pues dizen ...   AB155: om.
      ni durable.
   F114: Puisque l'on dit ... ny
      durable.
R147: Non te dico piu
   C155: digo   AB155, Cej II 12: digas
   F114: Je ... dis

R147: che dicesti de Areusa
    AB156, Cej II 14: de Areusa   C156: ¿Que Areusa?
    F115: de Areusa
R147: non posso parlare
    B156: puedo   AC156, Cej II 14: puede
        F115: Il ... peult
R148: fuora [21] un sasso.
    B156: horada   C156: horadara
    A156, Cej II 14: horaca   F115: perceroit
R148: hieri lo pensai, *et*
    B156: pense y   AC156, Cej II 14: pense
    F115: pense et
R148: Tarde andai
    AB157, Cej II 15: fuy   C157: fue
    F115: Je y fuz
R148: bellezza di corpo!
    AB157, Cej II 15: de cuerpo   C157: de su cuerpo
        F115: de son corps
R148: Ogni cosa uoglio crederte.
    Cej II 15: Todo te creo.   C157: Todo lo creo.
    AB157: Todo te lo creo.   F116: Je le croy tout.
R148: mai non te mancharo
    AB157, Cej II 15: faltare   C157: faltara
    F116: fauldray
R149: Poi che cosi e
    AB158: Pues que   C158, Cej II 17: Pues
    F116: Puisqu'il
R149: piu longamente
    C158: mas largamente   AB158, Cej II 17: largamente
    F117: plus largement
R150: Ho figliol della trista e che poeta!
    C150: hideputa y que   F117: filz de pute, quel
        AB150, Cej II 18: hideputa, el
R151: cio chio mal parlasse. *Et* anchora
        dicono che non
    C160: lo mal hablado. Que no   AB160, Cej II 20: lo malhablado.
    F118: le mal parler. Et encore   Verdad es que nunca
        que l'on die que n'
R151: buon parlare, con
    BC160: con   A160, Cej II 20: que
    F118: (à)
R151: mancho e tutto horo quello che
        giallo luce.
    C160, Cej* II 20: ni es todo oro   AB160: om.
        quanto amarillo reluze

---

[21] R actually reads "fu ora."

F118: ny est tout or ce qui re-
luist
R151: Uoglite soffrire
AB160, Cej II 21: Apercibete con   C160: Apercibote con suffrimiento
suffrimiento (A: sofrimiento)
F118: il te fault souffrir
R151: priua la ragione
A161: priua la razon   BC161, Cej II 21: priua a la
F118: (prive la raison)   razon
R151: domandandomi el beueragio
AB161, Cej II 21: las albricias   C161: albricias
F118: guerdon
R151: li caualli de Phoebo apascere
C161: apascentados   B161: aposentados
A161, Cej II 22: apacentados   F118: (passans)
R153: Stando a parlare tutte insieme
AB163, Cej II 24: Estando ellos   C163: Y en este comedio
todos entre si razonando   F120: Et en ces entrefaictes
R153: Melibea, a chiamar
BC163: a llamar   A163, Cej II 25: llamar
F120: dire

R154: son quelli che gli danno proui-
sione ... come forestiera,
C164, Cej° II 25: le dan ra-   AB164: ay en la cibdad
cion ... como estraña
F120: luy donnant la collacion...
comme estrange
R154: questo gli replicaro.
C164: esto   AB164, Cej II 25: estotro (B:
F120: cela   esto otro)
R154: quando il disse a Calisto
AB165, Cej II 25: lo dixe   C165: lo dixiste
F121: le dis
R154: sta la porta aperta
C165, Cej II 26: la puerta   AB165: su puerta
F121: la porte
R154: Ho innamorati mei,
C165, Cej° II 26: mis enamora-   AB165: om.
dos
F121: mes amoureulx
R155-56: Questo leua la tristeza ... per
tre, tredeci.
C167, Cej° II 28-30: Esto quita   AB167: om.
la tristeza ... por treze, tres.
F122: Il oste la tristesse ... pour
trois treize.

R155: fa potenti
    Cej* II 29: potentes
    C167: impotentes
    F122: impotens
    AB167: om.

R155: questo se sustene senza puzzar in mare
    Cej* II 29: sostienese
    C167: sostiene
    F122, AB167: om.

R155: Piu proprieta te direi
    Cej* II 29: diria
    F122: dirois
    C167: dire
    AB167: om.

R156: mangi! Che tal
    C167: comes! que tal
    F122: manger qui tel
    AB167, Cej II 31: comes! tal

R156: Iesu, Iesu!
    C167: Jesu, Jesu!
    F122: Jesus! Jesus!
    AB167, Cej II 31: Jesu, Jesu! ¡Y

R156: ignorantia e poco uedere
    AC168, Cej II 31: necedad y
    F123: folye et
    B168: nescedad o

R156: Poi che gentile ti pare Melibea,
    C168, Cej II 31: gentil
    F123: belle
    AB168: gentil, gentil

R156: se tu lhauessi uista
    AC168, Cej II 32: no la has tu visto
    F123: (tu ne l'as pas veu)
    B168: no la has visto

R156: con uue abrusticate e fighi secchi
    C168, Cej* II 32: tostadas y higos passados
    F123: tostees et figues seiches
    AB168: om.

R157: saluo chel gusto ... lo amaro.
    C169, Cej* II 33: sino que ... lo amargo
    F123: sinon que ... l'amer
    AB169: om.

R157: de modo che io credo
    AB169, Cej II 34: yo creo
    F123: (je croy)
    C169: creo

R157: piu che noi an praticato.
    BC169: mas que nosotros
    F124: plus ... que nous autres
    A169, Cej II 34: mas que con nosotros

R157: shiattassi mangiando
    AB170: rebentasse comiendolo
    C170, Cej II 35: rebentasse en comiendolo
    F124: en mangeant je crevasse

R158: disgratiosa e fastidiosa!
    C170: desgraciada y enojosa   AB170, Cej II 35: desgraciada
    F124: mal gracieuse et envieuse   (B: desagradescida), enojosa
R158: quando lo dara, nol so.
    C170: quando   AB170, Cej II 36: el quando
    F124: Quant
R158: cio che spendeno, e
    AB171, Cej II 36: gastan y   C171: gastan
         F*125

R158: non lo senteno.
    C171: no lo sienten   AB171, Cej II 36: no sienten
    F125: Ilz n'en sentent riens
R159: hai uoltato la testa
    C172: has buelto   AB172, Cej II 38: has (A: as) tu buelto [22]
         F125: (tu n'as pas ... tournee)

R159: nel tuo amore.
    C172: en tu   AB172, Cej II 139: en su
    F125: en ton
R159: meglio lo expecta,
    B172: mejor lo espera   AC172, Cej II 39: mejor le espera
         F125: (meilleur l'attent)

R160: Mai non tractano ... in boccha!
    C173-74, Cej* II 40-41: Nunca tratan ... en la boca.   AB173-74: om.
    F126: Elles ne conversent ... en la bouche.
R160: metteno huomini de nascoso
    C174, Cej II 41: meten   AB174: mete
    F126: font ... entrer
R160: caccian le fora di casa
    AB174, Cej II 42: echanlas   C174: echanla
    F127: les envoyent
R161: in un essere rimane
    AC175, Cej II 44: en vn   B175: en su
    F127: en ung
R161: e uenuto indiminutione.
    AB175, Cej II 44: en diminucion.   C175: en diminucion. Y
         F127: en diminucion. Et

R161: quante cose al mondo sonno
    AC175, Cej II 44: al mundo   B175: en el mundo
         F127: en ce monde

---

[22] On this same page (38) Cej mistakenly italicizes "mal" in "los días mal dormiendo."

R162: Ma ben seppi ... carne sensibile
formata.
C175-76, Cej* II 44-45: Pero   AB175-76: om.
bien se ... carne sentible for-
mada.
F128: Mais je sçay ... chair
sentible.
R162: a ciascuna daua recapito
C176: daua cobro   AB176, Cej II 45: daua su cobro
                                   F*128

R162: Caualieri, uecchi
C176, Cej II 45: caualleros viejos AB176: caualleros (A: cauelleros),
F128: gentilzhomes vieilz   viejos (A: vejos) y
R162: ciaschun per la sua
C176: cada vno por la suya   AB176, Cej II 45: cada vno por
F128: chascun pour son amye.   la suya. Que hombre hauia
                                   (B: auia) que, estando dizien-
                                   do missa

R162: se turbauano, che non sapeano
ne diceano
C176: se turbauan, que no ha-   AB176, Cej II 45: se turbaua,
zian ni dezian   que no fazia (B: hazia) ni
F128: ilz se troubloient de telle dezia
maniere que tout ce qu'ilz
disoient ou faisoient
R162: Buon pro te facciano
C177: pro te   AB177, Cej II 46: pro
                                   F177: om.

R164: como me hai contato. Cosi
C178: Contado. Assi   AB178, Cej II 49: Contado y assi
F129: compté ... ainsi
R164: adomandarti il cordone. Et
AB178, Cej II 49: ceñidero, y   C178: ceñidero
F129: cordon. Et
R164: uecchia traditoral Come
C179: traydora. Como   AB179, Cej II 49: traydora!
F130: traistresse, comme
R164: Fa questa stregha
AB179, Cej II 49: Haze   C179: Hazese
F130: fait
R165: Domanda Elisa et Melibea
A181, Cej II 50: Melibea   BC181: Melibea, su hija
                                   F131: Melibee, sa fille
R165: de donde proceda mio dolore.
BC182, Cej II 51: proceda   A182: procede
                                   F131: (procede)

R166: cieli, terra et mare
    AB182, Cej II 51: cielos, mar y tierra
    C182: cielos, mar, tierra
    F131: cieulx, la mer, la terre

R166: cosi mostra li segni
    AB183, Cej II 52: muestra
    F132: monstre
    C183: muestras

R166: de suo tormento
    AB183, Cej II 52: su
    F132: son
    C183: tu

R166: mesta tua gratiosa presentia
    AB184, Cej II 52: triste tu
    F132: triste ta
    C184: tu triste

R167: piu diligentemente
    C184: mas
    F133: plus
    A184, Cej II 53: muy
    B184: mi

R167: manzi sotto al iugo [23]
    F133: au jucq
    BC184, Cej II 54: a la melena
    A184: a la melezina

R168: saluo alteratione
    C185: alteracion
    F133: alteracion
    AB185, Cej II 55: la alteracion

R168: tanto piu me fai crescere
    C186, Cej II 55: me acrecientas
    AB186: acrecientas
    F*134

R168: non te impedisce,
    C186: impidiesse [24]
    F134: te faisoit empeschement
    AB186, Cej II 56: abastasse

R168: altro remedio diresti
    C186: dirias
    F134: dirois
    AB186, Cej II 56: darias

R169: freno [25] de silentio
    C186, Cej II 56: silencio
    F134: silence
    AB186: sosiego (B: sossiego)

R169: Gran male e questo.
    AB187, Cej II 57: es este
    C187: ay
    F134: il y a

R169: Che cosa di tu, amata maestra?
    AB187, Cej II 57: amada maestra?
    C187: madre?
    F134: mere?

R169: Ma dica cio che li piace ... cognoscere chiaramente

---

[23] Herriott (pp. 88-89) lists the Italian witness as "pelle," extracting it from the passage in the translation which follows "iugo."

[24] Herriott (pp. 266-67) records "te impidiesse" for C.

[25] R actually reads "freno."

APPENDIX

C187, Cej* II 57: Pero diga lo que dixere ... conoscer claro.
F134-35: mais elle peult dire ce qu'il luy plaira ... congnoistre clairement.

AB187: Lo que yo digo es

R169: persona denanzi.
C187: delante

AB187, Cej II 57: delante y
F135: devant. Et

R170: E non te ho io dicto
AB188, Cej II 58: Y no te
F135: Et ne t'

C188: Y no

R170: unaltro secundo ponto, el qual
C188, Cej II 59: punto, el qual
F135: point, lequel

AB188: punto

R171: de salute. Che quando
AB189, Cej II 60: Que quando

C189: Quando
F136: Quant

R171: perla gratiosa?
A190, Cej II 61: graciosa

BC190: preciosa
F137: precieuse

R172: mia bona maestra
C190, Cej II 61: buena
F137: bonne

AB190: nueua

R172: E tanto me fu alhora
AB190, Cej II 61: me fue entonces
C190: me fue
F137: me fut

R172: Nel mio cordon portasti
C190: cordon lleuaste

AB190, Cej II 61: cordon le lleuaste
F137: cordon luy portas

R172: quel gentilhuomo
AC190, Cej II 62: esse
F137: (ce)

B190: este

R172: me da ardire a soffrire
AB191, Cej II 62: osadia a
F137: (hardiesse de)

C191: osadia

R172: me sforzaua.
C191, Cej II 62: me esforçaua
F137: me efforçoys

AB191: esforçaua

R172: Nelluno trouaua la paura, et
AB191, Cej II 62: miedo y

C191: miedo
F137: craincte

R173: Io lho pensato, e
C192: pensado, y
F138: pense, et

AB192, Cej II 63: pensado, yo

R173: leale seruamia et
    C192, Cej* II 63: mi leal criada   AB192: y mi
        y [26]
    F138: ma loyalle chamberiere et
R173: in quel grado
    C192: grado   AB192, Cej II 64: lugar
    F138: degré
R173-74: Madonna, assai prima ... morbida losenga.
    C192-93, Cej* II 64: Señora, mucho antes ... blanda lisonja.   AB192-93: antes de (B: que) agora lo he sentido y me ha pesado
    F138: Madame, il y a longtemps ... doulce parolle.
R174: Uenderme delo striscio.
    C193, Cej II 65: Venderme   AB193: Señora, venderme
    F139: Me vendre
R175: Sempronio e Parmeno parlano
    AB195, Cej II 66: hablan   C195: hablando
    F140: parlent
R175: Elicia li uiene ad aprire.
    BC195, Cej II 66: a abrir   A195: abrir
        F140: ouvrir
R175: Uoglio loro andar apresso
    AC196, Cej II 66: ellos   B196: estos
    F140: eulx
R175: se Calisto sara li
    C196: ay estuuiere   AB196, Cej II 66: ay no estouiere (B: estuuiere)
    F140: est yla
R175: il beueragio di sua gloria.
    AB196, Cej II 66: las albricias   C196: albricias
    F140: le guerdon
R176: Scolta et odi cio che dira.
    C197: Escucha.   AB197, Cej II 67: Escuchala.
    F141: Escoute.
R176: Et odimme, che in poche parole tel diro. Melibea lasso al tuo seruitio.
    C197: Y oyeme, que en pocas palabras te lo dire, que soy corta de razon. A Melibea dexo a tu seruicio.   AB197, Cej II 68: Que te traygo muchas buenas palabras de Melibea, y la dexo a tu seruicio.
    F141: Escoute moy et je te le diray en peu de parolles, car je suis courte de raisons. J'ay laissé Melibee à ton service.

---

[26] Cej prints the *Comedia* text followed by "leal criada e" in italics.

R177: piccolo a rispecto
    C198: chica a   AB198, Cej II 69: chica
    F142: petit au
R177: in qualita *et* qua*n*tita.
    C198: y quantidad   AB198, Cej II 70: y en quantidad
                                             F142: et en quantité
R177: tuo core che mancaua,
    C198: coraçon que   AB198, Cej II 70: coraçon que te
                                             F142: coeur qui te
R178: e laltra thiene consolatione
    BC199, Cej II 71: tiene   A199: no tiene
    F142: tient
R178: il fin de tua pena
    C199: tu pena   AB199, Cej II 71: tu penar
    F143: ta peine
R178: *Et* te farei piani
    C199, Cej II 71: te haria   AB199: haria
    F143: te feroye
R178: le piu currente *et* crescente aqque   C200: la mas crecida agua co-
    AB200, Cej II 71-72: las mas   rriente
        crescidas aguas corrientes   F143: la plus grant eaue
R179: Sappi, matre mia ... a martello.
    C200, Cej* II 72-73: Pues a la   AB200: om.
        he ... el que repica.
    F143: Tu sçaiz bien, mere ... ne
        peril.
R179: Il falso co*n*tadino
    C200: falso   Cej* II 72: manso
    F143: faulx   AB200: om.
R180: puttana uecchia ruffiana
    C201: puta vieja alcahueta   AB201, Cej II 74: puta alcahueta
    F144: vieille macquerelle
R180: Matre, Dio te accompagni
    C201, Cej II 74: madre   AB201: mi madre
    F144: mere
R180: Che mai non salgo ... per li
        cantoni. Ma
    C202, Cej* II 75: Que jamas me   AB202: om.
        subo ... y los cantos. [27]
    F144: Jamais je ne monte ...
        par les pierres. Mais
R181: Arriuata la mezza nocte

---

[27] A few lines down on this page (75) Cej mistakenly italicizes "después" in "Son passadas quatro horas después."

BC203, Cej II 76: la media noche
F145: la mynuyt

A203: media noche

R181: parlo prima con Lucretia
C203: Hablole

AB203, Cej II 77: Hablale
F145: parle

R181: Respose Melibea a suo patre
C203: padre
F145: pere

AB203, Cej II 76: padre Pleberio

R181: iusticia, e preseli tutti doi
AB204, Cej II 76: y prendelos
F145: et les prent

C204: a prenderlos a

R182: sapendo quanto me importa
C205: me va
F145: me va

AB205, Cej II 77: me va, Sempronio

R182: Tanto errore me pare
C205: yerro
F146: vice

AB205, Cej II 77: yerro, señor

R182: Megli sara ... mezo combattuto.
C205-06, Cej* II 77-78: Mejor seria ... medio combatido. [28]
F146: Tu ferois mieulx ... demy combatu.

AB205-06: mas este mi amo tiene gana de reñir y no sabe como. PAR: Mejor seria, señor, que se gastasse esta hora que queda en adereçar armas que en buscar questiones. Ve, señor, bien apercebido, seras medio combatido. CAL: Pues descuelga mis coraças

R183: ha ordinato alcun tradimento?
C206, Cej* II 79: alguna
F146: aulcune

AB206: om.

R183: Magiormente che noi non siamo
C207, Cej* II 79: mas
F146: davantaige

AB207: om.

R183: Ua non saper parlar, Parmeno
AB207, Cej II 79: fablar (B: hablar), Parmeno
F146: parler, Sempronio

C207: burlar, Parmeno

---

[28] Cej prints a combination of the *Comedia* and the *Tragicomedia*, interrupting the *Comedia* text after "buscar questiones" to include the interpolation "Bien me dize ... medio combatido." Within this addition, he does not italicize "descuelga ... mis coraças" since these words also occur in the *Comedia*.

R184: *et* incusarne nostra fuga
      AB208, Cej II 81: y incusarnos   C208: ni incusarnos
                                                         F147: ne pour nous accuser

R184: che non era Melibea
      AB209, Cej II 82: era   C209: sera
      F148: est

R185: schiauo de tua gentileza
      B209, Cej II 82: tu   AC209: su
      F148: ta

R185: A qu*es*to solo son qui uenuta,
      F148: suis icy venue   AB209, Cej II 83: fue aqui mi
      C209: fui aqui venida   venida

R185: tua partita *et* mio riposo.
      AC209, Cej II 83: mi reposo   B209: reposo
      F148: mon repos

R185: Ma il misero disamato
      AB209, Cej II 83: Pero   C209: Pues
                                                       F148: Doncques

R185: in exilio de sua presentia,
      AB210, Cej II 84: su   C210: tu
      F149: sa

R185: ma p*er* riuocar il bando,
      C210, Cej II 84: alçar   AB210: alcançar
      F149: oster

R186: non e basteuole per soffrirle
      BC210: las suffrir   A210, Cej II 84: lo sofrir
                                                     F149: le ... souffrir

R186: qu*es*to pensier nel core,
      AB211, Cej II 85: este   C211: esse
                                                  F149: (ce)

R186: tuo chiaro uiso
      AB211: claro   C211, Cej II 85: muy claro
                                                 F149-50: moult clair

R187: a chi tanto ben si fa.
      C212: se haze   AB212, Cej II 86: se le haze
      F150: ce fait

R187: uolunta ne hauesse possuto impedire.
      AB212, Cej II 86: lo pudiera   C212: pudiera
      F150: eust eu povoir de le

R187: che io non uoglio star piu qui.
      C212, Cej II 87: mas aqui   AB212: aqui mas
      F150: plus ... icy

R188: Che non uoler [29] morire ... guerra e contentione.

---

[29] R actually reads "noler."

C213-14, Cej* II 88: Que no
   querer morir ... guerra y   AB213-14: om.
   contienda.
F151: Ne vouloir tuer ne mou-
   rir ... guerre et contention.
R188: combatter con inimici, che non
   amano
   C214: enemigos que no aman   Cej* II 88: enemigo, que no ama
   F151: ennemis lesquelz n'aiment   AB214: om.
R189: fuggeria come un ceruo,
   C214: fuyesse   AB214, Cej II 89: corriesse
   F151: fuyrois
R189: per importunita.
   C214, Cej II 89: por   AB214: por tu
   F152: par
R189: come questa uolta.
   C215, Cej II 90: esta vez   AB215: esta
   F*152

R189-90: et ancora alhoste ... delhorto
   C215, Cej* II 90: Y al mesonero   AB215: om.
   ... la ortaliza.
   F152: ne ay je pas servy en
   plusiers hostelleries ... le jar-
   din.
R190: il uero timore.
   AB215, Cej II 90: el verdadero   C215: verdadero
   F152: la vraye
R190: ben securo uengo.
   AB215, Cej II 91: seguro   C215: recaudo
   F152: securement
R190: Li miei debbono essere,
   C215: deuen   AB215, Cej II 91: deuen de
   F152: doivent
R190: che non se commetta tal cosa!
   AB216, Cej II 91: cometa   C216: acometa
   F153: face
R190: Et quando li corregerai ... tem-
   pi lardire.
   C216, Cej* II 91: Y quando sus   AB216: om.
   osadias ... osar a sus tiempos.
   F153: Et quant leurs hardiesses
   ... oser quant il sera besoing.
R190: fa che insieme col castigo li mes-
   sedi
   Cej* II 91: mezcla   C216: muestrales
   F153: monstre leur
   AB216: om.

R190: e come me e forza
    C216: me es   AB216, Cej II 91: es
    F153: m'est
R191: Uogliola chiamar.
    AB216, Cej II 92: la llamare   C216: llamare
                                     F153: appelleray
R191: che hauea sete.
    C216: sed   AB216, Cej II 92: gran sed
    F153: soif
R191: Con timore parlano.
    C217: pauor   AB217, Cej II 92: gran pauor
    F153: craincte
R192: per posser saltar presto
    C218: poder   AB218, Cej II 94: por que
    F154: povoir
R192: E Parmeno, anchora che parea
    BC218: avnque parescia (B: pa-   A218, Cej II 94: que te parecia
    recia)   F*154
R193: uenimo a far colatione
    BC219: a almorzar   A219, Cej II 95: almorzar
                                     F155: desjeuner
R193: Che se stimar se potesse quello che
    C219: lo que   AB219, Cej II 95: a lo que
    F155: ce que
R193: che io non uorria scontrare
    BC219: querria   A219, Cej II 96: queria
    F155: vouldrois
R190: scontrare hoggi huomo
    AB219, Cej II 96: hombre   C219: a hombre
    F155: (homme)
R193: uendicar mia ira, che
    AB219, Cej II 96: yra que   C219: yra, pues
                                     F155: yre, puisque
R194: uscir un passo
    AB220, Cej II 96: vn passo   C220: passo
    F156: ung pas
R194: che tu non perderesti cosa alcuna.
    AB221, Cej II 98: que tu no   C221: que no
    F156: (que tu n')
R195: uoglio adesso parlar
    C221: agora   AB221, Cej II 99: agora que
    F157: maintenant
R195: che io tacero con mia perdita.
    C222: callare   AB222, Cej II 99: me callare
                                     F*157

R195: de questi passi che unaltra.
   C222: passos que otra
   F157: pas que autres
                                            AB222, Cej II 99: passos que no
                                               otra
R196: Chi hauesse udito dire a questa
      uecchia
   BC222: a esta
   F157: à ceste
                                            A222, Cej II 100: esta
R196: cio che ta promesso,
   AB223: te prometio
                                            C223, Cej II 100: prometio
                                            F158: a promis
                                            35: ha promesso
R196: prendiamoli ogni cosa per forza.
   F158: ostons luy tout
   BC223, Cej II 100: tomemosselo
      todo
                                            A223: tomemoslo todo
R196: che habbiate de quel che do-
      mandate,
   AB223, Cej II 100: pedis
                                            C223: me pedis
                                            F158: me demandez
R196: cio che prometto
   AB223, Cej II 101: prometo
   F158: je prometz
                                            C223: se promete
R196: Io li dico ... piu lepore, se io
      posso.
   C223, Cej* II 101: Yo digole
      ... si yo puedo, mas liebres.
   F158: Je luy parle ... plus de
      lievres, si je puis.
                                            AB223: om.
R196: Non metter in zanze nostra do-
      manda, che con
   Cej* II 101: que con
                                            C223: pues con
                                            F158: car avec
                                            AB223: om.
R197: per tutti et a tutti e equale;
   C224: y a todos
   F158: et à tous
                                            AB224, Cej II 102: a todos
R197: cosi saro udita,
   AB224, Cej II 102: sere oyda
   F158: Je seray ... ouye
                                            C224: yo oyda
R197: Parmeno, non te pensar
   C224, Cej II 102: no pienses
   F158: ne pense point
                                            AB224: piensas
R197: uita passata,
   C224: vida passada
   F158: vie passee
                                            AB224, Cej II 102: passada vida

R197: sfortunata de tua matre.
    C224: madre.   AB224, Cej II 102: madre. Y
    F158: mere.

R197: Non me gomfiar
    AB224, Cej II 102: No me hin-   C224: No me hinchas
       ches
    F158: Ne me gectes point

R197: Segno e ... ire *et* corrocci.
    C224-25, Cej II 102-03: Señal   AB224-25: om.
       es ... yras y sañas.
    F159: C'est signe ... l'ire et la
       raige.

R197: no*n* mordono saluoli boui
    Cej° II 103: sino los   C224: sino a los
                                    F159: sinon aux
                                    AB224: om.

R197: O uecchia auara *et* morta de
    sete
    C225: auarienta, muerta   AB225, Cej II 103: auarienta,
    F159: avaricieuse, morte   garganta muerta

R198: hoggi finirai tuoi giorni.
    C225: compliras   A225: se compliran
    F159: tu as ... de finer   B225: se cumpliran
                                    Cej II 103: compliran

R198: Salta, che appresso te uengo.
    AB226, Cej II 104: que tras   C226: que yo tras
                                    F160: (Je vois)

R199: Deli ad un poco
    BC227: a vn poco   A227, Cej II 105: vn poco
                                    F*161

R199: se torno ad dormire.
    BC227, Cej II 104: a dormir   A227: dormir
    F161: à dormir

R199: allegrezza, o ha causata
    AB228, Cej II 105: o causo   C228: o lo causo
                                   F*161

R199: *et* quiete delamino?
    AC228, Cej II 105: del animo B228: de mi animo
                                   F*161

R199: O signora *et* amor mio, Melibea!
    AC228, Cej II 106: e amor   B228: o amor
    F161: et ... amour

R199: O fortunato *et* bene andante Ca-
    listo!
    AB228, Cej II 106: dichoso y   C228: dichoso
                                   F*161

R200: Leuate suso!
BC228, Cej II 106: Leuantate   A228: Leuanta
F161: Lieve toy
R200: chiamame Sempronio et Parmeno.
B228, Cej II 106: llamame   AC228: llama
F161: va appeller
R201: Che cosa e? Che diauolhai?
C229, Cej* II 107: ¿Que es?   AB229: ¿Que has? ¿Que quexas?
¿Que has? [30]
F162: Qu'esse? Que as tu?
R201: Dechiaramel piu auanti,
C230: aclaralo   AB230, Cej II 108: aclarate
F162: Dis le
R201: O mala fortuna la nostra
BC230, Cej II 108: la nuestra   A230: nuestra
F162: la nostre
R201: Ha li tu uisti certo ... questo dolore incomportabile,
C230, Cej* II 108: Vistelos cierto ... deste cruel dolor.   AB230: om.
F162-63: Les as veuz certainement ... d'ce cruel douleur.
R201: Et poi che cosi chiari segni
Cej* II 108: señas   C230: señales
F163: enseignes   AB230: om.
R202: Commanda la iustitia che morano
AB231, Cej II 109: justicia que   C231: justicia
F163: (justice mande que)
R202: E una donna
A231: vna muger era   B231: Señor, vna muger era
F163: Monseigneur, c'estoit une femme
C231, Cej* II 109: Señor, vna muger [31]
R204: o fingero esser matto ... Penelope sua donna.
C233, Cej* II 113: o me fingire loco ... Penelope su muger.   AB233: om.
F165: ou je feray du fol ... Penelope, sa femme.

---

[30] Cej italicizes only "¿Qué es?"
[31] Cej italicizes only "Señor."

R205: Stando Melibea ... suo desio.
   C235, Cej⁕ II 114: Esta Melibea ... su desseo.
   F166: Melibee est... son desir.

AB235: Esperando Melibea la venida de Calisto en la huerta, habla con Lucrecia. Viene Calisto con dos criados suyos, Tristan y Sosia. Ponele el escalera, sube por ella y metese en la huerta, onde halla a Melibea. Apartase Lucrecia, quedan los dos solos. Acabado su negocio, quiere salir Calisto; el qual por la escuridad de la noche erro la escala. Cae y muere. Melibea, por las vozes (B: bozes) y lamientos (B: llamamientos) de sus criados, sabe la desastrada muerte de su amado. Amortesce (B: amortescese). Lucrecia la consuela.

R205: se ritorno ad sua casa.
   C235: a
   F166: à

Cej⁕ II 114: en
AB235: om.

R205: stia sua persona senza periculo,
   C236, Cej II 115: este sin
   F166: soit sans

AB236: no este en

R205-06: Chi sa se lui ... Ma odi, odi,
   C236, Cej⁕ II 115: Quien sabe ... mas oye, oye. ³²
   F166: Qui sçait ... Mais escoute, escoute.

AB236: Mas escucha

R206: Sali, signore, *et* io
   C236: Y yo

AB236, Cej II 116: Yo
F166: Je

R206: te uedo *et* non lo credo.
   AC237, Cej II 116: no lo creo
   F167: ne le croy pas

B237: no te creo

R206: piu presto se possono
   BC237, Cej II 117: pueden
   F167: pevent

A237: puedan

R207: parla con la lingua cio che uorrai,
   AC237, Cej II 117: quisiere
   F167: plaira

B237: quiere

---

³² At the end of this interpolation Cej replaces the passage "Mas oye, oye" with the reading from the *Comedia*.

R207: Basteti, ... destruerlo ne dissi-
 parlo.
 C238, Cej* II 117: Bastete ...   AB238: om.
 destruyrlo y estragarlo.
 F167: suffise toy ... les destruire
 et gaster.
R207: Perdona a mie suergognate
 mano,
 AC238, Cej II 117: perdona   B238: perdoname
 F167: Pardonne
R208: che non amazzassi lhuomo,
 AB238: el hombre   Cej II 119: al hombre
 F168: (homme)   C238: a hombre
R208: me daua mia matre per conse-
 glio.
 A238, Cej II 119: madre   BC238: padre
                                         F168: pere
R208: O misera te, mia matre,
 BC239: de ti, mi madre   A239, Cej II 119: de mi madre
                                         F*168
R208: che se exequia de tua intrata,
 BC239: se seguia   A239, Cej II 119: seguia
 F168: s'ensuyvoit
R208: Non par che siamo stati
 C239: parece   AB239, Cej II 119: me paresce
                                           (B: parece)
                                         F168: me semble
R208: Almancho lesere, ... dele uegnen-
 t i nocti.
 C239, Cej* II 121: Y mas, las   AB239: de dia, passando por mi
 noches ... las venideras no-   puerta, de noche donde tu (B:
 ches.[33]   om.) ordenares
 F168: Et oultre plus, toutes les
 nuictz ... les nuictz advenir.
R208: per che fa molto obscuro;
 C239, Cej* II 120: muy   AB239: om.
 F169: moult
R209: che sempre [34] ho dormito.
 C240: que durmiendo   AB240, Cej II 120: dormiendo
 F169: car j'ay ... dormy

---

[33] Cej prints the *Comedia* text followed by the addition, omitting "Y mas, las noches que ordenares."

[34] R actually reads "semper."

R209: de mio naturale la sollicitudinesilentio
    Cej° II 122: solicitud   C240: solitud
    F169: solicitude   15: solitudine
                                        AB240: om.

R209: Como me son possuto sofferire?
    C241: pude [35]   Cej° II 123: puedo
    F170: ay je peu   AB241: om.

R210: Dil bosco esse con che
    Cej° II 124: que   C242: quien
                                        F°170
                                        AB242: om.

R211: era sforzato il boia banditore
farlo,
    C243: verdugo bozeador   Cej° II 126: verdugo y bozeador
                                        F°171
                                        AB243: om.

R212: offenderte in absentia.
    Cej° II 127: en absencia   C243: en tu ausencia
                                        F171: en ton absence
                                        AB243: om.

R212: con uolunta che soni le dodici,
    C243: das
    F172: (sonnes)   Cej° II 128: des
                                        AB243: om.

R212: se non le ha date quello del cielo?
    Cej° II 128: las   C244: la
    F172: les   AB244: om.

R213: Se non penasse piu a colei
    Cej° II 130: a aquella   C245: aquella
                                        V,35: colei
                                        F°173
                                        AB245: om.

R213: che se netta adesso le lachrime
    Cej° II 130: se limpia agora   C245: se limpia
                                        F173: se nettoye
                                        AB245: om.

R215: che tu non meritaui scalzarlo.
    C248: lo   Cej° II 132: le
                                        F°174
                                        AB248: om.

R216: E tu, per che giocasti
    Cej° II 133: jugaste tu   C248: jugaste
    F174: (as tu joué)   AB248: om.

---

[35] C actually reads "puede."

R216: mille bastonnate te faro dare
 Cej* II 133: mill
 F175: mille
 C249: dos mill [36]
 AB249: om.
R218: uedeano la fede rotta
 C250: vian
 F176: ilz veoient
 Cej* II 137: auian
 AB250: om.
R218: O sfortunata donna! In questo
 C251: En esto
 Cej* II 137: Y en esto
 F176: Et ainsi
 AB251: om.
R220: se perde la alegra memoria
 Cej* II 141: se pierde
 C253: se cobra
 F178: on recouvre
 AB253: om.
R220: et piaceri persi dil passato
 Cej* II 141: passado
 C253: passado tiempo
 F178: temps passé
 AB253: om.
R220: quando me corroccio, far simile trame,
 Cej* II 142: reboluer
 F179: ouyrdire
 C253: a reboluer
 AB253: om.
R221: la peson dela casa e pagata
 C254: esta pagado
 F179: est payé
 Cej* II 143: que esta pagado
 AB254: om.
R222: stando ragionando insieme
 C255: estan razonando
 F180: ilz sont resonnans
 Cej* II 144: y estan razonando
 AB255: om.
R223: che refutasse nostro parentato?
 Cej* II 146: rehuyria
 C256: rehuyra
 F181: reffusera
 AB256: om.
R223: Piu abonhora ui doueuate leuare.
 C257: Mas
 F181: plus
 Cej* II 146: y mas
 AB257: om.
R224: O che cose fecero alchune
 Cej* II 149: o que
 C258: que
 F*182
 AB258: om.
R226: che dangoscia non ce nisuno
 C262: no ay
 F184: il n'y a
 Cej* II 154: ya no ay
 AB262: om.

---

[36] C actually reads "mll."

R227: no*n* mi meraueglio che
    C262: no me marauillo
    F185: je ne me esmerveille pas
    Cej* II 155: no me marauilla
    AB262: om.

R227: che no*n* lo uisto
    Cej* II 155: no lo he visto
    F185: je ne l'ay point veu
    C263: no la he visto
    AB263: om.

R228: che io te uolea domandare
    C263: queria
    F185: voulois
    Cej* II 156: querria
    AB263: om.

R228: Il buon amico *de* suoi compagni?
    Cej* II 157: de
    C264: a
    F186: à
    AB264: om.

R229: anchora che siano p*er* lutile tuo.
    Cej* II 158: sean
    C264: sea
    F186: soit
    AB264: om.

R231: Ma prendi per tuoi occhi,
    C267: tus [87] ojos
    Cej* II 162: tu ojo
    F188, AB267: om.

R232: colui che giouedi cacciai de casa
    Cej* II 163: eche ... de mi casa
    C267: de mi casa salio
    F*188
    AB267: om.

R232: *et* che tu mai p*r*egata
    C267: que me
    F188: que tu m'
    Cej* II 163: que
    AB267: om.

R233: Uano insieme
    C269: Van
    F189: Elles vont
    Cej* II 164: e vanse
    AB269: om.

R233: Tornamoce indrieto,
    C270: Boluamonos
    F189: Retournons nous en
    Cej* II 164: Boluamos
    AB270: om.

R234: e disseme di non.
    Cej* II 165: de no
    F190: que non
    C270: no
    AB270: om.

R234: Che, a*n*chora che io uolesse dar-ue
    C271: quiera
    F190: vueille
    Cej* II 166: quiero
    AB271: om.

R236: lei me da da ma*n*giare.
    Cej* II 169: de comer
    C272: a comer
    F*191
    AB272: om.

---

[87] C actually reads "tu."

R237: Dequal si uoglia morte
    Cej* II 170: muerte
                      C273: manera
                      F192: maniere
                      AB273: om.

R237: *et* doi suoi *compagni*,
    Cej* II 171: sus dos   C274: sus
                      F193: ses
                      AB274: om.

R237: che uogli andar
    Cej* II 171: vaya   C274: vayan
                      F193: ilz voisent
                      AB274: om.

R237: Et che tutti questi saran passi securi
    Cej* II 172: passos seguros   C274: passo seguro
    F193: pas seurs   AB274: om.

R238: Andando Calisto con Sosia
    Cej* II 173: Yendo Calisto   C275: Calisto yendo
                      F194: Calisto allant
                      AB275: om.

R238: e presa [38] del mio amore
    Cej* II 172: de mi amor   C276: de amor
                      F194: d'amour
                      AB276: om.

R238: *et* mando*m*me Elicia p*er* mezana, pregandome
    Cej* II 173: y embiome a Elicia, rogandome   C276: y embiome
    F194: et me envoya dire par   AB276: om.
R239: lei anchora hauea un po dafare,
    C276: tenia ella vn poco de hazer   Cej* II 174: tenia vn poco ella quehacer
                      F194: elle avoit ung peu affaire
                      AB276: om.

R239: *et* poi *come* lo hauesse saputo,
    Cej* II 175: supiesse   C277: pudiesse
                      F195: peust
                      AB277: om.

R239-40: sempre gode de laltrui male.
    Cej* II 175: goza   C277: se goza
                      F195: Elle se resjouyst
                      AB277: om.

R240: e se tu credi che sia *come* io te dico
    Cej* II 175: sea   C277: es
    F195: soit   AB277: om.

---

[38] R actually reads "preso."

R240: una pensa el baio, laltra
    C277: otro
    Cej* II 176: e otro
    F195: et autre
    V,35: e laltra
    AB277: om.

R240: ma per che gia ariuamo alhorto
    Cej* II 176: ya llegamos
    C277: llegamos
    F195: nous approchons
    AB277: om.

R240: per che e troppo longo,
    F195: trop long
    Cej* II 176: muy largo
    C277: largo
    AB277: om.

R241: Amatore dala sua amica
    C278: amador
    F196: amoureux
    Cej* II 178: amado
    AB278: om.

R242: E il mio signor *et* mio core?
    C279: y mi alma
    Cej* II 180: de mi alma
    F*197
    AB279: om.

R243: con toi greui abbracci.
    Cej* II 180: abraços
    C280: braços
    F198: bras
    AB280: om.

R243: se sparse el desio,
    Cej* II 181: desapareciose
    F198: s'est desaparu
    C280: desaparecio
    AB280: om.

R243: uoi tu che io dica a Lucretia
    Cej* II 182: a Lucrecia
    C281: Lucrecia
    F198: (Lucrece)
    AB281: om.

R244: Ma io ue giuro
    C281: os juro
    Cej* II 183: juro
    F199: Je jure
    AB281: om.

R244: Lassame andar ad aiutarlo,
    Cej* II 183: valerle
    C281: verlo
    F199: veoir
    AB281: om.

R244: che non lo amazino;
    C281: lo
    F199: le
    Cej* II 183: le
    AB281: om.

R244: Spectatemi un poco,
    Cej* II 183: Esperadme
    C281: Esperad
    F199: Actendez, actendez
    AB281: om.

R245: non descendere, che gia son fug-
giti
 Cej° II 184: que ydos son   C282: ydos son
           F199: Ilz s'en sont allez
           AB282: om.
R245: suo nouo amatore.
 BC283, Cej II 185: amador   A283: amor
 F200: amoureux
R245: poco tempo posseduto
 C283: poco tiempo posseydo   AB283, Cej II 186: tarde alcan-
 F200: peu de temps possedé   çado
R247: uigesimo
 C285, Cej II 188: veynteno   A285: quinzeno
 F202: Vingtiesme   B285: xv
R247: Consolandola, li domanda
 C285: preguntandole   AB285, Cej II 188: preguntando
 F202: luy demande
R247: doglia de core
 A286, Cej. II 188: de coraçon   B286: del coraçon
 F202: de cueur
R247: Melibea li discopre
 A286, Cej II 188: descubrele   BC286: descubriole
 F202: luy descouvre
R247: Andiamo presto, ... con lume.
 C286, Cej° II 189: Vamos pres-   AB286: om.
  to ... con claridad.
 F202: Allons tost ... la clarté.
R247: Guardame, che io son tuo patre.
 B286: soy yo   AC286, Cej II 189: soy
 F202: (je suis)
R247-48: Parla me, per lamor de Dio,
 C286: Hablame, por Dios.   AB286, Cej II 189: Fabla comigo
 F202: Parle à moy, pour Dieu.   (B: conmigo), cuentame la
           causa de tu arrebatada pena.
           ¿Que has? ¿Que sientes? ¿Que
           quieres? Hablame, mirame.
R248: ora inparole,
 A287, Cej II 190: o en palabras   C287: en palabras
 F203: ou en parolles   B287: o palabras
R248: bisogna cauarlo fuora
 C287: sacarlo   A287, Cej II 190: sacarle
           B287: sacarla
           F°203
R248: alegrezza, nemica de fastidio.
 AB287, Cej II 190: alegria, ene-   C287: alegria y enemiga
  miga   F203: alegrie et ... ennemye

R248: laria frescha dela marina, prenderaite piacere
   AB287, Cej II 190: ribera

C287: ribera. Y
F203: riviere. Et

R249: Uoglio andar ad farlo apparecchiare.
   C288, Cej* II 191: a mandar

A288: om.
B288: a
F*203

R249: Lucretia amica,
   AB288: amiga

C288, Cej II 191: amiga mia
F203: m'amie

R249: che uenga apie dela torre,
   B288: de la torre
   F203: de la tour

AC288, Cej II 191: desta torre

R249: Adesso uo.
   AB288, Cej II 191: Ya voy

C288: Yo voy
F203: Je y vois

R249: in questo giorno colui che me
uisito
   C288: el que
   F204: celluy qui

AB288, Cej II 192: al que

R249-50: Et posto caso che ... in cio
che mal ferno,
   C288-89, Cej* II 192-94: Y caso
   que ... lo que mal hizieron.
   F204: Mais encore que ... ce
   qu'ilz ont mal faict.

AB188-89: om.

R249: Clitemnestra
   F204: Clitemnestra
   C288: Clitenestra

Cej* II 193: Clistenestra
AB288: om.

R249: che con mia pena et morte
   Cej* II 193: que con mi pena

C288: que si do pena
F204, AB288: om.

R249: purgo la culpa che me se po attribuire
   Cej* II 193: se me puede

C288: me pueden
F204: me pevent
AB288: om.

R250: dilicti degni de culpeuole culpa
   Cej* II 194: culpa
   F204: culpe

C289: pena
AB289: om.

R250: Ben odi questa exclamatione
   C290: oyes
   F205: tu ois

AB290, Cej II 195: vees

R250: sonno io stata causa.
    C290: fuy yo causa   AB290, Cej II 195: fuy yo la causa
                                             F205: j'en ay esté la cause

R251: io ho lassati assai seruitori
    BC290: yo dexe   A290, Cej II 195: yo dexe oy
    F205: J'ay laissé

R251: Cognoscesti suo patre et madre
    AB290, Cej II 196: sus padres   C290: a sus padres
    F205: (son pere)

R251: Di quello dilectoso errore ... era accostumato,
    C291, Cej* II 197: Del qual ... era acostumbrado.   AB291: om.
    F206: Duquel ... avoit acoustumé.

R251: *et* lui uolesse abbassare ... che ello menaua
    C291, Cej* II 197: y el baxaua ... que lleuaua   AB291: om.
    F206: et luy descendoit ... qu'il menoit.

R252: Cosi fini senza confessione sua uita
    AC291, Cej II 197: su vida   B291: la vida
                                            F206: la vie

R252: antiqui libri che p*er* piu clarificare
    C292: que por   AB292, Cej II 198: que tu por
    F206: que pour

R252: ma gia la da*m*nata memoria
    AC292, Cej II 198: ya la   B292: la ya
    F206: desja la

R252: descender*e* giu p*er* tua arrugata faccia.
    C292: descendir   AB292, Cej II 198: decir
    F206: descendre

R253: uigesimo primo
    C293, Cej II 200: veynte y vn   A293: diez y seys y vltimo
    F207: Vingt et Uniesme [39]   B293: xvj y vltimo

R253: li domanda la causa
    AC293, Cej II 200: preguntale   B293: preguntauale
    F207: luy demande

---

[39] F actually reads "XXIe."

R253: tuoi gemiti et alte strida,
    C294: gemidos, y   AB294, Cej II 200: gemidos
    F207: gemissemens et
R253: eccoteli colei che tu parturisti
    C294: la que   AB294, Cej II 201: a la que
    F207: (ce que)
R254: da lei, et piu diffusamente
    B294: della, y mas   AC294, Cej II 201: della mas
                                                                                        F207: d'elle, mais
R254: Turbosse lordine del morire
    AC295, Cej II 202: del morir   B295: de morir
                                                                                     F208: de mourir
R254: In questo hauete auantaggio
    C295: teneis   B295: tienen
    A295, Cej II 202: tenes
    F208: avez
R254: nela debile et ultima senectu.
    BC296, Cej II 203: en la flaca   A296: en flaca
    F208: en la debile
R255: De diuerse cose de te fecero comparatione per odita;
    AB296, Cej II 203: a diuersas cosas por oydas te compararon   C296: Diuersas cosas por oydas de ti contaron
    F208: de diverses choses de toy firent comparaison par oyr dire
R255: non mi secassi questo bello fiore,
    C296, Cej II 203: secasses   AB296: sacasses
                                                                 F*208
R255: tu me assomigli a un laberinto
    C296, Cej II 204: laberinto   A296: labarinto
    F209: labirinth   B296: laborinto
R255: dilecti, et alo meglio sapore
    C297: y al mejor   AB297, Cej II 205: al mejor
    F209: et au meilleur
R256: quelo che lui alunico suo figliolo,
    C298: a su vnico hijo   AB298, Cej II 207: su vnico hijo
    F210: à son filz unicque
R256: cio che io generaua.
    AB298, Cej II 207: engendraua   C298: engendrara
                                                                      F210: je engendrerois
R256: col gran dolore de amore che acio la sforzaua;
    A298, Cej II 207: la aquexaba   BC298: le aquexaba
                                                                  F210: (à cela tourmentoit)

R256: propheta *et* re Dauid
AB298, Cej II 207: profeta y rey
C298: propheta, rey
F210: prophete

R256: non lo uolse piangere,
B298: no le quiso
F210: ne le voulut
AC298, Cej II 207: no quiso

R256: me parga conforme la grande animosita de Lanbas,
C298: parezca
F210: (semble)
AB298, Cej II 208: parescia

R256: e sforzato satisfare con la fama.
AB298: forçado complir
C298, Cej II 208: forçado de complir
F210: force de acomplir

R256: Ma chi sforzo amorire mia figlia
AB298, Cej II 209: a morir
C298: morir
F210: mourir

R257: tue falsita *et* finte carezze,
C299: falsias
AB299, Cej II 209: falacias (B: fallacias)
F*210

R257: Chi tera in carezze mei anni
AB299, Cej II 209: regalos mis
F210: plaisirs mes
C299: regla los mis

R257: per suo uenenoso seruitio.
Cej II 210: su
ABC299: tu
F210: ton

R258: col qual tiri alla uentura;
BC300: tires
F211: (tire)
A300, Cej II 211: tiras

R258: Aegisto
AB300, Cej II 211: Egisto
F211: Egistus
C300: Egistro

R258: tu lo sforzasti dar la fede
C300: dar la
F211: donner la
AB300, Cej II 211: darle

R258: non amando, non saria mio lamento
C300: quexa
F211: plaincte
AB300, Cej II 211: quexosa

R258: O mia dolce compagnia, o figlia
AB300, Cej II 212: o mi hija
C300: y mi hija
F212: et ma fille

R258: contra tuo uecchio patre?
C301: tu viejo padre?
F212: ton vieil pere?
AB301, Cej II 212: tu viejo padre? ¿Por que me dexaste, quando yo te hauia (B: auia) de dexar?

SELECTED BIBLIOGRAPHY

Brault, Gerard J., ed. *Celestine: A Critical Edition of the First French Translation (1527) of the Spanish Classic "La Celestina."* Detroit: Wayne State Univ. Press, 1963.

Celestina or the Tragicke-Comedy of Calisto and Melibea Englished From the Spanish of Fernando de Rojas by James Mabbe Anno 1631. With an introduction by James Fitzmaurice-Kelly. The Tudor Translations VI. 1894; rpt. New York: AMS Press, 1967.

[Comedia de Calisto y Melibea.] [Burgos?: Fadrique de Basilea, 1499?]; facsimile edition 1909, rpt. New York: The Hispanic Society of America, 1970.

Gillet, Joseph E. "Comedor de huevos (?)." *HR*, 24 (1956), 144-47.

Herriott, J. Homer. *Towards a Critical Edition of the "Celestina": A filiation of early editions.* Madison: The Univ. of Wisconsin Press, 1964.

Hordognez, Alfonso, trans. *Tragicocomedia di Calisto e Melibea.* Rome: Silber, 1506.

——. ——. Milan: Castione, 1514.

——. ——. Milan: Minuziano, 1515.

——. *Celestina: Tragicomedia de Calisto & Melibea.* Venice: Arrivabene, 1519.

——. ——. Venice?: Sabio, 1535.

——. ——. Venice?: Sabio, 1541.

McPheeters, D. W. *El humanista español Alonso de Proaza.* Valencia: Editorial Castalia, 1961.

Menéndez Pelayo, Marcelino. "La Celestina." *Orígenes de la novela.* 4 vols. 1905-15, rpt. Santander: Consejo Superior de Investigaciones Científicas, 1943. III, 219-457.

Norton, F. J. *Printing in Spain 1501-1520 with a note on the early editions of the "Celestina."* London: Cambridge Univ. Press, 1966.

Penney, Clara Louisa. *The Book Called "Celestina" in the Library of the Hispanic Society of America.* New York: The Hispanic Society of America, 1954.

Rojas, Fernando de. *La Celestina.* Ed. Julio Cejador y Frauca. 3rd ed., Clásicos Castellanos 20, 23. 2 vols. 1943; rpt. Madrid: Espasa-Calpe, 1963.

——. *La Celestina: Tragicomedia de Calisto y Melibea.* Ed. Eugenio Krapf. 2 vols. Vigo: Librería de Eugenio Krapf, 1899-1900.

Scoles, Emma. "Note sulla prima traduzione italiana della *Celestina*." *Studj Romanzi*, 33 (1961), 155-217.

Scoles, Emma. "La prima traduzione italiana della *Celestina:* Repertorio bibliografico." *Studi di Letteratura Spagnola* (1964), pp. 209-30.

Singleton, Mack Hendricks, trans. *Celestina: A play in twenty-one acts attributed to Fernando de Rojas.* Madison: The Univ. of Wisconsin Press, 1968.

Tragicomedia de Calixto y Melibea: Libro también llamado "La Celestina." Eds. M. Criado de Val and G. D. Trotter. 2nd ed. Clásicos Hispánicos Serie II, Ediciones Críticas, Vol. 3. Madrid: Consejo Superior de Investigaciones Científicas, 1965.

The Department of Romance Studies Digital Arts and Collaboration Lab at the University of North Carolina at Chapel Hill is proud to support the digitization of the North Carolina Studies in the Romance Languages and Literatures series.

www.ingramcontent.com/pod-product-compliance
Lightning Source LLC
Chambersburg PA
CBHW030608230426
43661CB00053B/1887